진시황의 탐(貪)·진(瞋)·치(癡)

사마천(司馬遷)의
『사기(史記)』속의 진시황(秦始皇)

사마천 지음 강남주 엮음

사마천(司馬遷)의
『사기(史記)』 속의 진시황(秦始皇)

초 판 1쇄 발행 2021년 2월 14일
개정판 1쇄 발행 2023년 2월 14일

엮 은 이   강남주
발 행 인   권선복
편   집   오동희
디 자 인   서보미
전 자 책   서보미
발 행 처   도서출판 행복에너지
출판등록   제315-2011-000035호
주   소   (07679) 서울특별시 강서구 화곡로 232
전   화   0505-613-6133
팩   스   0303-0799-1560
홈페이지   www.happybook.or.kr
이 메 일   ksbdata@daum.net

값   25,000원
ISBN 979-11-5602-861-1   (03910)

도서출판 행복에너지는 독자 여러분의 아이디어와 원고 투고를 기다립니다. 책으로 만
들기를 원하는 콘텐츠가 있으신 분은 이메일이나 홈페이지를 통해 간단한 기획서와 기
획의도, 연락처 등을 보내주십시오. 행복에너지의 문은 언제나 활짝 열려 있습니다.

진시황의 탐貪·진瞋·치癡

사마천의 司馬遷
『사기史記』속의
진시황

사마천 지음 강남주 엮음

도서
출판 행복에너지

이 책을 내면서

33년 동안 사법부공무원으로 봉직하고, 공직자로서 이 긴 세월을 무사히 마치고 퇴직하게 되었다는 데 안도와 감사의 마음을 가지면서, 은퇴생활은 내 마음이 끌려서 하고 싶은 일을 하자고 다짐하였다. 그래서 평소 관심과 흥미를 가지고 있었던, 중국역사(中國歷史)와 중국철학(中國哲學) 등을 공부하다가, (사)전국한자교육추진총연합회((社)全國漢字敎育推進總聯合會) 이사장 故 청범 진태하(淸凡 陳泰夏)교수님께서 개설한 한자학(漢字學) 강의를 수강하게 되었다. 그 후 한자교육추진운동에도 참여하게 되어 지도위원으로 활동하면서 사마천(司馬遷)의 『史記(사기)』를 공부하였다. 사마천(司馬遷)은 『태사공자서(太史公自序)』 즉, 『史記(사기)』에서 紀傳體(기전체)(역사적 인물을 중심으로 역사를 서술하는 방식)로 역사를 쓰는 방법을 처음으로 사용하였다. 그는 역사를 기록할 때 읽는 사람에게 사건의 의미까지 전하기보다는 판단을 독자들에게 맡겨야 한다고 생각했

5

다. 역사에 대한 해석 대신 되도록 많은 역사 사실을 수집해 기록
해 놓는 것이 독자들이 사건의 진상을 파악하는 데 도움이 되리라
생각했기에 자료를 수집하기 위해 여러 곳을 답사했고, 이렇게 얻
은 자료를 객관적으로 정리해『사기』를 편찬했다.

『사기』처럼 역사를 사실 그대로 객관적으로 기록해야 한다는 정신
은 이후 줄곧 이어져 왔고, "역사"라고 하는 하나의 새로운 분야를
탄생시켰다.『사기』가 기록한 방식인 기전체(紀傳體)는 역사를 기록
하는 기준이 되다시피 했으며, 인기 있는 역사 기록 방식이 되었다.
그래서 사마천의『사기』를 "역사의 아버지"라는 이름으로도 부른
다. 紀傳體(기전체)란 말은 帝紀(제기)와 列傳(열전)을 합해 붙인 명칭
이다. 제기란 황제(皇帝)의 기록을 엮어 놓은 것이고, 열전이란 개
인 傳記(전기)를 엮어 놓은 것이다. 그러나 제기라고 해도 따지고
보면 여기에 실린 이가 황제를 지냈다는 것 말고는 열전과 다를
것이 없다. 그러한 점에서 기전체란 개인 전기를 묶어 놓은 역사
책인 것이다.

기전체 역사책에는 성공과 실패에 관한 이야기가 담겨 있고, 타산
지석 삼아 현재에도 참고할 수 있는 것이 많다.
일반적으로『사기』라 하면 주로「열전」에 관심이 많고 그에 관한
책들이 많이 출판되어서, 필자도 처음에는「열전」에 많은 관심을
가지고 열전을 읽었다. 그런데「사기본기(史記本紀)」를 보니, 어! 여
기에 五帝(오제)와 夏(하), 殷(은), 周(주) 그리고 秦(진) 왕조와 秦始皇

(진시황) 그리고 項羽(항우)와 漢 高祖 劉邦(한 고조 유방) 등 皇帝(황제)의 기록이 있는 것이 아닌가! 그래서 「사기본기」로 관심의 방향을 돌려서 본격적으로 「사기본기」를 읽기 시작하였다.

우리는 진시황 하면 얼핏, 萬里長城(만리장성), 阿房宮(아방궁), 秦始皇陵(진시황릉), 兵馬俑坑(병마용갱)과 焚書坑儒(분서갱유) 그리고 暴君(폭군)이라는 이미지를 떠올린다. 이러한 내용이 구체적으로 역사적 사실로 기재된 것이 「사기본기」에 있다는 것을 필자도 「사기본기」를 접하면서 처음 알게 되었다. 물론 『列國志(열국지)』로 소설화된 이야기가 있기는 하나, 역사적 사실로 기재가 된 것은 「사기본기」이다. 나는 그 후 「사기본기」를 본격적으로 읽으면서, 월간 『한글과 漢字문화』에 「사기본기」에 관한 글을 기고하기 시작했다. 어언 4년이 되어 가고 있어, 이제 마지막으로 漢武帝(한무제)에 관한 글이 실릴 예정이다.

이 책은, 「진본기(秦本紀)」와 「진시황본기(秦始皇本紀)」에 대하여 집중해 서술하고 있다. 위 월간지에 실은 부분에 싣지 못한 부분을 보충하고, 위 본기와 관련이 있는 부분을 「사기열전」에서 가져와 새 주제를 많이 추가하여, 흥미롭고 교훈적인 역사적 사실을 이야기 형식으로 엮어 단행본으로 내었다.

그에 앞서 春秋時代(춘추시대)와 戰國時代(전국시대)를 낳게 된 周(주) 왕조의 역사를 개관하고, 全國七雄(전국칠웅)과 기타 諸侯國(제후국)

에 대하여 간단히 소개하여 이해를 돕도록 하였다.

역사란 되도록 집필자의 의도가 스며들지 않은 객관적인 기록이어야 하며, 이러한 객관적인 기록을 추구한 역사책은 읽는 이들에게 사건을 보는 나름대로의 시각을 형성하게 한다. 같은 사건이라도 그것을 접하는 사람에 따라서 다양한 시각을 가질 수 있다.

나는 역사학자가 아니니, 역사적 사실을 가지고 甲論乙駁(갑론을박), 曰可曰否(왈가왈부), 是是非非(시시비비)를 따지고 논할 생각은 없다. 주어진 역사적 사실을 가지고 재미있고 흥미로우며 교훈적인 사실들을 이야기 형식으로 엮어서 오늘을 살고 있는 우리에게 敎訓(교훈)이 되고, 미래를 바라보는 참고가 되는 기록으로 삼고 싶을 뿐이다. 왕조시대의 국가권력이든 현대 국가의 권력이든, 권력과 그 주변에서 작용하는 권력의 屬性(속성)은 거의 비슷하다고 본다. 비록 먼 2, 3천 년 전의 일이지만, 역사적 사실은, 언제, 어디서, 누가 등 六何原則(육하원칙)에 의하여 이루어진 것이니, 나는 누가, 언제, 어디서를 매우 중시하여 가능한 한 꼼꼼히 기재하도록 노력하였다. 한 주제를 가지고 이야기를 엮어 나가다 보니 다른 주제에서 언급한 부분을 중복하여 쓰기도 하였다. 중국지도를 펴 놓고, 고대 지명과 지금의 현대 지명을 확인하면서 이 책을 읽으면 훨씬 더 당시 상황에 대하여 이해가 분명해지고, 흥미 또한 배가 되리라 여긴다.

요즘 선풍적으로 인기몰이를 하고 있는 트로트 열풍도 처음에는 아마추어 가수들로부터 비롯되었듯이, 우리 같은 아마추어 역사학도가 보는 역사적 관점이 오히려 신선한 느낌을 줄 수 있을지도 모른다는 생각을 해 보면서,

이 책을 읽는 독자들이 중국 역사상 최초의 황제인, 千古一帝(천고일제) 진시황에 대하여 그동안 알고 있었던 다양한 평가와 본서를 통하여 알게 된 역사적 사실로부터 얻은 견해를 스스로 비교해 보아 교훈으로 삼을 수 있다면 그것을 보람으로 여기고 싶다.

나의 은퇴생활에, 漢字學에 입문하게 하여 주시고 漢字教育推進運動에도 참여하게 하여 주신, 故 靑凡 陳泰夏 교수님을 추모하며 감사의 인사를 드리며, 위 단체에서 발행하는, 월간 『한글＋漢字문화』에 4년 동안 나의 졸문을 편집하여 실어준 田光培 편집국장님에게도 감사의 마음을 전합니다. 어려운 출판계 사정에도 불구하고 이 책을 흔쾌히 발간하여 주신 행복에너지 출판사 權善福 사장님에게 감사의 인사를 드리며 편집 교정을 해주신 오동희 작가님과 디자인을 해주신 서보미 님에게도 감사의 인사를 전합니다. 끝으로 평생의 반려이며 내조자인 아내 千福淵에게 고맙고 감사하다는 인사말을 전합니다.

2021년 2월 14일

엮은이 강남주

姜南柱

〈 전국칠웅 개념도 〉

진(秦) 왕조 세계도(世系圖), 영씨(嬴氏)

전욱(顓頊) - 여수(女脩) - 대업(大業) - 대비(大費) (백예) - 대렴(大廉) -

|- 약목(若木) - 비창(費昌)

- 맹희(孟戲) - 중연(中衍) - 중휼(中譎) - 비렴(蜚廉) - 오래(惡來) - 여방(女防) -

|- 계승(季勝)

- 방고(旁皐) - 태궤(太几) - 대락(大駱) - 비자(非子) -

- 진중(秦中) - 장공(莊公) - 1.양공(襄公) - 2.문공(文公) -
B.C 844 - 822   821 - 778   777 - 766   765 - 716

3. 영공(寧公) - 5.무공(武公)

715-704   697-678

- 6.덕공(德公) - 7.선공(宣公)

677-676   675-664

- 4.출자(出子) - 8.성공(成公)

703-698   663-660

- 9. 목공(穆公)임호(任好)

659-621

- 10.강공(康公) - 11.공공(共公) - 12환공(桓公) - 13.경공(景公)

620-609   608-604   603-577   576-537

- 14. 애공(哀公) - 15. 혜공(惠公) - 16. 도공(悼公) - 17. 여공공(厲共公)

　536-501　　　　500-491　　　490-477　　　　476-442

- 18. 조공(躁公)

　442-429

- 19. 회공(懷公) - 태자(太子) 소(昭) -20. 영공(靈公) - 24. 헌공(獻公)

　428-425　　　　　　　　　　　　424-415　　　384-362

　　　　　　　　-21. 간공(簡公) - 22. 혜공(惠公) - 23. 출자(出子)

　　　　　　　　414-400　　　　399-387　　　　386-385

- 25. 효공(孝公) - 26. 혜문(惠文君) - 27. 무왕(武王)

　361-338　　　　337-311　　　　310-307

　　　　　　　　　　　　　- 28. 소양왕(昭襄王) - 29. 효문왕(孝文王)

　　　　　　　　　　　　306-251　　　　　　250

- 30. 장양왕(莊襄王) 자초(子楚) - 31. 시황(始皇帝)정(政) - 부소(扶蘇) - 33. 자영(子嬰)

　249-247　　　　　　　　246-210　　　　　　　　　　207

　　　　　　　　　　　　|

　　　　　　- 32. 이세황제(二世皇帝) 호해(胡亥)

　　　　　　　209-207

차례

01

주 왕조 역사개관

주나라 시조 后稷(후직),
농사로써 공적을 쌓다

　주나라 시조 后稷(후직)의 이름은 棄(기)다. 그의 어머니는 帝嚳 (제곡, 오제(五帝) 중 3번째 제왕으로 黃帝의 증손자이며, 玄囂(현효)의 손자이고, 蟜極(교극)의 아들임)의 정비 有邰氏(유태씨, 제후국의 이름, 섬서성 무공현 일대이고 성씨는 姜이고 炎帝(염제)의 후예) 여성으로 姜原(강원)이라 하였다.

　전설에 따르면, 강원이 들에 나갔다가 거인의 발자국을 보고는 문득 마음이 흥분되어 이를 밟아 보고 싶어서 발자국을 밟자, 마치 아기를 가진 듯 몸이 꿈틀거렸다고 한다. 달이 차서 아들을 낳았는데, 불길하다고 생각하여 좁은 골목에 버렸으나 말과 소가 지나가면서도 밟지 않았다. 다시 아이를 숲속에 버리려 했으나 마침 산에 사람이 많아서 다시 옮겨 도랑의 얼음 위에 버렸는데, 새들이 날아와서 날개로 덮어 주고 아래를 깔아 주었다.

　결국 강원이 신기하게 여겨 데려와 키웠고, 처음에 아이를 버리려 하였기 때문에 이름을 "棄(기)"라 했다. 기는 어려서부터 특출하고 큰 인물의 기개가 있었다. 놀이를 하면서도 삼과 콩 심기를 좋아했으며, 그가 심은 삼과 콩이 모두 잘 자랐다. 성인이 되자 더욱

농경에 힘썼다. 땅의 특성을 잘 살펴 그에 맞는 곡식을 심고 거두니 백성들이 모두 그를 본받았다.

요 임금이 소문을 듣고 농업을 관장하는 農師(농사)로 삼으니 천하가 이익을 얻는 공을 이루었다.

순 임금은 "기여, 백성이 굶주림에 처해 있으니 그대 후직은 때맞추어 온갖 곡식을 심도록 하라."고 하며, 기를 邰(태, 후직이 출생하고 책봉 받은 지역, 섬서성 무공현 서남쪽) 지역에 책봉하고, 后稷(후직)이라 일컬었으며, 별도로 姬(희)라는 姓氏를 하사하였다. 후직 집안의 흥기는 堯·舜·禹의 시기이고, 대대로 좋은 덕행을 쌓았다.

후직인 기가 죽고, 아들 不窋(부줄)이 뒤를 이었으나, 관직을 잃고 황하 서북방의 이민족인 戎狄(융적, 황하 북쪽과 서북지역의 이민족을 통칭)이 거주하는 지역으로 도망갔다. 부줄이 죽자 아들 鞠(국)이 즉위했다. 국이 죽자 아들 公劉(공유)가 즉위하였다.

공유는 이민족인 융적이 거주하는 지역에서 생활하였으나, 그들의 침입으로 豳(빈, 섬서성 빈현)으로 이동하여 다시 후직이 하던 일에 종사하였다. 목축업 중심에서 농업 중심으로 생산방식을 전환하여, 당시 발전한 생산도구를 사용하고 후직의 전통을 계승하면서 농업생산이 크게 늘어났다. 이리하여 백성들이 그의 은덕에 의지하게 되었다. 그리고 백관들도 그를 그리워하였으며 많은 사람들이 그에게 귀의하였다. 이때부터 周나라 형성에 유리한 기초가 닦아져 주나라의 정치와 교화의 흥성이 시작되었다. 『詩經』〈大雅〉편에 公劉(공유)의 공적이 기록될 정도였다.

공유가 사망하고 아들 慶節(경절)이 즉위하였고 豳(빈)을 도읍으로 건립하였다.

그로부터 몇 대가 흐른 후, 古公亶父(고공단보)가 즉위하였다. 고공단보는 다시 후직과 공유가 했던 일을 이어받아, 덕을 쌓고 이로움을 실행하여 백성들이 모두 그를 추대하였다. 이민족 薰育(훈육, 匈奴를 가리킴)과 융적이 침입하자 종족을 이끌고 妓山(기산, 주 문화의 발상지이고, 섬서성 기산현과 봉상현 일대)으로 이동하였는데, 기산 아래의 평야가 周原(주원)이다. 『국어』〈周語〉에 보면, 기산은 봉황새가 울어서 봉황산이라고 일컬었다. 봉황새는 전설 속의 불사조이고, 길상을 나타내며 흥성과 발전을 상징한다고 한다. 즉 고공단보의 기산 개척과 봉황새의 울음은 미래에 주 종족의 흥성과 발전을 상징하는 표시이다. 그 외에 고공단보는 융적의 습속을 폐지하고 성곽과 가옥을 지어 부락민들로 하여금 나누어 거주하게 하였고 五官(오관)과 담당 부서를 두어 통치하게 하는 등 개혁을 단행하였다. 그의 이러한 개혁은 계급사회와 국가기구의 초보적 형태를 구비하였음을 나타낸다. 백성들은 『시경』〈天作〉편과 〈閟(비)宮〉편에서 시와 노래를 지어 그의 은덕을 칭송하였다.

西伯 姬昌(서백 희창, 후에 文王으로 추존함)이 주나라의 기초를 다지다

　고공단보의 맏아들이 太白(태백)이고 둘째는 虞仲(우중)이다. 고공단보의 부인 太姜(태강)은 셋째 季歷(계력)을 낳았고, 계력은 太任(태임), 지임씨(摯任氏)의 딸을 부인으로 맞아들였는데, 모두 현명한 부인이었다. 태임은 昌(창)을 낳았는데, 성스러운 조짐이 있었다.

　고공단보가 말하기를 "내 平生에 마땅히 큰일을 일으킬 자가 있다는데, 아마도 창인 것 같다." 하였다. 맏아들 태백과 둘째 우중은 고공단보가 계력을 후계자로 세워서 창에게 왕위를 전해 주려는 것을 알고는 장강 이남의 荊蠻(형만, 고대 강남 초나라 지역에 거주한 민족의 범칭)으로 달아나 문신을 하고 머리카락을 자르면서(文身斷髮, 문신단발), 季歷(계력, 문왕의 아버지)에게 자리를 양보하였다.

　고공단보가 죽고 季歷이 뒤를 이었는데 그가 바로 公季(공계, 즉위한 이후에는 공계라고 일컬음)다. 공계가 죽고 아들 昌이 즉위하니 그가 바로 西伯(서백)이다. 서백은 바로 주나라 文王(주 왕조를 개국한 무왕 發에 의해 문왕으로 추증됨)으로, 후직과 공유의 유업을 이어받아 전심

전력으로 인정을 베풀고 웃어른을 공경했으며, 아랫사람을 仁慈(인자)함과 사랑으로 대했다. 재능이 있는 사람에게는 겸손하게 예의로 대하니 수많은 사람들이 분분히 그를 향하여 몰려들었다. 伯夷(백이)와 叔齊(숙제)가 孤竹國(고죽국)에서 서백이 노인을 잘 공경한다는 말을 듣고 그에게 귀의하였으며, 그 외에 대부 계층의 무리들도 모두 가서 그에게 귀의하였다.

崇侯虎(숭후호, 崇國의 제후이자 간신, 봉지는 하남성 숭현 북쪽)가 은나라 紂(주)왕에게 "서백이 선과 덕을 쌓아 제후들이 그를 바라보고 있으니 앞으로 임금에게 불리할 것입니다." 하며 서백을 모함하였다. 紂왕이 위협을 느껴 곧 서백을 羑里(유리, 하남성 탕음현 북쪽 은나라 감옥)에 가두었다.

서백(문왕)은 감옥에서 "易의 八卦(팔괘)"를 "64卦"로 늘려서 연역하고 새로운 역법을 제정했다. 신하 宏夭(굉요) 등이 有莘氏(유신씨, 부족이름, 섬서성 합양현 동남쪽)의 미녀, 驪戎(여융, 부족이름, 섬서성 임동현 일대)의 文馬(문마, 적색 갈기에 몸은 흰색이고 눈은 마치 황금 같다고 함), 有熊(유웅, 부족 이름, 하남성 신정현)의 九駟(구사, 9대의 수레를 끌던 36마리의 말을 말함)를 다른 진귀한 특산물 등과 함께 紂왕의 총애를 받는 신하 費仲(비중)에게 부탁하여 주왕에게 바쳤다. 紂왕이 크게 기뻐하여, 서백을 사면하고 활과 화살 그리고 큰 도끼를 주어 서백이 주변 제후국을 정벌할 수 있는 권한을 주었다. 그러고는 "서백을 모함한 자는 숭후호다."라고 하였다. 서백이 落水(낙수. 섬서성 낙수) 서쪽 땅을 바치면서 炮烙刑(포락형)의 폐지를 청하자 주왕이 폐지하였다.

서백은 돌아온 후 조용히 선행을 실천하며 자신의 세력을 확장하기 위하여 도처에서 현명하고 유능한 인재를 찾았다. 어느 날 밤 꿈에서 현인을 만났는데, 다음 날 渭水(위수) 강변에서 바로 꿈속에서 만났던 姜太公(강태공)과 마주쳐 그의 지혜를 적극적으로 받아들이기로 하여 그를 軍師(군사)로 맞아들였다. 강태공, 즉 太公望(태공망, 姓은 姜, 氏는 呂, 이름이 尙, 呂尙(여상)이라고도 함, 師尙父(사상보)로도 불리고, 문왕과 무왕을 도와 주나라를 건국하였다. 제나라와 姜氏의 시조임)은 젊은 시절에 뜻을 이루지 못하여 위수 강변에서 낚시질을 하며 보냈다. 그런데 낚시줄에 낚시 바늘이 없는 채였다. 바로 어부의 마음에 물고기가 있었던 게 아니라 주나라 문왕이라고 하는 대어를 낚고자 함이었다. 이리하여 그는 단번에 청운의 꿈을 이룰 수 있었다.

문왕이 자신의 세력을 확장하기 위해 정치 공세를 펼치며 은나라의 속국들을 와해시켜 나가자 많은 소국들이 스스로 속국으로 귀의하였으며, 서북쪽과 서남쪽으로 군사를 보내 犬戎(견융, 부족이름, 섬서성 빈현 기산 일대에서 주로 활동)을 정벌하고, 이어 密須(밀수, 부족이름, 감숙성 영대현 서쪽)를 정벌하였다. 다음에 은나라의 제후국 耆國(기국, 산서성 여성현 동북쪽)을 무찔렀다.

은나라 현신(賢臣) 祖伊(조이)가 이를 듣고 두려운 마음에 주왕에게 알렸지만 주왕은 이를 무시하였다. 이듬해에는 邘(우, 제후국의 이름, 하남성 심양현 서북쪽)를 정벌하고 그 이듬해에는 숭후호를 정벌하여 豐邑(풍읍, 문왕 시기의 도읍지 鎬京(호경)을 가리킴, 섬서성 서안시 서남 풍수 서쪽)을 건설하고 기산 아래에서 풍읍으로 도읍을 옮겼다. 그러고 나서는 동쪽으로 황하를 건너 은나라로 가는 길을 뚫었다. 이러한 문왕의 노력으로 주나라는 날이 갈수록 강성해졌다.

서백 창이 세상을 뜨고 태자, 이름이 발인 姬發(희발)이 즉위하니 (B.C 1061년), 그가 바로 武王(무왕)이다(주 왕조를 실질적으로 건국함). 서백은 약 50년간 제후 왕으로 있으면서 독자적인 법령과 제도를 만들었을 뿐만 아니라 주력(周曆)을 만들었다. 무왕은 서백이 세상을 떠난 지 10년 후 문왕이라고 諡號(시호)를 追尊(추존)하였다. 또 고공단보를 '太王'으로 추존하고, 공계를 '王季'라고 추존한 것은 주 왕조의 왕업이 고공단보로부터 기초를 다지기 시작한 연유에서라고 한다.

무왕이 은나라를
정벌하다

  무왕이 즉위하여 태공망 여상을 太師(태사)로 삼고, 동생인 周公旦(주공 단)을 곁에 두고 국정자문에 응하는 보국(輔國)에 임명했다. 召公(소공, 이름이 奭(석)이고, 주 문왕의 서자), 畢公(필공, 이름이 高이고, 주 문왕의 서자) 등은 곁에서 보좌하며 문왕이 남긴 유업을 배워 널리 펼치는 일을 했다.

  9년(문왕이 세상을 떠난 후에도 무왕은 부친 무왕의 연호를 그대로 사용함), 무왕이 畢(필, 섬서성 함양의 동쪽)에서 문왕에게 祭祀를 올리고 동쪽으로 가서 군대를 사열하고 盟津(맹진, 하남성 맹진현 동북쪽)에 이르렀다. 문왕의 位牌(위패)인 木主(목주, 나무로 만든 위패)를 중군의 수레에 실었다. 무왕은 스스로 태자 發이라고 칭하며, 문왕의 뜻을 받들어 정벌하는 것이지 자신의 뜻이 아님을 밝혔다. 이에 司馬(사마), 司徒(사도), 司空(사공)과 諸節(제절, 각종 符節(부절, 위임장))을 받은 여러 관리들에게 명하기를, "몸을 단정히 하고 언행을 조심하며 믿음이 있어야 한다! 나는 전쟁을 잘 알지 못하지만, 선조 시기부터 활동하던 공덕이 있는 신하들이 있음으로써, 나는 단지 선조의 공덕을 계승하고, 완벽한 상벌제도를 만들어서 선조의 업적을 공고히 할 것이다."라고 선언하며, 마침내 군대를 일으켰다. 師尙父(사상보, 태공망에 대한 존칭) 지위에 있던 강태공이, "너희들의 부하를 모아 배를 띄워 출동하라! 늦게 도착하는 자는 처형할 것이다."고 호령하였다.

무왕이 황하를 건너서 중간쯤 도착했을 때, 흰색의 물고기가 무왕이 타고 있던 배 안으로 튀어 올랐다. 무왕이 물고기를 잡아서 제사를 지냈다. 황하를 건너니 불덩어리가 하늘에서 아래로 내려와 날아다니다가 무왕이 머무는 숙소에 이르러서는 부단히 변하다가 까마귀 형상이 되었다. 그 색깔은 붉은색이었으며, 까악 까악하고 울음소리를 내었다.

이 시기에 기일을 정하지 않았어도 자발적으로 맹진에 모인 제후가 800명에 이르렀다. 제후들 모두가 말하기를 "은나라의 주왕을 정벌해야 합니다."고 하니, 무왕이 말하기를 "그대들은 천명을 모른다. 아직은 안 된다."고 하고는 곧 군사를 되돌려 돌아갔다.

2년이 지나고, 주왕의 어리석음과 포악함이 갈수록 심하여 왕자 比干(비간)을 죽이고 箕子(기자)는 감금하였다는 소식이 들렸다. 태사 疵(자)와 소사 强(강)은 제례에 쓰는 악기를 들고 주나라로 달아났다. 이에 무왕은 제후 모두에게 "지금 은나라 紂왕은 여인(妲己, 달기를 가리킴)의 말만 따르고 스스로 하늘의 천명을 거역하고 무거운 죄를 지었으니, 다 함께 정벌하지 않을 수 없다."고 알렸다. 마침내 군대를 동원하여 동쪽으로 주왕을 정벌하러 나섰다.

11년 12월 戊午日(무오일)에 군사들은 모두 盟津(맹진)을 건넜고 제후들도 모두 모였다. 무왕이 말하기를 "부지런히 힘쓰고·나태하지 마라." 하고 〈太誓〉(태서, 고문상서에 있는 편명)를 지어 모두에게 선언했다.

주력(周曆)으로 2월은 은의 정월에 해당한다. 甲子日(B.C 1046년) 동틀 무렵, 무왕은 아침 일찍 은나라의 수도 朝歌城(조가성)의 교외 牧野(목야)에 도착해서, 신하들의 조회를 받으며 이에 맹서하였다. 무왕은 왼손에는 군주 전용의 황금으로 장식한 도끼인 黃鉞(황월)을 들고, 오른손에는 군대를 지휘할 때 사용하는 소꼬리로 장식한 白旄(백모)를 잡고, 군대를 지휘하였다. 선서가 끝나고 제후들의 戰車(전거) 4,000대가 목야에 집결하여 도열하였다. 주왕 또한 무왕이 공격해 왔다는 소식을 듣고 군사 70만 명을 동원하여 무왕에게 대항하였다.

무왕은 강태공과 100명의 용감한 군사로 하여금 본격적인 전투를 하기 전에 먼저 도발하게 하였고, 나머지 주력부대는 紂의 군대를 향하여 돌격하게 하였다. 주의 군대가 수는 많았지만 하나같이 싸울 마음이 없었다. 외려 무왕이 빨리 공격해 오기를 바라고 있던 터라 紂의 군사들은 무기를 거꾸로 돌리고 무왕에게 길을 터 주었다. 무왕이 공격하니 주의 군대는 모두 무너지고 紂에게 등을 돌렸다. 주왕은 대패하여 도성에서 도망쳐 나와 鹿臺(녹대, 하남성 기현)에 올라가서 보석으로 치장한 옷을 뒤집어 쓴 채 불에 뛰어들어 타죽었다. 주왕이 총애하던 두 여자도 목을 매어 자살하였다.

주나라 무왕이 은나라 주왕을 대패시킨 牧野戰鬪(목야전투)는 중국 역사에서 적은 수로 대군을 물리친 대표적인 전투인데, 이 전투에서 패배한 은나라는 결국 멸망하게 되었고, 이어서 주나라 왕조가 세워지니, 중국은 서주 시대로 접어들었다.

무왕은 은나라 주왕의 아들 武庚(무경, 祿父(녹보)는 字)에게 은나라 유민들을 관리하게 하였다. 무왕은 은나라가 이제 막 평정되어 불안정하다고 여겨 자신의 동생 管叔(관숙, 주 문왕의 셋째 아들) 鮮(선)과 蔡叔(채숙, 주 문왕의 다섯째 아들) 度(탁)에게 녹보를 도와 유민들을 다스리게 하였다. 이어 소공에게 箕子(기자)를 석방하라 이르고, 畢公(필공)에게는 감옥에 갇혀 있는 백성들을 풀어 주도록 명하였다. 그리고 商容(상용, 상의 신하)이 살던 마을에는 표창을 하였다. 그리고 南宮括(남궁괄)에게는 녹대의 재물과 鋸橋(거교)의 곡식을 풀어 가난하고 힘없는 백성들을 구제하게 하였다. 남궁괄과 史佚(사일)에게는 九鼎(구정)과 보물을 전시하게 하였다. 宏夭(굉요)에게는 비간의 무덤에 흙을 첨가하여 봉분을 높여 주도록 하였고, 宗祝(종축) 등 제사를 담당하는 관리들에게는 전사한 군사들을 위하여 궁중에서 제사를 지내도록 명령하였다.

주나라를 세운 무왕은 공신들을 책봉하는 한편, 雒邑(낙읍, 洛陽을 지칭함, 서주의 제2도읍지)에 주나라의 도읍을 조성하고, 전투마들은 華山(화산) 남쪽에 방목하고, 소들은 桃林(도림, 요새 이름, 하남성 영보현 서쪽)의 옛터에 방목하며, 무기를 거두어 내려놓고 군대를 정돈하여 해산하고, 천하에 다시는 군사를 동원하지 않겠다는 뜻을 나타냈다. 은나라를 정벌하고 2년 후에 무왕이 병이 들었다. 천하가 아직 안정되지 않아서 여러 신하들이 두려워하면서 점을 쳤다. 周公(주공)이 사악한 것을 없애는 의식을 거행하고 몸을 정갈하게 하

28

고, 스스로 볼모가 되어 무왕을 대신하겠다고 하니 무왕의 병이 호전되는 듯하였으나 결국 무왕(재위 5년)이 사망하고 말았다. 태자 誦(송)이 이어서 즉위하였는데, 이 사람이 바로 2대 成王(성왕)이다 (B.C 1044년).

주나라 쇠퇴를 거듭하다
– 주공의 섭정과 성왕과 강왕의 치세

周公(주공)은 이름이 旦(단)이고 무왕의 동생이며, 周(주, 섬서성 기산)라는 곳에 책봉받아서 달리 周公旦(주공단)으로 일컫는다. 서주 초기의 정치가, 사상가, 군사가이다. 그는 유가(儒家)의 기초를 다진 인물로 존경을 받았는데, 공자가 가장 존경하는 고대 성인 중의 한 명이다. 주공단은 주나라가 은나라를 멸망시키는 과정에서 중요한 역할을 했는데, 牧野戰鬪(목야전투) 때의 『牧誓(목서)』는 바로 그가 지은 것이다.

무왕에 이어 2대 성왕(B.C 1044년 즉위)은 나이가 어리고 주나라가 막 천하를 평정한 지 얼마 안 되었을 때 즉위했기 때문에, 주공은 제후들이 주나라를 배반할까 염려되어 성왕을 대신하여 섭정하여 국사를 주관했다. 그러나 管叔(관숙), 蔡叔(채숙) 등 여러 동생들은 주공을 의심하고 은나라 주왕의 아들인 武庚(무경)과 더불어 반란을 일으키고 주나라를 배반하였다. 주공은 성왕의 명령을 받들어 무경과 관숙을 토벌하여 죽이고 채숙을 귀양 보내 3년 만에 모두 평정하여 주나라를 안정시켰다. 그리고 주나라를 영원히 보존하기 위해 무왕의 봉건제를 이어 받아 수많은 同姓國(동성국)과 異性國(이성국)을 분봉했으며, 이를 기회로 제후들과 회맹하여 예악제도를 정비하는 등 주나라 통치체제를 확립했다. 그리고 은나라 왕족 微子啓(미자계)에게는 은나라의 후대를 계승하도록 하여 宋(송, 하남성 상구)에 나라를 세우게 하였다.

주공이 정치를 실행한 지 7년이 되어 성왕도 성장하였으므로, 주공은 정권을 성왕에게 돌려주고 북쪽으로 얼굴을 향하는 신하의 위치로 돌아갔다. 성왕은 鎬京(호경, 문왕 시기의 도읍지로 현재 섬서성 서안시 서남쪽으로 풍읍이라고도 함)에 머물면서 召公(소공, 문왕의 아들이고 무왕의 동생)으로 하여금 다시 낙읍을 건설하게 하여 무왕의 뜻을 따르게 하였다. 주공이 여러 번 시찰하여 마침내 도성을 건축하였고 그곳에 九鼎(구정, 중국의 대명사이고 왕권의 상징이다. 은나라 시기에는 왕실 귀족의 신분을 나타내었다)을 두었다. 주공이 말하기를 "이곳은 천하의 중심으로, 사방에서 공물을 바치러 오는 거리의 원근이 모두 같다."고 하였다.

성왕은 낙읍을 동쪽의 수도로 정하고 成周(성주)라고 일컬었으며, 행정중심 도시이자 정치와 군사를 통치하는 거주지로 삼았다. 낙읍을 다시 동과 서로 나눴는데 서쪽은 왕성으로 일컬었으며 주나라의 백성이 살고, 동쪽은 은나라의 유민이 거주하게 했다. 鎬京(호경, 제사 중심 도시라고 하여 宗周(종주)라고 함)에 머물면서, 예의와 음악을 일으켜 바로잡았고 제도를 개혁하였으며, 백성들은 화목하고 태평성세로 군주의 덕치를 찬양하는 노랫소리가 들려왔다. 성왕은 東夷(동이)를 정벌하였고, 息愼族(식신족, 숙신(肅愼)을 말하며, 당시 중국 동북쪽에 살던 부족)이 사신을 보내서 축하하자, 명예 제후의 지위와 주나라의 왕실과 같은 성씨인 姬(희)를 하사하였다.

성왕(재위 22년)이 임종하자 태자 釗(교 : 쇠로 읽으나 여기서는 교로 읽음)가 마침내 즉위하였는데, 바로 3대 康王(강왕, B.C 1023년)이다. 강왕은 즉위한 후에 제후들에게 통고하고, 문왕과 무왕의 위대한 업적을 알리도록 선포하였으며『강고(康誥)』를 지었다. 그래서 성왕과 강왕 시기에는 천하가 평안하고 형법을 설치하고도 40여 년 동안 사용하지 않았다. 강왕은 신하에 대하여 사용하는 일종의 문서인 策書(책서)를 작성하게 하고, 畢公(필공, 이름이 고이고 문왕의 아들)에게는 백성으로 하여금 촌락을 구분하여 거주하도록 하여서 주나라 교외 지역의 경계를 정하도록 명령하였으며(分居里), 필명〈畢命〉을 지었다.

3대 강왕이 사망하고(재위 25년) 아들 昭王(소왕) 瑕(하)가 4대로 즉위하였다(B.C 998년). 소왕 재위 시기에 어진 덕으로 백성을 다스리는 공평무사한 왕도정치가 쇠락하였다. 소왕이 남쪽으로 순시를 갔다가 돌아오지 못하고 강가에서 사망하였다(재위 19년). 이어 소왕 아들 滿(만)이 5대 穆王(목왕, B.C 970년)으로 즉위하였는데, 이 시기에 주나라 왕실은 더욱 쇠락하기 시작하였고, 일부 제후는 왕명을 따르지 않아서 사회질서가 불안하였다. 목왕이 재위 55년에 사망하고, 그의 아들 恭王 繄扈(공왕 예호)가 6대로 즉위하였다(B.C 916년). 恭王이 사망하고(재위 21년), 아들 懿王 艱(의왕 간)이 7대로 즉위하였다(B.C 896년). 의왕 시기에 주나라 왕실이 마침내 더 쇠약해졌고,

시인들은 諷刺(풍자)하는 詩를 지었다. 의왕(재위 9년)이 사망하고 공왕의 동생인 辟方(벽방)이 즉위하였는데, 이 사람이 8대 孝王(효왕, B.C 888년)이다. 효왕(재위 5년)이 사망하고 제후들이 다시 懿王(의왕)의 태자 燮(섭)을 옹립하였는데, 이 사람이 바로 9대 夷王(이왕, B.C 884년)이다.

여왕의 폭정과
공화정

夷王(이왕, 재위 8년)이 세상을 뜨자 厲王 胡(여왕 호)가 10대로 즉위
하였다(B.C 877년). 厲王(여왕, 포악한 군주에게 부여된 시호임)은 재위 기
간에 백성을 가혹하게 착취하고 귀족의 권력을 제한하였으며, 榮
(영)나라 군주인 夷公(이공)과 가깝게 지냈다. 그는 여왕에게 평민들
이 산림과 川澤(천택)에 들어가 생산 활동을 하지 못하게 하고, 모
든 생산물은 군주가 독차지하게 敎唆(교사)하였다. 대부 芮良夫(예량
부)가 여왕에게 간언하기를, "현재 군주께서는 이익을 독점하는 것
을 배우시는데, 말이 되는 일입니까? 보통 사람이 이익을 독점하
는 것도 또한 도둑이라고 일컫는데, 군주께서 이것을 실행하면 군
주에게 귀의하는 사람이 드물 것입니다. 만약 영이공이 중용된다
면 주나라는 필히 쇠퇴할 것입니다."라고 하였다. 그러나 여왕은
듣지 않았고 마침내 영나라 夷公(이공)을 경사(卿士)로 임명하고 국
가 정사를 다스리게 하였다.

여왕의 행위가 포악하고 사치하며 오만하고 방자하여서, 성읍
및 그 주위에 거주하는 백성인 國人(국인)들이 왕을 비방하였다. 국

인들은 주로 자유민과 수공업, 공인, 상품 교환에 종사하는 상업 노동자들인데, 이들은 內城(내성) 안에 거주하며 정치에 참여할 수 있는 기회가 비교적 많았다. 여왕의 통치시기에 徭役(요역)과 세금이 번잡하고 극심하여 국인들의 원성이 자자하였다. 그러나 여왕은 오히려 국인들이 국사에 대하여 논의하는 것을 금지시켰고 위반하는 자를 모두 살해하였다. 이래서 여왕을 비방하는 것은 드물어졌지만, 제후들은 군주를 알현하러 오지 않았다. 재위 34년(B.C 844년) 여왕은 더욱 엄한 정치를 실행하여 국인들은 감히 말을 하지 못하고 거리에서 눈빛으로만 대화하였다. 여왕이 기뻐하는 것을 보고, 召公 奭(소공 석)의 후손 호가 여왕에게 간하였으나 여왕은 듣지 않았다. 국인들이 드디어 B.C 841년 鎬京(호경)에서 폭동을 일으켰고 여왕을 습격하여 여왕은 彘(체, 섬서성 곽현 동부) 땅으로 도망갔다.

여왕의 태자 靜(정)이 소공의 집에 숨어 있었는데, 국인들이 그 소문을 듣고 이에 소공의 집을 포위하였다. 소공이 말하기를 "예전에 내가 여러 번 여왕에게 간언했지만, 여왕이 따르지 않아서 이러한 재난이 이르게 된 것이다. 지금 왕의 태자를 살해하면, 그것으로 왕은 나를 원수로 여기고 원망하며 화를 낼 것이다. 무릇 군주를 섬길 때는 위험해도 원수로 여기거나 원망하지 않고, 원망하더라도 화내지 않는 법인데, 하물며 왕을 섬기는 것은 말할 것도 없다."면서, 이에 자신의 아들을 왕의 태자로 대신하여 죽게 하였고, 태자는 마침내 위험에서 벗어났다.

召穆公(소목공, 소공 虎)과 周定公(주정공, 주공단의 후손으로 주나라 왕실을

35

보좌하여서 대대로 주공이라고 일컬었음, 역사에서는 주정공이라고 일컬음) 두 사람이 군주를 보좌하는 최고의 관직인 재상으로 있으면서 공동으로 대리하여 다스렸는데 이것을 "共和行政(공화행정)"이라고 일컫는다. 공화14년(B.C 828년)에 여왕이 彘(체)에서 사망하였다(재위 37년). 태자 靜(정)은 소목공의 집에서 성장하였고, 소목공과 주정공 두 명의 재상이 함께 그를 왕으로 옹립하였는데, 이 사람이 바로 11대 宣王(선왕, B.C 827년)이다. 선왕이 즉위하고 두 명의 재상이 그를 보좌하여 나라를 다스리고, 문왕, 무왕, 성왕, 강왕이 남긴 遺風(유풍)을 본받아서 행하자 제후들이 다시 주나라를 받들었다. 주나라 여왕이 호경을 떠나 彘(체)로 달아난 B.C 841년을 공화 元年(원년)이라 하는데, 중국 고대사에 있어서 확실한 년대의 시작이 되었다.

유왕이 봉화로 제후들을 농락하여
서주가 멸망하다

　선왕이 재위 46년(B.C 782년) 만에 세상을 뜨고 아들 幽王 宮湦(유왕 궁생)이 12대로 즉위하였다(B.C 781년). 유왕 2년(B.C 780년)에 서주의 涇水(경수, 발원지가 寧夏(영하)이고 甘肅(감숙)과 陝西(섬서)를 거쳐서 위수로 흘러 들어감)와 위수, 낙수 등 3개의 강가에서 모두 지진이 발생하였다. 대부 伯陽甫(백양보)가 "주나라가 하늘의 버림을 받아 장차 망할 것이다."고 하였다. 그 해에 경수와 위수, 낙수 등 3개의 강물(서주의 수도권 일대)이 고갈되고 기산이 무너졌다.

　유왕 3년(B.C 779년), 왕이 후궁에 행차하여 褒姒(포사, 포나라의 姒氏 姓을 가진 여성)를 보고는 총애하게 되었고, 포사는 아들 伯服(백복)을 낳기에 이르렀다. 태자 宜臼(의구)의 어머니는 申나라 군주인 申侯(신후)의 딸로서 왕후가 되었다. 나중에 유왕이 포사를 얻고 그녀를 총애하여서, 申后(신후)를 廢黜(폐출)하고 아울러 태자 의구도 폐위시키고, 포사를 왕후로 삼고 백복을 태자로 삼으려고 하였다.

　주나라의 역사 기록을 담당하는 관직인 태사 伯陽(백양)이 역사 기록을 읽고는 "주나라가 망할 것이다."고 하였다. 마침내 신후와 태자를 폐출하고 포사를 왕후로 백복을 태자로 삼았다. 태사 백양이 말하기를 "화근이 이미 형성되었으니, 어쩔 도리가 없구나!"라고 하였다.

포사가 좀처럼 웃지 않자 유왕은 온갖 방법으로 그녀를 웃게 하였지만 웃지 않았다. 유왕은 烽燧(봉수)와 鼓樓(고루)에 큰 북을 매달아 쳐서 경보를 알리는 大鼓(대고)를 설치하고, 적이 쳐들어오면 봉화를 올리게 하였다. 유왕이 봉화를 올리자 제후들이 모두 구원하러 왔고, 왔는데도 적군이 보이지 않자, 포사가 이에 크게 웃었다. 유왕은 기뻐하며 여러 차례 봉화를 올렸다. 그 후에는 봉화를 올려도 믿지 않았으며, 제후들도 더는 달려오지 않았다.

유왕이 虢石父(괵석보)를 경으로 삼아 국사를 맡기자 백성들 모두의 원성이 높았다. 석보는 奸詐(간사)하고 아부를 잘하며 이익을 밝혔는데, 유왕이 이런 자를 기용하였기 때문이다. 또 왕후 신씨를 폐하고 태자를 내치자 申侯(신후)가 노하여 繒(증, 주나라 제후국 이름), 西夷(서이, 중국 서부지역의 종족 명칭), 견융과 연합하여 호경을 향하여 군사를 동원하여 유왕을 공격하였다. 위기에 직면한 유왕은 군사를 모아 응전하는 한편, 驪山(여산)의 봉화를 올려 제후들의 군대를 불렀으나, 제후들은 이번에도 유왕이 포사를 위해 거짓 봉화를 피우는 줄 알고 군사를 보내지 않으면서 모두들 쓴웃음만 지었다. 구원병이 오지 않자 호경에 주둔하던 유왕의 군사들은 여러 해 동안 전쟁을 치러 본 경험이 없었기 때문에 호경을 지킬 의지가 없었다. 신후와 견융의 군대가 공격을 시작하자 성을 지키던 유왕의 군사들은 지레 겁을 먹고 도망가기에 바빴다.

유왕은 급히 포사와 백복을 데리고 여산으로 피신했다. 견융이 호경성을 점령한 후 여산으로 도망간 유왕을 추격하여 유왕(재위 11년)과 백복을 죽이고 포사를 포로로 사로잡고 주나라의 재화를 모두 약탈하여 가지고 갔다. 이로써 서주는 멸망하였다(B.C 771년). 유왕이 즉위 후에 자연재해의 빈발과 정치 부패 및 포사의 총애, 융족의 침입 등으로 멸망한 것이다.

동주시대로 들어선 주나라는 쇠퇴를 거듭하다가 진나라에게 멸망하고 말았다.

유왕이 죽은 후 신후와 함께 魯侯(노후), 許文公(허문공) 등 제후들이 폐위된 태자 宜臼(의구)를 옹립하니 그가 바로 平王(평왕, 13대, 동주 1대, B.C 770년)이다. 호경이 전쟁으로 불타버리고 단기간에 복구가 힘들었을 뿐만 아니라 견융의 위협 아래에 있었기 때문에, 평왕은 도성을 동쪽의 洛邑(낙읍)으로 옮겼다. 이로써 동주의 역사가 시작된 것이다(그래서 그 이전 시기를 서주시대라고 함).

평왕(재위 51년) 재위 시기에 주나라 왕실은 점점 쇠약해지고 제후들은 강대해지기 시작하였다. 특히 齊, 楚, 秦, 晉, 燕이 강대해졌다. 그래서 중국학계의 통설은 춘추시대 년대에 대하여 주나라가 낙읍으로 천도한 B.C 770년부터 晉(진)나라 哀公(애공)이 즉위한 지 얼마 안 되어 韓, 魏, 趙가 실권자 智氏(지씨)를 살해하고 이들 3 세력이 진을 分轄(분할, 三家分晉)하여 독립 국가로 통치하게 되면서, 戰國七雄(전국칠웅, 秦, 齊, 楚, 燕, 韓, 魏, 趙)이 할거하는 국면이 대체로 형성된 B.C 476년까지를 춘추시대로 인정하고 있다(27대 元王 仁,

재위 B.C476년 - B.C469년). 그래서 전국시대의 개막은 이 시기부터 시작되었다고 하겠다.

당시의 정치는 제후 중에서 왕실의 공신 또는 친척을 제후의 우두머리로 삼고 왕실을 대표하여 한 지역을 통치하게 하였는데, 즉 은나라, 주나라 시기에는 한 지역의 우두머리 역할을 수행하였으나, 춘추시대에는 주나라의 천자가 권한을 잃으면서 제후들끼리 패권정치를 추구하게 된 것이다(이것을 方伯政治(방백정치)라고도 함). 이로부터 주나라 왕조는 사방의 제후들을 통제할 힘을 잃었고, 동주시대는 주나라 왕실이 명목뿐인 천자로 전락한 까닭에 특별히 기록할 일이 많지 않았기 때문에 오히려 일명 '춘추전국시대'로 불리고 있다(동주 시기는 춘추시대와 전국시대로 나뉘어 겹침). 이른바 春秋五霸(춘추오패)와 戰國七雄(전국칠웅)으로 불린 제후국이 사실상 천하를 호령한 결과이다.

그렇다고 춘추전국시대 당시 주나라의 왕실이 전혀 쓸모가 없는 나라였던 것은 아니다. 춘추시대 전 시기를 포함해 전국시대 말기까지 '천자' 호칭은 오직 주나라 왕실만 보유하고 있었다. 천하를 호령하는 권력은 비록 춘추오패와 전국칠웅이 행사했을지라도 권위만큼은 여전히 주나라 왕실이 행사했다. 중원 晉나라를 찬탈한 뒤 삼분해 성립한 한·위·조 등 이른바 三晉(삼진)이 주나라 왕실의 재가를 받은 뒤 비로소 제후국의 일원이 된 사실(B.C 403년 주나라 威烈王(위열왕, 32대, 재위 B.C425년 - B.C402년)이 한, 위, 조를 제후로 책봉하여 한나라, 위나라, 조나라가 탄생하고 晉나라는 멸망하고 말았다)이 이를 상징적으로 보여 준다. 그런 점에서 춘추전국시대는 권력과 권위가 합치되지 않고 따로 놓인 名實相離(명실상이)의 시대였다고 규정할 수 있다. 춘추전국시대에 신하가 군주를 시해하고, 마침내 寶位(보위)마저 빼앗아 나라를 찬탈하는 殺君纂位(살군찬위)가 빈발한 것도 이런 맥락에서 이해할 수 있다.

전국시대에 주 왕실은 있으나마나 한 허수아비로 전락하여 주 왕조의 史籍量(사적량)은 현저히 줄어들고 제후간의 분쟁이 주로 기록된다. 동주는 마치 절반은 사망한 환자와 같은 환경에서 500여 년을 존속하였다.

35대 顯王 篇(현왕 편, 재위 48년, B.C368년 - B.C 321년)이 사망하고 아들 愼靚王 定(신정왕 정, 36대)이 즉위하였다. 신정왕이 재위 6년 만에 사망하고 아들 赧王 延(난왕 연, 37대, 재위 59년, B.C314년 - B.C256년)이 즉위하였다. 주나라 제후국이 동주국과 서주국으로 분할된 상태에서 난왕은 도읍을 서주국으로 옮겨서 서주국에 빌붙어 살았다. 서주국이란, 주나라의 제후국이다. 주나라 31대 考王(고왕) 元年(원년, B.C 440년)에 동생 揭(갈)을 河南(하남)에 책봉하였는데, 이 사람이 바로 서주국의 桓公(환공, B.C 440년-B.C 415년)이고 서주국이 형성되었다. 서주국의 지역은 지금의 낙양시와 낙양 서부 지역이다. 주나라의 수도 낙읍은 원래 2개의 성이 있는데, 서쪽에는 왕성이 있고 동쪽에는 成周(성주)가 있었다. 전국시대에 이르러 주나라 왕실 내부에 정권쟁탈과 분봉으로 인하여 왕성에 거주하는 서주공과 성주에 거주하는 동주공이 나타나게 되었다. 그 후에 공자 根(근)의 반란으로 조나라의 성후는 한나라와 더불어 주나라의 제후국을 둘로 나눴고, 주나라의 제후국은 동주국과 서주국으로 분할되었다. 서주국은 B.C 256년에 제후들과 연합하여 진나라를 공격하니, 진 소양왕이 노하여 장군 摎(규)로 하여금 서주를 공격하게 하였다. 서주국의 왕이 항복하고 36개 읍과 인구 3만 명을 바치고 멸망하였다. 그해에 주나라의 赧王(난왕)도 사망(재위 59년, B.C 256년)하였다. 이로부터 주나라와 서주국은 역사상 사라지게 되었다.

동주국이란, 주나라의 제후국이고 서주국의 형제국이다. 서주국의 혜공이 동생 根(근)을 동주국의 혜공으로 책봉하여 동주국의 역사가 시작되었다(B.C 367년). 서주국의 威公(위공, 재위 B.C 414년–B.C 367년)이 사망하고 형제간에 불화하여 큰아들은 서주국의 혜공으로 즉위하고, 작은 아들 근이 독립하여 동주국을 건국하고 혜공이 되었다. 동주국의 도읍지는 현재 하남성 鞏義(공의) 일대이다. 진나라 30대 장양왕 원년(B.C 249년)에 동주국 군주 周靖公(주정공)이 제후들과 연합하여 진나라를 공격하려고 도모하였는데, 진나라가 상국 여불위로 하여금 정벌하게 하여 멸망시켰다. 이로써 동주국과 서주국은 모두 진나라에 병합되었으며, 주나라는 멸망하여 제사를 지낼 수 없었다.

그러다가 진나라도 멸망하고, 한나라가 건국되고 90여 년이 자나서 한 무제(漢 武帝)가 태산에서 하늘에 제사지내는 封禪(봉선) 의례를 행하였다. 그리고 동쪽으로 순행을 가서 하남에 이르렀고, 주나라의 후예를 찾았으며 그 후예인 姬嘉(희가)에게 30리 토지를 분봉하고 周子南君(주자남군)이라고 일컬었는데, 작위는 제후와 같게 하고 조상의 제사를 받들게 하였다.

“夏商周斷代工程(하상주단대공정)”에서 2000년도에 작성한 하상주년표《夏商周年表》에서 무왕이 은나라의 紂王(주왕)을 정벌한 시기를 B.C 1046년으로 확정하여 발표하였는데, 역사학계에서도 주왕조가 B.C 1046년에서 B.C 256년까지 존속하였다는 것이 통설이다.

주 왕조가 실행한 봉건 종법제도(封建 宗法制度)에 기초한 통치방식은 후대 중국 왕조사에 지대한 영향을 미쳤다. 적장자(嫡長子) 계승 원칙에 입각한 종법제도는, 피라미드 형태의 신분·권력 구조로 수렴됨으로써 초기 주 왕실의 안정과 발전에 힘이 되었다. 특히 이 관계가 거의 혈연을 바탕으로 이루어졌기 때문에 왕조 초기의 통치에 보다 효과적이었다. 주나라의 각종 제도는 주공(周公)이 창안하였다고 전하는데, 이 제도를 주관(周官)이라는 관료시스템으로 뒷받침하고, 이를 다시 『周禮』로 정리하였다.

주나라는 인척(姻戚)이나 공신(功臣)들을 지방에 봉하여 자신의 제도와 문화를 전파하였다. 이것이 봉건(封建)이고 분봉된 자를 제후(諸侯), 분봉된 땅을 봉지(封地)라 불렀다. 제후들은 주 왕실과 군신관계를 형성하였고, 자신의 봉지에 사는 토착민과의 연합을 통하여 통치기반을 다졌다. 또한 왕실에 대하여 군사를 비롯한 약간의 의무만 있을 뿐, 거의 독립을 인정받았다. 그런데 이런 봉건제도의 치명적 결함(缺陷)은 혈연관계가 멀어지면 결속력이 약화될 수밖에 없다는 점이고, 춘추시대에 바로 이런 결함이 현실로 나타난다.

약 800년 동안 지속되어 온 주나라의 장구한 역사는 중국사에서 가장 긴 왕조가 되었으며, 중국사에 거대한 발자취를 남겼다. 주공 단(周公 旦)은 고대의 성인으로, 그가 유가(儒家)의 기초를 다진 인물로 존경을 받았는데, 공자가 가장 존경하는 성인이었다. 그는 주나라의 기틀을 잡아 발전시키는 데 핵심적인 역할을 한 인물로서, 중국 역사 발전에 큰 영향을 남겼다. 그리고 문왕과 무왕, 주공 단은 모두 후세인들의 칭찬을 받았으며, 후세인들의 모범이 되었다.

02

전국칠웅(戰國七雄)과
기타 제후국

···

사마천(司馬遷)이 사기 권15 「육국연표(六國年表)」에서, 맨 위에 천자인 주(周) 왕실을 올리고, 그 바로 아래에 진(秦)나라를 배치한 까닭은, 진나라의 역사적 위치와 위상이 나머지 6국과 다르다는 것을 분명하게 나타내기 위해서였다. 즉 주 왕실과 제후들의 맹주 진나라를 빼고 남은 것이 6국이고, 그 연표가 바로 〈육국연표〉다. 사마천은 진나라가 24대 헌공(獻公, 재위 B.C 384년- B.C 361년) 이후 줄곧 다른 제후들을 압도하였다고 보았기 때문에 연표의 배치에 이를 분명하게 반영한 것이다.

周나라(B.C 1046년 - B.C 256년) 시절은 오늘날 중국의 문화와 사상의 방향과 기틀을 확립한 시기였다. 주나라의 전반부(B.C 771년)까지를 서주(西周, 호경이 도읍이었음)시대라 하고, 후반부를 동주(東周)시대라 하여 제후들이 각축전을 벌이던 때로 본다. 그리고 다시 이 동주의 전반부(B.C 770년 - B.C 475년)를 춘추시대(春秋時代)라 하며, 그 후반부를 전국시대(戰國時代, B.C 475년 - B.C 221년)라 한다. 춘추 초기 200여 개의 제후국이 7개의 대국과 몇 개의 소국이 살아남기 위해 미증유의 잦은 전쟁과 알력으로 200여 년간을 숨 가쁘게 견뎌온 시기이다. 결국 전국칠웅이 약육강식의 대혼전을 벌이다가 진시황이 천하를 통일(B.C 221년)하여 마감된 것이다.

춘추시대가 중국민족의 대융합 시기라면, 전국시대는 그 발전을 위한 몸부림의 시기였다. 춘추시대에 대국으로서 전국시대 칠웅으로까지 살아남은 나라는 초(楚), 연(燕), 진(秦)이었다. 제(齊)나라는 강(姜)씨 왕통이 전(田)씨 왕통으로 바뀐 것이며, 한(韓), 위(魏), 조(趙)나라는 진(晉)나라에서 분열되어 칠웅의 반열에 오른 신흥국가였다. 그 밖에 주 왕실과 송(宋), 노(魯), 오(吳), 위(衛), 월(越), 중산(中山) 등은 대국의 틈바구니에서 겨우 명맥만을 유지하던 약소국에 불과하였다.

진나라와의 관계를 이해하기 위하여, 그 전제로 주나라 역사는 앞에서 개관하였고, 이하에서는, 전국칠웅과 기타 제후국을 간략하게 소개하기로 한다.

전국칠웅(戰國七雄)

• 연(燕)

주나라 제후국 연나라다. 주나라 무왕이 은나라를 멸망시킨 뒤, 동생 소공(召公) 희석(姬奭)을 지금의 북경시를 포함한 하북성 중북부의 연나라 군주로 봉하면서 연나라가 시작되었다. 도읍은 계(薊, B.C ? – B.C 222년)로 지금의 북경시 서성구 남부 및 풍태구 지역이었다. 연나라는 서주 시기 및 춘추시대를 거쳐 전국시대에는 전국칠웅의 하나였으나, B.C 222년 진나라에 의해 멸망하였다. 강역(疆域)이 지금의 하북성 북부, 산서성 동북부, 동북으로는 호와 연접, 서쪽은 중산. 조나라와 연접, 남으로는 제나라와 바다로 연결됨, 면적이 전국칠웅 중 다섯 번째다.

• 한(韓)

국성(國姓)은 희성(姬姓) 한씨(韓氏), 서주 시기에 주나라 제후국 한(韓)나라를 진(晉)나라가 멸망시키고 그 후손 한무자(韓武子)를 한원(韓原) 땅에 봉하여 진(晉)나라 대부로 삼았다. 그 후 춘추시대 말에 한정자(韓貞子)가 평양(平陽, 지금의 산서성 서남부 임분시 요도구)으로 옮겼다. 그 후 진(晉)나라 소공(昭公, 재위 B.C 531년~ B.C 526년) 이후, 범씨(范氏), 중항씨(中行氏), 지씨(智氏), 한씨(韓氏), 조씨(曺氏), 위씨(魏氏)의 육경(六卿) 간의 세력 다툼에서 범씨, 중항씨가 먼저 멸망하였고, 진(晉)나라 애공(哀公) 4년 즉 B.C 453년, 한강자(韓康子)는 조양자(趙襄子), 위환자(魏桓子)와 협력하여 지백(智伯)을 멸망시키고 그 땅을 나누어 가졌다. 晉나라 열공(烈公) 19년 즉 B.C 403년 주나라 위열왕(威烈王)이 한씨를 조씨 및 위씨와 함께 정식으로 제후로 봉하면서 한나라가 생겨나고 전국시대가 시작되었다. 그후 B.C 376년 한나라, 조나라, 위나라가 함께 이름뿐인 晉나라 정공(靜公)을 폐위시키고 그 땅을 나누어 가지면서 진(晉)나라는 완전히 멸망하였다. 그 후 한나라는 전국시대를 거쳐 B.C 230년 秦나라에 의해 멸망하였다. 도읍은 평양(平陽,?~ B.C 416년, 지금의 산서성 임분현), 의양(宜陽, B.C 416년~ B.C 408년?), 양적(陽翟, B.C 400년 이전? ~ B.C 376년), 신정(新鄭, B.C 376년 ~ B.C 230년, 지금의 하남성 신정현), 강역은 지금의 산서성 동남부, 하남성 중부, 주나라를 포괄하고 있었으며, 서쪽은 진, 위나라와 연접, 남쪽은 초나라, 동남쪽은 정나라, 동쪽은 송 , 위나라와 연접하며, 면적은 전국칠웅 중 가장 적은 7위이다.

• 위(魏)

선조는 주나라 무왕의 동생으로 필(畢) 땅 즉 지금의 섬서성 함양시 북쪽에 봉해졌던 필공(畢公) 희고(姬高)로 알려졌다. 그의 후손 필만(畢萬)이 晉나라 헌공(獻公, 재위 B.C 676년 ~ B.C 651년)을 섬겨

공을 세워 위(魏) 땅 즉 지금의 산서성 운성시 예성현 지역을 봉지로 하는 대부로 봉해졌다. 그 후 후손들이 봉지의 이름을 따서 성을 위씨(魏氏)로 삼았다. 그 후 위무자(魏武子)는 晉나라 문공(文公) 중이(重耳)를 따라 19년간의 망명생활을 같이하고 귀국하여 위씨의 대를 잇고 대부가 되었다. 晉나라 소공(召公, 재위 B.C 531년- B.C 526년) 이후, 범씨, 중항씨, 지씨, 한씨, 조씨, 위씨의 육경간의 세력 다툼에서 범씨, 중앙씨가 먼저 멸망하였고, 진나라 애공 4년 즉 B.C 453년 위환자는 조양자 및 한강자의 협력을 얻어 지백을 멸망시키고 그 땅을 나누어 가졌다. 진나라 열공 19년 즉 B.C 403년 주나라의 위열왕이 위씨를 조씨 및 한씨와 함께 정식으로 제후로 봉하면서 위나라가 생겨나고 전국시대가 시작되었다. 그 후 B.C 376년 위나라는 조나라, 한나라와 함께 이름뿐인 진나라 정공을 폐위시키고 그 땅을 나누어 가지면서 진나라는 완전히 멸망하였다. 그 후 위나라는 전국시대를 거쳐 B.C 225년 秦나라에 의해 멸망되었다. 도읍은 안읍(安邑, ? - B.C 340년), 대량(大梁, B.C 340년- B.C 225년, 지금의 하남성 개봉시 지역)으로 옮기고부터 양(梁)나라라고도 불리게 되었다. 강역은 지금의 섬서성 위수 이남의 화양부터 산서성 서부 및 하남성 북부, 그리고 하북성의 대명, 광평, 또한 산동성의 관현, 주위에 각각 진, 조, 한, 정, 제, 위나라 등에 둘러싸임, 면적은 전국칠웅 중 제6위이다.

• 진(秦)

주나라 제후국이다. 秦나라 양공(襄公, 재위 B.C 778년- B.C 766년)

이, B.C 771년 견융(犬戎)이 침입하여 주나라 유왕(幽王)을 살해하는 사건이 벌어졌을 때, 군사를 이끌고 주나라를 구원한다. 그 뒤 주나라 평왕(平王)이 낙읍으로 천도할 때 군사를 이끌고 호송하는 임무를 완수하여 그 공으로 처음으로 제후에 봉해지고 기산(岐山) 서쪽 땅을 봉토로 하사받아 진나라가 시작되었다. 그 이전까지는 감숙성 천수시 부근의 작은 땅을 봉지로 가진 주나라에 예속된 부용국(附庸國)이었으며 주나라 대부의 관직을 가지고 있었다. 그 후 진나라는 춘추시대 및 전국시대를 거쳐 B.C 221년 진나라 시황 영정이 천하를 통일하였으나, B.C 207년 진왕 자영이 항우에게 살해되면서 진나라는 멸망하였다. 도읍은 옹(雍, ?–B.C 350년, 지금의 섬서성 봉상현), 함양(咸陽, B.C 350년–B.C 207년), 강역은 감숙성 동남부, 섬서성 전체, 동쪽은 위, 한, 남쪽은 초, 촉, 서쪽은 융, 북쪽은 역시 이민족과 연접됨, 면적은 전국칠웅 중 제4위이다.

• 제(齊)

주나라 제후국 제나라이다. 주나라 무왕이 은나라를 멸망시킨 뒤 공신 강상(姜尙, 일명 姜太公)을 영구(營丘) 즉 지금의 산동성 치박시 지역의 제나라 군주로 봉하면서 제나라가 시작되었다. 서주시기 및 춘추시대를 거쳐 전국시대 초기까지 이어지다가, B.C 386년 주나라 안왕이 전화(田和)를 제나라 군주로 승인하면서, 강씨 제나라는 없어지고 전씨 제나라가 시작되었다. 전씨 제나라는 전국시대를 거치면서 전국칠웅의 하나였으나, B.C 221년 진나라에 의해 멸망하였다. 도읍은 임치(臨淄, ? - B.C 221년), 강역은 지금의 산동성 대부분과 하북성 동남부, 동쪽은 황해, 남쪽은 초나라, 북쪽은 연나라, 서쪽은 조, 위나라와 연접하였고, 면적은 전국칠웅 중 제3위이다.

• 초(楚)

주나라 제후국 초나라로, 형(荊) 또는 형초(荊楚)라고도 한다. 주나라 성왕 때, 예전에 죽웅(鬻熊)이 문왕을 보필하였던 공을 인정하여 그의 증손인 웅역(熊繹)에게 자작의 작위를 내려 초만(楚蠻) 땅에 봉하면서, 성은 미(羋), 도읍은 단양(丹陽, 지금의 호북성 십언시 단강구시 일대)으로 정해 주었다. 주나라 이왕(夷王) 때 웅거가 잠시 왕으로 칭하다가 그만두었다. B.C 741년에 웅통이 작위를 계승한 뒤 B.C 704년부터 스스로 무왕이라 칭하였다. 무왕의 뒤를 이은 문왕은 B.C 689년 도읍을 영(郢) 땅으로 옮겼다. 그 후 계속 왕을 칭하면서 춘추시대를 거쳐 전국시대에는 전국칠웅의 하나였으나 B.C 223년 진나라에 의해 멸망하였다. 도읍은 언영(鄢郢, ?- B.C 278년), 영진(郢陳, B.C 278년 - B.C 253년), 거양(鉅陽, B.C 253년 - B.C 241년), 수춘(壽春, B.C 241년 - B.C 223년, 지금의 안휘성 수현)이고, 강역은, 지금의 사천성 동부, 호북성 전부, 호남성 동북부, 강서성 북부, 안휘성 북부, 섬서성 동남부, 강소성 중부, 동쪽은 월, 남쪽은 백월, 북쪽은 한, 정, 송, 동북쪽은 진나라와 연접하였고, 면적은 전국칠웅 중 제일 넓다.

• 조(趙)

춘추시대 초기인 진(晉)나라 문후 때 조씨들은 진나라로 이주하였다. 그 후 6대 조성자(趙成子) 조최(趙衰, ?- B.C 622년)는 진나라 문공 중이를 따라 19년간 망명생활을 같이하고 귀국하여 중용되었다. 그 후 조씨들은 진나라의 중요한 정치세력으로 성장하여 晉나라 소공(김公, B.C 531년- B.C 526년) 이후, 범씨, 중항씨, 지씨, 한씨, 조씨, 위씨의 육경 간의 세력 다툼에서 범씨, 중항씨가 먼저 멸망하였고, 진나라 애공 4년, 즉 B.C 453년 조양자 조무휼(趙無恤)은 한강자 및 위환자의 협력을 얻어 지백을 멸망시키고 그 땅을 나누어 가졌다. 진나라 열공 19년 즉 B.C 403년 주나라 위열왕이 조씨, 한씨 및 위씨를 함께 정식으로 제후로 봉하면서 조나라가 생겨나고 전국시대가 시작되었다. 그 후 B.C 376년 조나라, 위나라, 한나라가 함께 이름뿐인 진나라 정공을 폐위시키고 그 땅을 나누어 가지면서 晉나라는 완전히 멸망하였다. 그 후 조나라는 전국시대를 거쳐 B.C 228년 진나라에 의해 멸망하였다. 도읍은, 진양(晉陽, ? -B.C 425년), 중모(中牟, B.C 425- B.C 386년), 한단(邯鄲, B.C 386년 - B.C 228년)이었으며, 강역은 섬서성 동북부, 산서성 일부, 하북성 동남부, 산동성 서부, 하남성 북부, 동북쪽은 동호와 연, 그리고 동쪽은 중산, 제, 남쪽은 衛, 魏, 한, 서쪽은 魏나라, 한나라와 연접되었으며, 면적은 전국칠웅 중 제2위이다.

기타 제후국

· 위(衛)

주나라 제후국이다. 주나라 무왕이 은나라를 멸망시킨 뒤 동복 동생 희봉(姬封)을 강(康, 지금의 하남성 허창시 우주시 지역) 땅에 봉하였다. 무왕이 죽고 성왕이 즉위하여 주공 단이 섭정을 하고 있을 때, 은나라 지역에서 반란이 일어났는데, 이를 평정하고 주공 단이 희봉을 옛 은나라 지역인 지금의 하남성 학벽시 기현을 포함한 일대에 새로 봉하고 도읍은 조가(朝歌, 지금의 하남성 학벽시 기현 지역)로 정해 주면서 주나라 제후국 위나라가 되었다. 그 후 서주시기, 춘추시대. 전국시대를 거치면서 멸국되었다가 복국되기도 하다가, B.C 209년, 진나라 이세황제 원년에 위나라 임금 군각(君角)을 폐하여 서민으로 만드니, 위나라가 멸망하였다. 도읍은 추양(樞陽)이다.

· 월(越)

춘추전국시대 월나라다. 월나라 왕은 하나라 우 임금의 후손이라 한다. 원래 오나라의 남쪽 지역 즉 지금의 절강성 대부분과 강서성 일부를 차지하고 있었으며, 도읍은 회계(會稽, 지금의 절강성 소흥시)였다. 월나라 왕 구천(句踐)이 B.C 473년 오나라를 멸망시켜 합병하였을 때도 영토는 산동성 동남부까지 이르는 대국이 되었다. 그 후 전국시대로 들어오면서 쇠퇴하여 B.C 306년 월나라 왕 무강(無强)이 초나라 위왕(威王)에게 패하여 살해되면서 멸망하였다.

• 오(吳)

주나라 제후국이다. 오나라 왕의 성씨는 희(姬)이고, 시조는 태백(太伯)으로 주나라 태왕(太王)의 큰아들이자 주나라 문왕의 백부이다. 태백과 그의 동생 중옹(仲雍)이 동생 계력(季歷)에게 주나라 왕위를 양보하고 강남 지역으로 달아나 세운나라가 오나라이다. 그후 주나라 무왕이 은나라를 멸망시키고 천하를 차지하게 되었을때, 당시 오나라 군주였던 주장(周章)을 정식 제후로 봉하면서 주나라 제후국 오나라가 시작되었다. 그 후 오나라 왕 합려(闔閭)의 뒤를 이은 오나라 왕 부차(夫差) 때 월나라를 복속시키는 등 패업을 이루었다 할 정도로 강성하였으나, B.C 473년 월나라 구천(句踐)에게 패하여 멸망하였다. 오나라 강역은 강소성 일대를 차지하고 있었으며, 말기의 도읍은 소주시(蘇州市) 지역이었다.

• 거(莒)

B.C 431년에 초나라에게 멸망하였다. 도읍은 거(莒, 지금의 산동성 일조시 거현 지역이다) 이다.

• 의거(義渠)

지금의 감숙성 경양시 영현 서북 지역에 살던 고대 부족 이름이자 나라 이름이다. 의거국의 군주를 의거군(義渠君)이라고 불렀다. 전국시대 말 진나라 소양왕이 멸망시켰다.

• 우(虞)

도읍이 우이고, 지금의 산서성 평육현 지역으로 B.C 655년 진(晉)나라에게 멸망하였다.

• 채(蔡)

주나라 제후국이다. 주나라 무왕이 은나라를 멸망시킨 뒤 자신의 동생 숙도(叔度, 성은 희, 씨는 채임)를 지금의 하남성 주마점시 상채현 일대 지역에 봉하여 생긴 나라이다. 그 후 육백여 년 이어지다가 B.C 447년 초나라 혜왕에 의해 멸망되었다. 도읍은 채로, 지금의 하남성 상채현 서남이다.

• 조(曹)

주나라 제후국이다. 희성(姬姓)으로 주 무왕의 아우 조숙(曹叔) 진탁(振鐸)이 봉을 받아 생긴 나라이다. 춘추 중엽에 이르러 송나라에게 멸망하였다.

• 촉(蜀)

촉국으로 주나라 왕조에 편입되지 않았던 고대 국가로, B.C 316

년 진나라 혜문왕 때, 진나라에 의해 멸망되었다. 그 후 이곳은 진나라에 의해 촉군이 설치되어 진나라가 천하를 통일하는 데 식량 공급지로 중요한 역할을 한 것으로 평가된다. 지금의 사천성 성도시를 중심으로 한 사천성 중부 일대이다.

• 진(晉)

주나라 제후국이다. 주나라 성왕 때, 주공 단이 섭정을 하면서 주나라 무왕의 아들이자 성왕의 동생인 희우(姬虞)를 당(唐. 지금의 산서성 임분시 익성현 지역) 땅에 봉하여 원래 이름이 당이었다. 그 후 희우의 아들 대에 나라 이름을 쯥으로 개칭하였다. 진나라는 서주 시기를 지나 춘추시대를 거치면서, 진나라 소공(召公. B.C 531년 − B.C 526년) 이후 범씨, 중항씨, 지씨, 한씨, 조씨, 위씨의 육경의 세력이 강성해지면서 공실의 힘을 잃게 되었다. 이들 육경 간의 세력 다툼에서 범씨, 중항씨가 먼저 멸망하였고, 진나라 애공 4년 즉 B.C 453년 한씨, 조씨. 위씨가 협력하여 지씨를 멸망시키고 그 땅을 나누어 가졌다. 진나라 열공 19년 즉 B.C 403년 주나라 위열왕이 한씨, 조씨, 위씨를 정식으로 제후로 봉하면서, 한나라, 조나라, 위나라가 생겨나고 전국시대가 시작되었다. 그 후 진나라 정공(靜公) 2년 즉 B.C 376년 한나라, 조나라, 위나라가 이름뿐인 정공을 폐위시키면서 쯥나라는 멸망하였다. 도읍은 진(晉. 지금의 산서성 태원시), 곡옥(曲沃. 지금의 산서성 문희현), 강(絳. 지금의 산서성 신강현), 신전(新田. 지금의 산서성 곡옥현)이었다.

• 송(宋)

주나라 제후국이다. 주나라 무왕이 은나라를 멸망시킨 뒤, 은나라 주왕의 아들 무경(武庚)을 은나라 도읍이던 지금의 하남성 상구시 주변의 땅에 봉하여 은나라 왕조의 제사를 잇게 하였는데, 무왕이 죽은 뒤 무경이 반란을 일으키자 주공 단이 반란을 평정한 뒤, 은나라 주왕의 서형(庶兄)인 미자계(微子啓)를 봉하고 나라 이름을 송으로 하면서 송나라가 시작되었다. 그 후 춘추시대를 거쳐 전국시대에 이르러 쇠퇴하기 시작하여 강왕(康王) 때인 B.C 286년 제나라, 초나라, 위나라의 협공으로 멸망하였다. 도읍은 하남성 상구시 수양구 지역이었으나 전국시대 강왕 때 도읍을 지금의 강소성 서주시 지역으로 천도하였다.

• 추(鄒)

주나라 제후국이다. 주(邾)나라로 불리었다가 전국시대에 와서 추(鄒 또는 騶)나라라고 불려졌다. 군주의 성은 조(曹)이다. B.C 3세기 중반쯤에 초나라에 의해 멸망되었다. 지금의 산동성 제녕시 추성시를 중심으로 한 제녕시 남부 및 임기시 비현 등을 포함한 지역이다.

• 중산(中山)

중산국으로 춘추시대 백적(白狄)의 한 갈래인 선우족이 지금의 하북성 지역에 흩어져 살았는데, 춘추시대 말에 지금의 하북성 보정시 정주시 지역을 중심으로 건국한 나라이다. 그 후 전국시대를 거치면서 B.C 296년 조나라에 의해 멸망되었다.

· 진(陣)

주나라 제후국이다. 주나라 무왕이 은나라를 멸망시킨 뒤 자신의 장녀 태희(太姬)를 순 임금의 후손이었던 규만(嬀滿)에게 시집보내면서 진 땅에 봉하고 도읍은 완구(宛丘, 지금의 하남성 주구시 회양현 부근)로 정해 주며 순 임금의 제사를 잇게 하였다. 전성기에 陣나라가 차지하였던 영역은 지금의 하남성 동부 및 안휘성 일부를 포함한 지역까지 이르렀다. 그 후 오백여 년 동안 이어지다가 B.C 478년 초나라에게 멸망되었다.

· 정(鄭)

주나라 제후국이다. B.C 806년 주나라 선왕(宣王)이 아버지 여왕(厲王)의 아들이자 자신의 동생인 희우(姬友)를 지금의 섬서성 위남시 화현 부근의 정 땅의 군주로 봉하였는데, 그가 바로 정나라 환공(桓公)이며 이때부터 주나라 제후국 정나라가 시작되었다. 그 후 B.C 774년 정나라 환공이 정나라 사람들을 이끌고 지금의 하남성 정주시 신정시 부근으로 이주하여 새로이 정나라 터전을 마련하였다. 그 후 춘추시대를 거쳐 전국시대 초 B.C 375년 한나라에 의해 멸망하였다.

· 파(巴)

지금의 사천성 동부와 중경시 및 호북성 서부 일대로, 융족나라가 있었는데 B.C 361년에 진나라에 의해 멸망하였다.

· 췌(萃)

산동성 췌현에 있던 나라로, B.C 567년에 제나라에게 멸망하였다.

· 노(魯)

주나라 제후국이다. B.C 11세기 주공 단의 큰아들 백금(伯禽)에
게 봉해 준 나라로 그 위치는 대략 지금의 태산(泰山) 이남의 산동
성 남부 및 강소성과 안휘성의 일부를 포함하는 지역이었으며 도
읍은 곡부(曲阜, 지금의 산동성 제녕시 곡부시 지역)였다. 그 후 춘추전국
시대를 거쳐서 900여 년 이어지다가 노경공(魯傾公) 24년 즉 B.C
249년 초나라에 의해 멸망하였다.

· 서주국(西周國)과 동주국(東周國)

춘추전국시대 주나라 왕실이 직접 통치하던 지역이 분리되어 생
긴 작은 제후국 동주국과 서주국을 지칭한다. 주나라 마지막 왕
난왕(재위 B.C 314년 - B.C 256년)에 이르러 왕은 꼭두각시로 전락하
여 서주에 빌붙어 살았다. 그러나 B.C 256년 서주가 망하고 이어
B.C 249년 동주도 진 장양왕에게 멸망당함으로써 800년 가까운
주 왕실의 역사가 막을 내렸다.

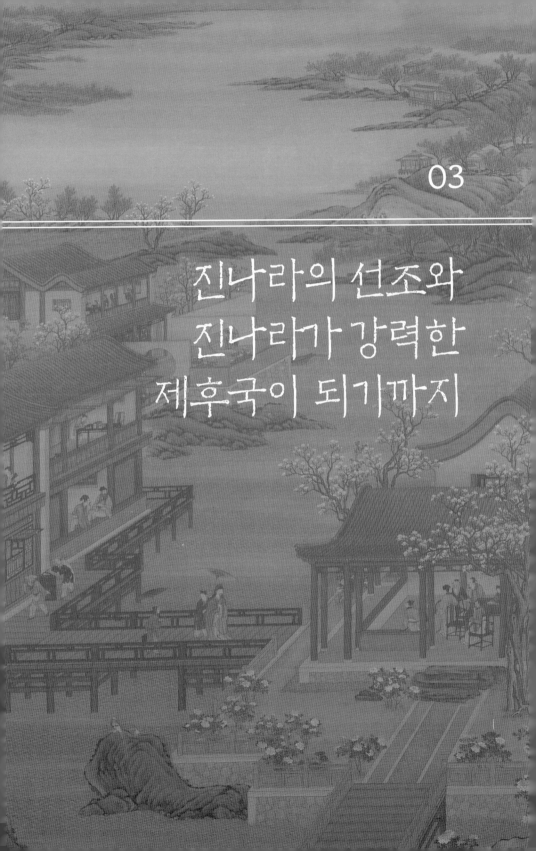

03

진나라의 선조와 진나라가 강력한 제후국이 되기까지

(진)秦나라의
선조

　진나라의 선조는 전욱제(顓頊帝, 중국 고대 전설에 나오는 오제(五帝) 중의 한 사람으로 고양씨(高陽氏)라고 일컫는다. 황제(黃帝)가 사망한 후에 즉위함)의 먼 후예(後裔)로서, 이름은 여수(女脩)라고 하였다. 그녀가 베를 짜고 있는데 까만 현조(玄鳥, 제비)가 알을 떨어뜨리자, 여수가 이 알을 먹고 아들 대업(大業)을 낳았다(卵生說話, 난생설화).

　대업은 소전(少典, 부락의 이름, 황제도 소전 부족의 자손임) 부족의 딸 여화(女華)를 아내로 맞았다. 여화는 대비(大費)를 낳았고, 대비는 우(禹, 하나라의 시조)와 함께 물과 땅을 다스렸다. 치수에 성공하자 순(舜) 임금이 우에게 현규(玄圭, 검은색의 옥기로서 천자가 제후를 책봉(冊封)할 때 사용하였음)를 하사(下賜)하니, "저 혼자서 이룰 수 있었던 것이 아니고 대비가 도와주었습니다."라고 대답하자,

　순 임금이, "아! 費야, 우를 도와서 공을 이루었으니 그대에게 조유(皁游, 검은 색의 깃발 장식)를 내리노라. 장차 그대의 후손이 번창(繁昌)할 것이다."라고 말하고는 요(姚)씨 성의 옥녀(玉女)를 그의 아내로 삼게 하였다.

대비는 조유를 공손히 받았으며, 순 임금을 도와서 새와 짐승을 조련(調練)하니, 새와 짐승들이 그에 의해서 잘 길들여졌다. 이 사람이 바로 백예(柏翳)인데, 순 임금이 그에게 영씨(嬴氏) 姓을 하사하였다.

대비가 아들 둘을 낳았다. 한 아들은 대렴(大廉)이라고 불리는데 그는 조속씨(鳥俗氏)의 선조가 되었으며, 다른 아들은 약목(若木)이라고 불리는데, 그는 비씨(費氏)의 선조가 되었다. 약목의 현손(玄孫)은 비창(費昌)이라고 하는데, 그의 자손은 중원(中原)에 살기도 하고 이적(夷狄) 지역에 살기도 하였다. 비창은 하(夏)나라 걸(桀)왕 때에, 하나라를 떠나 은(상)나라에 귀의하여 탕왕(湯王)의 수레를 몰았으며, 명조(鳴條. 지금의 하남성 봉구현 동쪽 또는 산서성 운성 안읍진 북쪽으로 추정)전투에서 걸왕 군대를 격파하였다.

대렴(大廉)의 현손은 맹희(孟戲)와 중연(中衍)인데, 그들의 모습이 새를 닮았으나 사람의 말을 하였다. 태무(太戊. 은나라 7대 군주)가 이들의 이야기를 듣고, 그들에게 수레를 몰게 하려고 점을 쳐보니 점괘가 길하게 나오자, 그들에게 수레를 몰게 하고 아내를 얻어주었다. 태무 이래로 중연의 후손들이 대대로 공을 세우고 상(은)나라를 도왔으므로, 마침내 영씨(嬴氏) 후손들 대부분이 현귀(顯貴)하게 되어 결국 제후가 되었다.

중연의 현손은 중휼(中潏)인데 서융(西戎. 지금의 섬서성, 감숙성, 영하 자치주 경계 지역)지역에 살면서 서수(西垂. 지금의 감숙성 천수시 서남 예현 영흥 부근 일대로 진나라의 부족 단계의 최초 도성)를 지켰다. 그는 비렴(蜚廉)을 낳았고, 비렴은 오래(惡來)를 낳았다. 오래는 힘이 세었고, 비

63

렴은 달리기를 잘 하였다. 부자 두 사람은 자기들이 가진 재주와 힘으로 상(은)나라 주(紂)왕을 섬겼다. 주(周) 무왕(武王)이 주왕을 정벌하면서 오래도 함께 죽었다.

이때 비렴은 주(紂)왕의 명으로 북방으로 나가 있다가, 석곽을 얻었는데, 돌아와 보니 紂왕이 이미 죽어서 보고할 곳이 없자, 곽태산(霍太山, 지금 산서성 곽현 동남쪽)에 제단을 쌓고 주왕 혼령에게 보고하였다. 그때 석관(石棺) 하나를 얻었는데, 그 석관에는 "천자께서는 비렴을 상(은)나라의 재난에서 벗어나게 하시고, 비렴에게 석관을 하사하여 씨족을 번창하게 하노라."라고 새겨져 있었다.

비렴이 죽자 곽태산에 장사를 지냈다. 비렴에게는 계승(季勝)이라고 불리는 아들이 있었다. 계승이 맹증(孟增)을 낳았다. 맹증은 周나라 2대 성왕(成王, 무왕의 아들, B.C 1044년 즉위, 재위 22년)의 총애를 받았으니, 그가 택고랑(宅皐狼, 그가 고랑현에 살았으므로 거주지를 호로 삼은 것이라고 한다. 지금의 산서성 이석현 서북쪽)이다.

고랑은 형보(衡父)를 낳았고, 형보는 조보(造父)를 낳았다. 조보는 말을 잘 다루었으므로, 주 목왕(穆王, 제5대, 재위 55년)이 준마(駿馬) 네 필을(네 필의 원문은 "駟馬(사마)"이다. 고대에는 네 필의 말이 함께 한 수레를 끌었음) 얻자, 서쪽으로 순수(巡狩)를 떠나서는 즐거워 돌아오는 것을 잊었다. 서언왕(徐偃王, 당시 서국(徐國)의 군주, 지금의 강소성 사홍현 남쪽)이 난을 일으키자, 조보가 목왕의 수레를 하루에 천리 길을 쉬지 않고 몰아서 周나라로 돌아와 난을 평정하였다.

목왕이 조보에게 조성(趙城, 지금의 산서성 홍동현 북쪽)을 봉읍(封邑)으로 하사하니, 조보의 가족은 이때부터 조씨(趙氏)가 되었다.

비렴이 계승을 낳은 이래 5대째인 조보에 이르러서 따로 조성(趙城, 지금의 산서성 홍동현 북쪽)에 살게 되었다. 조최(趙衰, 晉 문공 때의 좌명대신으로, 趙나라의 기초를 다진 사람)가 바로 그 후손이다. 오래혁(惡來革, 위 오래와는 다른 아들임)은 비렴의 아들인데 요절(夭折)하였다. 그에게는 여방(女防)이라는 아들이 있었다. 여방은 방고(旁皐)를 낳았고, 방고는 태궤(太几)를 낳았으며, 태궤는 대락(大駱)을 낳았고, 대락은 비자(非子)를 낳았다. 이들은 모두 조보가 목왕의 총애를 받은 덕으로 조성에 거주하는 은혜를 입었으며 조씨(趙氏) 姓을 가지게 되었다.

비자는 견구(犬丘, 지금의 섬서성 흥평현 동남쪽)에 살았는데, 말과 가축을 좋아하여 잘 기르고 번식(繁殖)시켰다. 견구 사람들이 周 효왕(孝王, 8대, 재위 5년)에게 이런 사실을 말하자, 효왕은 비자를 불러서 견수(汧水, 지금의 섬서성 롱현(隴縣) 서쪽에서 발원하여 위수로 흘러들어가는 강)와 渭水 사이에서 말을 사육하도록 하였다. 그러자 말이 대량으로 번식되었다. 효왕은 비자를 대락의 후계자(비자는 正室 소생이 아니므로 본래는 후계자가 될 수 없었음)로 삼고자 하였다. 그러나 신후(申侯)의 딸이 대락의 아내로서 아들 成을 낳았으니 성이 후계자였다.

신후가 효왕에게 말하기를, "옛날 저의 선조가 여산(酈山)에 거주할 적에 낳은 딸이 융족 서헌(戎族 胥軒)의 아내가 되어 중휼(中潏)을 낳았는데, 친척인 관계로 인해 周나라에 귀의하여 서수(西垂)를 지키니 서수가 태평해졌습니다. 이제 제가 대락에게 딸을 주어 적자(嫡子)인 성(成)을 낳았습니다. 저와 대락이 다시 혼인을 맺어 서융족이 모두 귀순하였으니, 이것이 왕께서 왕위에 오를 수 있었던 까닭입니다. 왕께서 그 점을 잘 생각해 보십시오."라고 하였다.

그러자 효왕은 말하기를, "옛날 백예(柏翳)가 순 임금을 위해서 가축을 관리하였는데, 번식을 잘 시켜서 봉토를 하사받고 영씨 성 (贏氏 姓)을 받았던 것이다. 그런데 그 후손들도 나를 위해서 말을 많이 번식시켰기에, 나는 그들에게 토지를 나누어주어 부용국(附庸 國)으로 삼고자 한다."라고 하였다.

그리고는 진(秦) 땅(지금의 감숙성 청수현 동북쪽, 장가천 회족자치현 동쪽 지역)을 비자에게 봉읍으로 하사하고, 그로 하여금 다시 영씨(贏氏) 의 제사를 잇게 하고서는 진영(秦贏, 비자를 말함. 秦의 國號가 여기서 유 래함)이라고 이름하였다. 또 신후의 딸이 낳은 아들은 원래 그대로 대락(大駱)의 嫡子(적자)로 삼아 서융(西戎)과 우호적인 관계를 유지 하였다.

진, 제후국이 되어
중원과 접촉하다

진영 즉 비자는 진후(秦侯)를 낳았다. 진후가 재위 10년 만에 죽었다. 진후는 공백(公伯)을 낳았고, 공백이 재위 3년 만에 죽었다. 공백은 진중(秦仲)을 낳았다. 진중이 즉위한 지 3년, 주 여왕(周 厲王. 10대. 재위 37년 . B.C 865년 - B.C 828년)이 무도(無道)하여, 제후들 중에서 배반하는 자가 있었으며 서융도 주 왕실에 반기를 들고 견구(犬丘)의 대락(大駱) 일족을 멸하였다. 주 선왕(周 宣王. 11대)이 즉위하여 진중(秦仲)을 대부로 삼아 서융을 토벌하였다. 그러나 진중은 재위 23년(B.C 845년 - B.C 822년)에 서융 땅에서 목숨을 잃었다.

그에게는 아들 다섯이 있었는데, 큰아들을 장공(莊公)이라고 하였다. 선왕은 다섯 형제를 불러 칠천 명의 병사를 주고 서융을 정벌하게 하여 격파하였다. 이에 선왕은 후손에게 상을 내리고 그들의 선조인 대락의 봉지인 견구까지 그들에게 주었으며, 그들을 서수(西垂)의 대부(서수지역 행정장관)로 삼았다.

장공(재위 B.C 821년 - B.C 778년)은 그들의 옛 땅인 서견구(서수를 말함)에 살면서 세 아들을 낳았는데, 큰아들을 세보(世父)라고 불렀다. 세보는 "서융이 나의 조부인 진중을 죽였으니, 내가 서융의 왕을 죽이지 않으면 봉읍으로 돌아갈 수 없다."라고 말하였다. 세보는 서융을 치기 위하여 아우 양공(襄公)에게 양위(讓位)하니, 양공이 태자가 되었다. 장공이 재위 44년에 죽자, 태자인 양공이 뒤를 이었다(재위 B.C 777년 - B.C 766년). 양공 원년(B.C 777년) 여동생 목영(穆瀛)이 풍왕(豐王, 주나라 幽王의 오기 혹은 풍 땅을 점거한 서융의 왕이라고도 함)의 처가 되었다. 양공 2년, 서융이 견구를 포위하자 세보는 서융을 공격했으나 서융의 포로가 되었다. 1년 남짓 지난 후에 서융이 세보를 돌려보냈다.

양공 7년(B.C 771년) 봄, 주나라 유왕(幽王, 12대)이 애첩 포사(褒姒)를 총애하여 태자를 폐하고 포사의 아들을 태자로 삼았으며, 포사를 즐겁게 하기 위해서 여러 차례 봉화를 올려서 제후들이 도성으로 몰려오도록 기만(欺瞞)하자, 제후들이 유왕을 배반하였다. 서융의 견융(犬戎)과 신후(申侯)가 주나라를 공격하여 유왕을 여산(酈山, 지금의 섬서성 임동시 동남으로 당시 주의 수도 호경의 동쪽) 아래에서 죽였다. 진(秦) 양공이 군대를 이끌고 周나라를 구원했는데 힘껏 싸워 공을 세웠다.

주나라 왕실이 견융의 난리를 피하여 동쪽의 낙읍(雒邑)으로 천도(遷都)하니(동주시대의 시작), 양공은 군대를 이끌고 주 평왕(平王, 13대, 재위 B.C 770년 - B.C 720년)을 호송하였다.

주 평왕이 진 양공에게
작위와 봉지를 하사하여 제후로 봉하다

　주 천자 평왕(周 天子 平王)이 진의 양공(襄公)을 제후로 봉하였다
(B.C 770년, 진의 양공 8년 째). 이로써 진은 제(齊)·노(魯)·송(宋)·위(魏)
등과 함께 제후의 반열에 올라 중원(中原)과 공식적인 접촉을 하기
에 이른다. 이는 진나라 역사상 중대한 전환점으로 작용하였다.
기산(岐山, 지금의 섬서성 기산현 동북쪽, 주나라 발상지)의 서쪽 땅을 하사
하면서 "서융은 무도하여 우리의 기산과 풍읍(豐邑, 서안시 서남의 당
시 호경의 서남방) 지역을 침탈하였으니, 진이 서융을 공격하여 물리
친다면 그 땅을 소유하게 할 것이다."라고 말하였다. 평왕이 서약
하고 양공에게 봉지와 작위를 하사하였다.

　양공은 이때 처음으로 제후국이 되어 다른 제후들과 사절을 교
환(交驩)하고 빙향(聘享, 빙은 제후들이 우의를 다지기 위하여 상호 방문하고
초빙하는 것을 말하고, 향은 제후가 천자에게 토산물을 헌납하는 일을 말함)의 예
를 행하게 되었으며, 이에 유구(騮駒, 몸이 붉고 갈기가 검은 말), 황소,
숫양 세 마리씩을 사용하여 서치(西畤, 진나라가 천지에 제사 지내던 곳으
로 서현, 지금의 감숙성 천수 서남쪽)에서 상제에게 제사를 올렸다.

양공 12년(B.C 766년), 양공이 서융을 토벌하기 위해서 기산까지 갔다가 그곳에서 죽었다. 양공의 아들 문공이 대를 이었으니 2대이다.

문공 원년(재위 B.C 765년 – B.C 716년), 문공은 서수궁(西垂宮, 지금의 감숙성 천수현 서남쪽에 위치)에 거주하였다. 문공 3년, 700명의 병사를 이끌고 동쪽으로 사냥을 나갔다. 문공 4년에 견수와 위수가 만나는 지점에 이르렀다. 문공은 "옛날 주나라가 우리 선조인 진영(秦嬴)에게 봉읍으로 하사하였고, 그 후 우리는 제후국이 되었다."라고 말하였다. 그리고는 그곳이 살기에 적당한가를 점치게 했는데, 점괘가 길하였으므로 그곳에 도읍을 조성하였다.

문공 10년, 처음으로 부치(鄜畤, 천지에 제사 지내는 곳으로, 지금의 섬서성 부현)를 만들어서 소, 양, 돼지 세 가지 가축을 재물로 하는 삼뢰(三牢)로 천지에 제사를 올렸다. 문공 13년, 처음으로 사관(史官)을 두어서 크고 작은 일을 기록하였으며, 많은 백성들이 교화되었다. 문공 16년, 문공이 병사를 이끌고 서융을 토벌하자, 서융이 패해 달아났다. 이에 문공은 주나라의 유민들을 수습하여 진나라의 백성으로 삼고, 영토를 기산(岐山)까지 넓혔으며, 기산의 동쪽 지역을 주나라에 바쳤다. 문공 19년, 진보(陳寶, 전설로 전해지는 기이한 돌)라 부르는 보석을 얻었다. 문공 20년, 처음으로 삼족을 멸하는 형벌을 만들었다. 문공 27년, 남산의 큰 가래나무를 베자, 가래나무 신이 커다란 황소로 변해서 풍수로 들어갔다. 문공 48년, 문공의 태자가 죽으니 정공(靜公)이라는 시호를 하사하였다. 정공의 큰아들이 태자가 되니, 그가 바로 문공의 손자였다. 문공 50년, 문공이

세상을 떠나자, 서산(西山, 지금의 감숙성 천수시 서남 예현 대보자산)에 안
장하였다(B.C 716년).

정공의 아들이 즉위하니 그가 바로 3대 憲公(헌공, 영공이라고 하나
헌공이 맞음, 재위 B.C 715년 – B.C 704년)이다. 헌공 2년(B.C 715년), 헌
공은 평양(平陽, 지금의 섬서성 기산현 서남쪽)으로 옮겨가서 살았다. 헌
공이 군대를 보내 탕사(湯社, 지금의 섬서성 서안시 동남쪽으로 융인들이 거
주하고 있었음)를 토벌하였다. 헌공 3년, 박(亳, 서융의 한 지파)나라와
싸웠다. 박왕이 서융으로 달아나자 탕사를 멸망시켰다. 헌공 12년,
헌공이 탕씨(湯氏)를 토벌하여 그 땅을 빼앗았다. 헌공이 10세에
즉위하여 재위 12년(B.C 704년) 만에 죽자 그를 서산에 안장하였다.

헌공은 아들 셋을 낳았는데, 장남인 무공(武公)이 태자가 되었다.
무공의 동생 덕공(德公)은 무공과 같은 어머니의 소생이었으며, 막
내인 출자(出子)는 노희자(魯姬子, 영공의 첩)의 소생이었다. 헌공이 죽
자 대서장(大庶長, 진나라 작위)인 불기(弗忌)와 위루(威壘, 관직 이름)인 삼
보(三父) 등이 태자를 폐위하고 출자를 군주(4대)로 옹립하였다. 출
자 6년(B.C 698년), 삼보 등이 공모하여 사람을 시켜서 출자를 시해
(弑害)하였다(재위 B.C 703년 – B.C 698년). 출자가 5세에 즉위하여 재
위 6년 만에 죽으니, 삼보 등은 다시 원래의 태자인 무공을 옹립하
였다(5대).

무공 원년(B.C 697년), 무공은 팽희씨(彭戲氏, 융족의 한 지파로 지금의
섬서성 백수현 동북쪽)를 정벌하기 위해서 화산(華山) 아래에 이르러 평
양성(平陽城)의 봉궁(封宮, 궁전 이름)에서 거주하였다. 무공 3년, 삼
보 등의 무리를 죽이고 그들의 삼족을 멸하였으니, 이것은 그들이

출자를 시해했기 때문이다. 무공 10년(B.C 688년), 규(邽, 지금의 감숙성 천수현 서남쪽)와 기(冀, 감숙성 감곡현 동남쪽) 지역의 융족을 토벌하고, 처음으로 이 두 지역을 진나라의 현으로 삼았다. 무공 11년, 처음으로 두(杜, 섬서성 장안현 동남쪽)와 정(鄭, 섬서형 화현 동쪽) 지역을 현으로 삼았고, 소괵(小虢, 강족(羌族)의 한 지파)을 멸망시켰다.

무공 13년(B.C 685년), 제나라 장군 관지보(管至父)와 연칭(連稱) 등이 그들의 군주인 양공을 죽이고 공손무지(公孫無知, 양공의 동생)를 옹립하였다. 진(晉)나라가 곽(霍), 魏(위), 耿(경)나라를 멸망시켰다. 제나라의 옹름(雍廩)이 무지와 관지보 등을 죽이고 제 환공(桓公, 양공의 동생으로 관중과 포숙의 보필을 받아 즉위하여, 춘추시대 최초의 패주가 됨, 재위 B.C 685년 - B.C 643년)을 세웠다.

제나라와 晉나라가 강국이 되었다. 무공 19년(B.C 679년), 晉나라의 곡옥(曲沃)이 처음으로 晉侯가 되었고(곡옥, 무공이 晉侯 緡을 없애고 최초로 제후가 된 일), 제나라 환공(桓公)이 견(鄄, 지금의 산동성 견성현)에서 제후들의 패자(霸者)가 되었다. 무공 20년(B.C 678년), 무공이 죽으니 옹읍(雍邑)의 평양(平陽, 지금의 섬서성 봉상현 남쪽)에 안장하였다. 이때 처음으로 사람을 순장(殉葬)하였는데, 순장한 사람이 모두 66명이었다.

무공에게는 아들이 하나가 있었는데, 이름을 백(白)이라고 하였다. 백은 왕위에 오르지 못하고 평양에 봉해졌으며, 무공의 동생 덕공(德公, 6대, 재위 B.C 677년 - B.C 676년)이 왕위에 올랐다.

덕공 원년(B.C 677년), 처음으로 옹성의 대정궁(大鄭宮)에 머물렀다. 소, 양, 돼지 희생(犧牲)을 각각 300마리씩을 제물로 삼아 올려, 부치(鄜畤)에서 천지에 제사 드렸다. 옹성에서 거주하는 것이 적합한가를 점치니, "후대의 자손들은 황하에서 말에게 물을 먹이게 될 것이다."라는 점괘가 나왔다.

그 해 梁伯(양백, 양국의 군주)과 芮伯(예백, 예국의 군주)이 와서 조회를 드리러 왔다. 덕공 2년(B.C 676년), 처음으로 복일(伏日)을 정하여, 개를 잡아서 열독(熱毒)을 제거하도록 하였다. 덕공이 33세에 재위에 올라서 2년 만에 죽었다. 아들 셋을 낳았는데, 큰 아들이 선공(宣公, 7대)이고, 둘째 아들은 성공(成公, 8대)이며, 막내 아들이 목공(穆公, 9대)이다. 큰아들 선공이 왕위에 올랐다.

선공 원년(B.C 675년), 위나라와 연나라가 주(周)나라를 공격하여 혜왕을 내쫓고, 왕자 퇴를 옹립하였다. 선공 3년, 밀치(密畤, 천지에 제사 지내던 곳, 위수 남쪽에 위치함)를 만들었고, 晉나라와 하양(河陽, 晉나라 땅, 지금의 하남성 맹현 서쪽)에서 싸워서 승리하였다. 선공 12년, 선공이 세상을 떠났다(B.C 664년). 선공이 아들을 아홉 명이나 두었지만, 모두 왕위에 오르지 못하고, 선공(宣公)의 동생인 성공(成公, 8대)이 왕으로 옹립되었다(B.C 663년).

성공 원년, 양백과 예백이 와서 조회하였다. 제 환공은 산융(山戎, 흉노를 말하며, 북융이라고도 불리며, 지금의 하북성 동부에서 거주했는데, 이곳은 齊, 鄭, 燕나라와 접경지대였음)을 토벌하고 고죽(孤竹, 지금의 하북성 노룡현 동쪽에 위치함)에 군대를 주둔시켰다. 성공이 재위 4년 만에 죽었다. 성공은 아들 일곱을 두었으나 아무도 왕위에 오르지 못하고, 동생인 목공(穆公, 9대, 재위 B.C 659년 – B.C 621년)을 왕으로 세웠다.

목공의 파격적인 외부 인재
기용(起用)

진나라가 비약적으로 발전한 시기는 B.C 7세기 중엽, 목공 때이다. 목공은 외부 인재를 파격적으로 기용하는 등 국력을 크게 신장시켜 춘추시대(春秋時代) 패업을 달성한 군주로서 역사에 이름을 남기고 있다.

그가 패주의 자리에 오르기 위해서 사방에서 현명하고 유능한 인재를 불러들였다. 동쪽 변방 완(宛, 지금의 하남성 남양시 경계에 위치, 초의 현이었음)에서 백리혜(百里傒)를 얻었고(검은 숫양 가죽 다섯 장을 그의 몸값으로 치르고 데려왔다고 하여 오고대부(五羖大夫)라는 별명이 있음), 그의 추천으로 宋나라에서 건숙(蹇叔)을 맞아들여 상대부에 임명하였으며, 서쪽 변방에서 융족(戎族)인 유여(由余)를 얻었고, 진(晉)나라에서 비표(丕豹)와 공손지(公孫支)를 초빙하였다.

이와 같이 다른 나라의 인재들을 전격 기용한 인재 정책은 이후 진나라가 발전하여 천하를 통일하는 데 큰 작용을 하였다.

그러나 목공 39년(B.C 621년)에, 목공이 세상을 떠나자 옹(雍) 땅에 안장하였는데, 진나라의 고질적인 병폐인 순장(殉葬)이라는 구습으로 인하여, 훌륭한 신하 등 177명이 따라 죽었다. 이로 인하여 나라의 인재가 텅 비었다고 할 정도로 그 후유증이 컸다.

목공에게는 아들이 40명 있었다. 태자 앵(罃)이 뒤를 이어 즉위하니, 10대 강공(康公)이다(재위 B.C 620년 − B.C609년). 지난해 목공이 죽었을 때, 晉나라 양공(襄公, B.C 628년− B.C 621년)도 죽었다. 이후 진나라는 춘추시대 후기에서 전국시대 중기까지 여러 차례 부침(浮沈)을 겪었다.

그러다가 24대 헌공(獻公, 재위 B.C 384년 − B.C 362년) 때 와서 고질적인 병폐였던 순장 제도를 폐지하는 등 개혁정치에 시동을 걸었다.

효공이 상앙의 변법으로
전면 개혁을 단행하다

　사회 전반에 걸친 전면적인 개혁은 헌공을 이은 25대 효공(孝公, B.C 361년 - B.C 338년)에 와서 완성되었다. 효공은 즉위하자마자 천하의 인재를 구한다는 공개적인 구현령(求賢令, 또는 求賢詔라고도 함)을 반포하였다. 위(衛)나라 출신으로 당시 강국의 하나였던 위(魏)나라에서 인정을 받지 못하고 있던 상앙(商鞅)은 이 포고령에 고무되어 秦나라로 건너와 효공의 개혁정치를 온몸으로 보좌하였다.

　개혁의 주요 내용은, 법령을 바꾸고 형벌을 정비하며, 농업을 중시하여 토지 사유를 인정하고 토지 매매를 허용하여 농사와 직조(織造)에 힘쓰도록 하고 상업은 억제하며, 전쟁에서 목숨을 걸고 싸우는 전사들에 대한 상벌을 분명하게 하며(군공장려, 軍功獎勵), 귀족들의 세습 특권을 제한하여 작위나 봉지 제공에 논공행상에 따라 구분을 두도록 하였으며, 군현제(郡縣制)를 시행하여 중앙집권제를 보다 강화하고, 도량형(度量衡)을 통일 시행하여 경제 발전을 촉진하는 것 등이었다(商君列傳에 자세함).

　그 결과 진나라는 전국시대 최강국으로 부상(浮上)하였고 천하통일을 위한 거의 모든 기반을 갖추기에 이르렀다.

04

진나라 목공(穆公), 파격적으로 외부 인재를 발탁하다

···

춘추시대(春秋時代)는 제후들이 천하의 패자(霸者)가 되기 위해 격렬한 싸움을 벌이던 시절이었다. 이 시기에 진(秦)나라에서 목공(穆公)이 즉위했다(재위 B.C 659년 - B.C 621년).

8대 성공(成公)이 재위(在位) 4년 만에 죽고 아들 일곱을 두었으나 아무도 왕위에 오르지 못하고 동생인 목공 임호(穆公 任好)가 9대 왕으로 오른 것이다.

진나라가 비약적으로 발전한 시기는 B.C 7세기 중엽 목공 때다. 목공은 외부 인재를 파격적으로 기용하는 등 국력을 크게 신장(伸張)시켜 춘추시대 패업(霸業)을 달성한 군주로서 역사에 이름을 남기고 있다.

그는 패주의 자리에 오르기 위해서 사방에서 현명하고 유능한 인재를 불러들였는데, 동쪽 변방 완(宛 : 하남성 남양시 경계)에서 백리혜(百里傒)를 얻었고, 서쪽 변방에서 융족(戎族)인 유여(由余)를 얻었으며, 송나라에서 건숙(蹇叔)을 맞아들이고, 진(晉)나라에서 비표(丕豹)와 공손지(公孫支)를 초빙했다. 이하에서 목공이 인재를 기용하여 진나라를 비약적으로 발전시키는 과정을 밝히기로 한다.

오고대부(五羖大夫) 백리혜(百里傒)와
건숙(蹇叔)

목공 4년(B.C 656년), 목공이 晉나라에서 아내를 맞아들였는데, 그녀는 진의 태자 신생(申生)의 누이였다.

목공 5년, 진 헌공(晉 獻公)이 우(虞)나라와 괵(虢)나라를 멸망시키고 우 왕과 그의 대부 백리혜를 포로로 잡아왔는데, 이것은 진 헌공이 백옥(白玉)과 양마(良馬)를 우 왕에게 뇌물로 주었기 때문에 가능하였다(진이 우나라의 길을 빌려 괵나라를 정벌한 일).

晉 헌공이 백리혜를 잡아온 후, 秦 목공의 부인이 시집올 때 시종(侍從)으로 진나라에 딸려 보냈다. 그러나 백리혜는 진나라로 오던 중 도망쳐서 宛(완, 지금의 하남성 남양시 경계에 위치)으로 갔으나, 초나라 변방 사람에게 붙잡혔다. 백리혜가 어진 사람이라는 것을 들은 목공은 많은 재물로 그의 몸값을 치르고 데려오려고 했으나, 초나라 사람이 내주지 않을까 걱정하여 사람을 초나라에 보내 "나의 잉신(媵臣 : 고대 귀족의 딸이 시집을 갈 때 딸려 보냈다고 하는 남자 시종)인 백리혜가 귀국에 있는데, 검정 숫양의 가죽 다섯 장으로 그의 몸값을 치르고자 한다."라고 전하게 하였다. 초나라 사람은 응락하고 백리혜를 놓아 주었다. 이때 백리혜의 나이가 70세가 넘었다.

목공은 백리혜를 석방시켜 그와 함께 국사를 논의하려고 하였다. 그러자 백리혜는 사양하며 "신은 망한 나라의 신하인데 어찌 하문하십니까(臣亡國之臣, 何足問!)"라고 하였다. 목공이 "虞왕이 그대를 기용하지 않아 망한 것이니, 그대의 죄가 아니지 않소(虞君不用子, 故亡, 非子罪也)"라고 하며, 계속 질문을 하며 사흘 동안 이야기를 나누었다.

목공이 크게 기뻐하며 그에게 국정을 맡기고 오고대부(五羖大夫, 검은 양 가죽 다섯 장의 대부로, 현자(賢者) 백리혜의 별명임)에 임명하였다. 그러나 백리혜는 사양하며 이렇게 말하였다.

"신은 신의 친구인 건숙(蹇叔)만 못합니다. 건숙은 현명하지만 세상 사람들은 모르고 있습니다. 신이 일찍이 관직을 구해 돌아다니다가 제나라에서 곤경에 빠져 질(銍, 지금의 안휘성 숙현 서남쪽) 땅에서 걸식을 하였을 때, 건숙이 거두어 주었습니다. 저는 제왕 무지(齊王 無知)를 섬기려고 하였으나 건숙이 만류하였으므로, 신은 제나라의 난(亂, 옹름(雍廩)이 무지를 죽이고 제 환공을 등극시킨 일)에서 벗어날 수 있었습니다.

이에 주나라로 가서 주나라 왕자 頹(퇴)가 소를 좋아한다기에 신은 소 기르는 재주로 뵙기를 청하였습니다. 퇴가 신을 기용하려고 하였으나 건숙이 신을 만류하였기에 주나라를 떠나서 죽지 않을 수 있었습니다(鄭伯(정백)과 虢叔(괵숙)이 왕자 퇴를 죽이고 주 혜왕(惠王)을 옹립한 일). 또 우(虞)왕을 섬기니 건숙이 신을 만류하였으나 우왕이 신을 기용하지 않을 것을 알면서도 마음속으로 봉록과 관직을 탐내서 잠시 머물렀습니다. 두 번은 그의 말을 들어서 재난에서 벗어날 수 있었고, 한 번은 듣지 않아 우왕의 재난을 당하였습니다."
라고 하였다.

이에 목공은 후한 예물을 갖추어 사람을 보내 건숙(蹇叔)을 맞아
들이고 그를 상대부에 임명하였다.

목공 5년(B.C 655년) 가을, 목공은 친히 군대를 이끌고 진(晉)나라
를 정벌하러 나서서 하곡(河曲 : 지금의 산서성 영제현)에서 싸웠다. 진
나라의 여희(驪姬 : 진 헌공의 총애를 받음)가 난을 일으켜 태자 신생(申
生)이 新城(태자를 위해서 지은 성인데, 지금의 산서성 문희현 동북쪽)에서 죽
었고, 중이(重耳 : 진 헌공의 아들로 후에 진 文公이 됨)와 이오(夷吾 : 진 헌
공의 아들로 후에 진 惠公이 됨)는 도망쳤다(晉世家에 자세함).

목공 9년(B.C 651년), 晉 헌공이 죽자 여희의 아들 해제(奚齊)를 세
웠으나 그의 신하 이극(里克, 신생과 중이의 일파임)이 해제를 죽였다.
순식(荀息)이 탁자(卓子)를 세웠으나 이극이 또 탁자와 순식을 죽였
다. 이오가 秦나라에 사람을 보내어 자신이 晉나라에 입국할 수
있도록 도와줄 것을 요청하였다. 이에 목공이 허락하여 백리혜에
게 군대를 이끌고 이오를 호송하게 하였다. 이오는 "만약 내가 왕
위에 오를 수 있다면 晉나라의 하서(河西 : 지금의 섬서성 대려현과 화
현 지역) 지역의 여덟 개 성을 秦나라에 떼어 주겠소."라고 하였다.
이오가 귀국하여 즉위한 후, 비정(丕鄭)을 진나라에 보내어 감사의
뜻만 전하고는 약속을 어기고 하서(河西) 지역의 성을 주지 않았으
며 이극을 죽였다. 이에 비정이 이 사실을 듣고 두려워하며 목공
과 의논하기를,

"晉나라 사람들은 이오가 왕이 되는 것을 바라지 않고, 사실은

중이(重耳)가 되는 것을 바라고 있습니다. 지금 이오가 秦과의 약속을 어기고 이극을 죽인 것은 모두 여생(呂甥)과 극예(郤芮)의 계략입니다. 왕께서는 그들을 이익으로 유혹하여 여생과 극예를 급히 불러들이십시오. 그들이 오면 다시 중이를 진으로 호송하는 것이 좋겠습니다."라고 하였다.

이에 목공이 허락하여 사신을 비정과 함께 귀국시켜 여생과 극예를 불러오도록 하였다. 그러나 비정이 이간질을 한다고 의심한 여생과 극예가 이오에게 보고하고서 비정을 죽였다. 비정의 아들 비표(丕豹)가 진으로 도망하여 목공에게,

"晉 왕은 무도하여 백성들이 따르지 않으니 정벌할 수 있습니다."라고 하였다. 그러자 목공이, "백성들이 정말 진 왕을 탐탁지 않게 여긴다면 어떻게 그의 대신을 죽일 수 있는가? 대신을 죽일 수 있다는 것은 백성들이 왕에게 협조하기 때문이다."라며 비표의 말을 듣지는 않았다. 그러나 이것은 晉나라를 속이기 위한 것이었고, 속으로는 암암리에 비표를 이용하여 진의 토벌을 도모하였다.

목공 12년(B.C 648년), 晉에 가뭄이 들자 진나라에 식량원조를 요청하였다. 비표(丕豹)가 목공에게 식량을 원조해 주지 말고, 기근을 틈타서 정벌하라고 하였다. 목공이 대부 공손지(公孫支)에게 물으니 그는 "기근(飢饉)과 풍년은 번갈아 일어나는 일이니, 원조해 주지 않을 수 없습니다."라고 말하였다. 백리혜에게 물으니 그는 "이오(晉 惠公)가 군주(穆公)에게 죄를 진 것이지, 그의 백성들이야 무슨 죄가 있습니까?"라고 하였다. 이에 목공은 백리혜와 공손지의 의견을 받아들여 식량을 원조해 주었다. 식량을 운송하는 배와

수레가 옹성(擁城 : 秦나라의 도성)에서 강성(絳城 : 晉나라의 도성으로, 지금의 산서성 후마시 동북쪽)까지 이어졌다.

　秦나라의 기근을 이용하여 晉 혜공, 진나라를 공격하니,

　목공 14년, 이번에는 秦나라에 기근이 들어 晉나라에 식량원조를 요청하였다. 진의 혜공 이오가 이 일을 신하들과 의논하였다. 대부 괵석(虢射)이 "이 기근을 틈타 정벌하면 큰 공을 이룰 수 있을 것입니다."하니, 혜공이 그의 말을 따르기로 하였다.

　목공 15년(B.C 645년), 晉 혜공이 군사를 일으켜서 秦나라를 공격하자, 목공도 군사를 일으켜서 비표를 장수로 삼아 친히 싸우러 나갔다.

　9월 임술일(壬戌日), 진 혜공 이오와 한원(韓原 : 지금의 섬서성 한성현 서남쪽, 당시는 晉에 속함)에서 싸웠다. 혜공이 자신의 군대를 뒤에 둔 채로 혼자 진격하여 秦軍과 유리함을 다투다가 돌아오는 길에 말이 진흙에 빠져 헤어 나오지 못하였다. 목공과 그의 부하가 혜공을 추격하였으나 잡지 못하고 도리어 晉軍에게 포위당하였다. 晉나라 군사들이 목공을 공격하여 목공이 부상을 당하였다.

　기산 아래 시골 사람들의 도움으로 혜공을 사로잡다.

　이때, 기산(岐山, 지금의 섬서성 기산현 동북쪽) 아래에서 목공의 좋은 말을 훔쳐 먹었던 300명의 시골 사람들이 위험을 무릅쓰고 진군(晉軍)에게 돌진하여 진군의 포위망을 풀어주니, 목공은 위험에서 벗어나고 오히려 진 혜공을 사로잡게 되었다.

사연은, 그 1년 전에 목공이 좋은 말을 잃었는데, 기산 아래 촌 사람들 300명이 함께 잡아서 먹었다. 관리가 이들을 체포하여 처벌하고자 하였으나, 목공이 "군자는 짐승 때문에 사람을 상하게 해서는 안 되오(君子不以畜産害人), 좋은 말고기를 먹고 술을 마시지 않으면 사람이 상한다고 들었소."라고 하면서 모두에게 술을 주고 그들을 사면해 주었다.

그래서 300명의 시골 사람들이 진나라가 晉나라를 공격한다는 소식을 듣고 모두 따를 것을 청하게 된 것이다. 그들이 목공을 따라가던 중 목공이 포위당한 것을 보자, 무기를 들고 필사적으로 싸움으로써 말을 잡아먹고도 사면된 은덕에 보답하였다.

목공, 주 천자와 누이 이오의
간청으로 혜공을 사면하다

이에 목공은 혜공을 포로로 잡아 돌아와서는 전국에 영을 내리기를 "모두들 재계(齋戒)하고 혼자 잠자라. 내 晉왕을 제물로 하여 상제께 제사 드릴 것이다."라고 하였다. 주(周) 천자가 이 소식을 듣고 "晉왕은 우리나라와 동성(同姓)이다."라며, 진 혜공의 사면을 요청하였다. 또한 목공의 부인은 혜공 이오의 누이였는데, 이 소식을 듣자 상복을 입고 맨발로 달려와 "소첩(小妾)이 형제를 제대로 가르치지 못하여 군주로 하여금 이런 치욕스런 명령을 내리게 하였습니다."라고 하니,

목공이 "나는 내가 晉의 군주 혜공을 잡아 공을 세우는구나 여겼는데, 지금 천자께서는 사면을 요청하고 부인은 이 일로 걱정을 하는구려."라고 하면서,

진 혜공과 맹약을 한 뒤 돌려보낼 것을 허락하였다. 그리고는 혜공을 좋은 숙소로 옮겨서 머물게 하고, 소, 양, 돼지 각 일곱 마리씩을 보내주었다.

11월, 혜공 이오(夷吾)를 본국으로 돌려보내니, 이오는 하서(河西)지역을 바치고 태자 어(圉)를 진나라에 인질로 보냈다. 목공이 태자 어에게 종실의 딸을 시집보냈다(목공의 딸이라고도 함). 이때 秦나라의 영토는 동쪽으로 황하에까지 이르렀다.

태자 어를 축출하고
공자 중이를 晉 왕으로 세우다

목공 20년, 秦나라가 양(梁)과 예(芮)를 멸망시켰다.

목공 22년(B.C 638년), 볼모로 와 있는 진의 공자 어가 진 혜공이 병이 났다는 소식을 듣고 "梁은 우리 어머니의 나라인데(어머니가 양백(梁伯)의 딸임) 진나라가 멸망시켰다. 나는 형제가 많으므로, 왕께서 돌아가신다면 秦은 필히 나를 억류할 것이며, 晉에서도 나를 무시하고 다른 왕자를 세울 것이다."라고 하고는 진나라로 도망쳐 돌아갔다.

목공 23년, 혜공이 죽자 태자 어(圉)가 왕이 되었다. 진나라는 어가 도망간 것에 원한을 품고, 초(楚)나라에서 진의 공자 중이(重耳)를 맞아들이고 이전에 어의 아내였던 여자를 아내로 맞이하게 하였다. 중이가 처음에는 사양하였으나, 결국에는 받아들였다. 목공은 더욱 후한 예우로 중이를 대접하였다.

목공 24년(B.C 636년) 봄, 진나라가 사신을 보내 晉나라의 대신들에게 중이를 귀국시키고자 한다고 알리자, 晉나라가 이를 받아들여 사신을 보내 중이를 호송하였다. 2월, 중이가 晉 왕으로 즉위하니 그가 문공(文公)이다. 문공이 사람을 시켜서 어를 죽이니, 어가 바로 회공(懷公)이다.

그해 가을, 주 양왕(周 襄王, 18대, 재위 33년, B.C 651년–B.C 619년)의 동생 帶(대)가 적(翟)의 군대를 끌어들여 양왕을 공격하자, 양왕이 도망하여 정(鄭)에 머물렀다.

주 양왕이 秦나라와 晉나라에 사신을 보내 주나라에 난이 일어났음을 알렸다. 목공은 군대를 거느리고 진 문공을 도와 양왕을 귀국시키는 한편 양왕의 동생 대를 죽였다.

목공 30년(B.C 630년), 목공이 진 문공을 도와 정(鄭)나라를 포위하자, 정나라에서는 목공에게 사신을 보내 "정나라가 망하면 晉나라가 강대해지므로, 진나라에게는 득이 되지만 秦나라에는 이익이 없습니다. 晉나라가 강대해지면 秦나라의 우환이 될 것이오." 라고 말하니, 목공은 군대를 철수하여 돌아왔다. 그러자 진나라도 군대를 철수시켰다.

목공 32년(B.C 628년) 겨울, 晉나라 문공이 죽었다.

효산대전(山大戰)

鄭나라 사람(「정 세가」에서 정나라 성(城)을 관리한 증하(繒賀)라고 하였음)이 진나라에 정나라를 배반하여 말하기를 "제가 성문을 주관하는 사람이니 정나라를 습격할 수 있을 것입니다."라고 하였다.

목공이 백리혜와 건숙에게 물으니, 그들은 모두 이렇게 말하였다. "여러 나라를 거치는 천리 길을 지나 다른 나라를 습격하는 것은 이득될 것이 거의 없습니다. 더욱이 누군가 정나라를 배반하여 말한 것이라면, 우리나라 사람이 우리의 사정을 정나라에 밀고하지 않으리라는 것을 어찌 알겠습니까? 정나라를 습격하는 것은 불가합니다."라고 하였다.

그러자 목공은 "그대들은 모르오, 나는 이미 결정하였소."라고 하고는 마침내 군사를 일으켜, 백리혜의 아들 맹명시(孟明視)와 건숙의 아들 서걸출(西乞秫) 및 백을병(白乙丙) 등으로 하여금 군사를 통솔토록 하였다. 군대가 출병하는 날, 백리혜와 건숙 두 사람은 통곡하였다. 이를 들은 목공이 노하여 "내가 출병하는데 그대들은 통곡하여 우리 군대를 가로막으니 어찌 된 거요?"라고 하자. 두 노인은 "신들이 감히 군왕의 군대를 막으려는 것이 아니옵니다. 출병하면 저의 자식들도 떠나게 되는데, 늙은 저희들로서는 자식들이 돌아올 때쯤이면 다시 볼 수 없을 것 같아 통곡하는 것입니다."라고 하였다.

두 노인은 물러나서 자식들에게 이르기를 "너희 군사가 패한다면 틀림없이 殽山(효산, 秦과 晉 사이의 중요한 관문, 지금의 하남성 낙영현 서북쪽)의 험준한 요충지에서일 것이다."라고 하였다.

목공 33년(B.C 627년) 봄, 秦나라 군대가 동쪽으로 진격하여 晉나라를 거쳐 주나라의 도성(都城) 북문을 지났다. 주나라의 대부 왕손만(王孫滿)이, "진나라 군사들은 무례하니 틀림없이 패하게 될 것이다."라고 하였다. 진나라 군대가 활(滑, 지금의 하남성 언사현 동남쪽에 있는 晉나라 변경 희씨(姬氏) 성의 작은 성읍)에 도착했을 때, 정나라 상인 현고(弦高)가 소 열두 마리를 끌고 주나라로 팔러 가다가 진나라 군대를 만났다. 그는 자신이 죽거나 포로가 될까 두려워서 소를 바치면서, "들건대 귀국에서 정나라를 정벌하려고 한다 하는데, 정나라 왕은 착실하게 방어 준비를 하고, 또 신에게 소 열두 마리를 끌고 가서 병사들을 위로하도록 보내셨소."라고 말하였다.

진나라의 세 장군은, "우리가 습격하려고 한다는 것을 정나라에서 이미 알고 있으므로 쳐들어간다 해도 성공하지 못할 것이다."라고 말하고는 활(滑)을 멸망시켰다.

이때 晉 문공이 죽었으나 아직 장사를 지내지 못하고 있었다. 태자 양공(襄公)이 노하여 "秦나라는 부친을 잃은 나를 우습게 여기어, 상중인 때를 틈타 우리 활을 침공하였다."라고 말하고는, 상복을 검게 물들여(흰색은 전쟁에서 패배를 의미하여 불길하므로) 입고, 군대를 이끌고 효산(殽山)에서 진나라 군대를 가로막고 공격하여 진군을 크게 무찌르니, 진나라의 병사들은 한 명도 도망하지 못하였다. 晉軍은 진의 세 장수를 포로로 잡아 돌아왔다.

문공의 부인 문영(文嬴, 晉 문공이 秦에 있을 때 얻은 진나라 종실의 딸이라고도 하고, 진 목공의 친딸이라고도 한다)이 포로가 된 秦나라의 세 장수를 위해서, "목공이 이 세 사람에 대한 원망이 골수에 사무쳐 있을 것이니, 이 세 사람을 돌려보내 진 왕이 친히 통쾌하게 삶아 죽이도록 해주십시오."라고 청하였다. 양공이 이를 허락하여 세 장수를 진나라로 돌려보냈다. 세 장수가 돌아오자, 목공은 소복(素服)을 입고 교외까지 나와 맞이하고는 울며 말하기를 "내가 백리혜와 건숙의 말을 듣지 않아 그대들을 굴욕되게 하였으니 그대들이 무슨 죄가 있겠소? 그대들은 이 치욕을 씻기 위해서 마음을 다하고 태만하지 마시오."라고 하였다. 이에 세 사람의 관직과 봉록을 이전대로 회복시키고 더욱 후하게 대접했다.

彭衙(팽아) 대전

목공 34년(B.C 626년), 목공이 다시 맹명시 등에게 군대를 이끌고 진나라를 재차 공격하게 하였으나 팽아(지금의 섬서성 등성현 서북쪽과 백수현 동북쪽)에서 급습을 받아, 진군이 불리하자 군대를 철수하여 돌아왔다.

도사대전(道謝大戰)

　목공 36년(B.C 624년), 목공은 맹명시(孟明視) 등을 더욱 후대하고 그들에게 군대를 이끌고 晉나라를 치게 하였다. 그들은 황하를 건너자 타고 온 배를 태워버리더니(배수의 진을 치고 사투하겠다는 결심), 진군을 크게 무찌르고 왕관(王官, 지금의 산서성 문희현 동남쪽)과 호(鄗, 晉의 땅으로 지금의 산서성 영제현 동쪽)를 빼앗아 효산에서의 패전에 보복하였다. 晉나라 군은 모두 성을 지키며 감히 나와서 싸우지를 못하였다.

　이에 목공은 모진(茅津, 하남성 삼문협시 서쪽과 산서성 평육현 서남, 황하 나루의 하나)에서 황하를 건너 효산에서 죽은 병사들을 위해서 묘지(墓地)를 만들어 장사 지내고 3일 동안 곡(哭)하였다. 그리고 진군에게 맹세하기를 "아! 병사들이여 떠들지 말고 내 말을 잘 들어라, 내 너희에게 맹세하노라. 옛 사람들은 일을 도모함에 노인의 의견을 따랐으므로 과실이 없었던 것이다."라고 하였다. 목공은 건숙과 백리혜의 의견을 받아들이지 않은 것을 거듭 생각하여 이렇게 맹세함으로써 후대에 자신의 과실을 기억하도록 하였다.

군자들이 이 소문을 듣고 모두 눈물을 흘리며 "아! 진 목공이 사람을 대함이 용의주도하도다. 그래서 결국은 맹명시가 승리하는 기쁨을 얻었던 것이다."라고 말했다. 이를 계기로 하여 이로부터 진강진약(秦强晉弱)의 국면에 접어들었다고 하겠다.

인재 융인(戎人) 유여(由余)를
계책으로 초빙하다

　목공 34년(B.C 626년), 융왕(戎王)은 대신 유여(由余)를 秦나라에 사신으로 보냈다. 유여의 선조는 晉나라 사람인데 융 지역으로 도망쳤으므로 유여는 晉나라 말을 할 줄 알았다. 융왕은 목공이 현명하다는 소문을 듣고 유여를 보내 진나라를 살피게 한 것이다. 진 목공이 유여에게 궁실과 쌓아 둔 재물을 보여주었다. 유여는, "이러한 궁실과 재물을 귀신에게 만들어 내라고 해도 귀신을 힘들게 하는 것인데, 하물며 사람에게 만들라고 하면 백성들 역시 얼마나 힘들겠습니까?"라고 하였다.

　목공은 그의 말을 괴이하게 여기며, "중원(中原)은 시, 서, 예, 악, 법도로 나라를 다스리는데도 항상 난리가 일어나는데, 지금 융족(戎族)은 이러한 것들이 없으니 무엇으로 나라를 다스리는가? 아무래도 어렵지 않은가?"라고 물었다.

　유여는 웃으며 "이것이 바로 중원지역이 난리가 나는 원인입니다. 상고시대의 성인(聖人) 황제(黃帝)께서 예악과 법도를 만드신 후로 친히 솔선수범(率先垂範)하시어 겨우 나라가 다스려졌습니다. 그러나 후대에 이르러 군주들이 날로 교만하고 음락(淫樂)에만 빠졌습니다. 그들은 법률제도의 위력을 믿고 백성들을 문책하고 감독하니, 백성들이 극도로 피폐(疲弊)해져서 군주를 원망하며 인의(仁義)를 요구하게 됩니다. 위아래가 서로 다투고 원망하며 서로 찬탈(簒奪)하고 죽여서 멸족의 지경에까지 이르게 되는 것은 모두 이러한 이유에서입니다. 그러나 융족은 그렇지 않습니다. 윗사람도 순박(淳朴)한 덕으로 아랫사람을 대하고 아랫사람은 충성으로 그 윗사람을 받들므로, 한나라의 정치가 사람이 자기 한 몸을 다스리는 것같이 잘 다스려지지만, 잘 다스려지는 원인이 무엇인지는 알지 못합니다. 이것이말로 진정한 성인(聖人)의 다스림입니다."라고 하였다.

이에 목공은 물러나 내사 왕료(內史 王廖)에게 "내 듣기로 이웃나라에 성인이 있으면 그 적대국가의 걱정거리라는데, 지금 유여의 현명함이 나의 걱정이니 장차 이를 어찌했으면 좋겠소?"라고 묻자, 내사 왕료는 이렇게 대답하였다.

"융왕은 궁벽한 곳에 살고 있기 때문에 중원지방의 음악을 들어보지 못했습니다. 왕께서 시험 삼아 가무에 뛰어난 기녀(妓女)를 보내 그의 의지를 상실케 하십시오. 또 유여가 더 머물다 귀국하도록 융왕에게 청한다면 그들의 군신관계는 멀어질 것이며, 유여를 이곳에 머물게 하여 돌아가지 못하게 하면 돌아갈 시기를 넘기게 될 것입니다. 그러면 융왕이 괴이하게 여기어 틀림없이 유여를 의심할 것입니다. 군신관계에 틈이 생기면 포로로 삼을 수 있습니다. 또한 융왕은 음악을 좋아하여 필시 정치에 태만(怠慢)할 것입니다."라고 하니, 목공이, "좋다"라고 하였다.

이에 목공은 유여와 나란히 자리에 앉아서 같은 그릇의 음식을 나누어 먹으며, 융족의 지형과 병력에 대해서 자세히 물었다. 그런 다음 내사 왕료에게 열여섯 명의 가무기녀를 융왕에게 보내도록 분부하였다. 기녀들을 받은 융왕은 무척 기뻐하며 그해가 다 가도록 즐기느라 돌아갈 줄을 몰랐다(유목민족인 융족이 주거지를 옮기지 않고 한 곳에 일 년 내내 머무른 것을 의미함). 이때 진나라에서 유여를 돌려보내자, 유여가 여러 차례 간(諫)하였으나 융왕은 듣지 않았다. 목공은 또 여러 차례 사람을 보내 은밀히 유여를 초빙하니, 유여는 마침내 융왕을 떠나 秦나라에 투항하였다. 목공은 빈객에 대한 예우로써 유여를 대접하고, 융족을 정벌할 계책에 대해서 물었다.

목공 37년(B.C 623년), 진나라는 유여의 계책을 받아들여 융왕을 토벌하고 열두 개 나라를 병합하여 천리의 땅(농서군과 북지군), 지금의 감숙성(甘肅省) 동남부와 영하(寧夏) 남부를 개척하니 마침내 西戎(서융)지역의 패주가 되었다. 많은 제후국들이 진나라에 조공을 바치고, 진나라를 패주로 받들었다.

주 천자는 목공에게 소공과(召公過, 소공석의 후손으로 이름이 과다)를 파견하여 축하하며 금고(金鼓, 쇠북으로, 고대 군대의 진퇴를 지휘할 때 사용함)를 선물했다.

목공이 죽자. 백칠십칠 명이나 순장을 하니, 군자들이 나무랐다

목공 39년(B.C 621년), 목공이 죽자 雍(옹, 당시 진나라 수도로서, 지금의 섬서성 봉상현 동남쪽) 땅에 안장(安葬)하였다. 그때 순장(殉葬)한 사람이 백칠십칠 명이었는데, 그 가운데는 진나라 충신이었던 엄식(俺息), 중항(仲行), 침호(鍼虎) 등 세 사람의 자여씨(子輿氏)도 포함되었다. 진나라 사람들이 이를 애도하여, "黃鳥(황조)"라는 시를 지어 노래하였다. 군자들이 이렇게 말했다.

"진 목공이 영토를 넓히니 속국이 늘었다. 동쪽으로 강력한 晉을 굴복시켰고, 서쪽으로는 戎 지역을 제패하였다. 그러고도 제후들의 우두머리가 되지 못한 것이 당연하다. 죽은 뒤에 백성을 돌보지 않고 유능한 신하들을 그와 함께 따라 죽게 하였기 때문이다. 그의 선왕들은 세상을 떠날 때 늘 좋은 제도와 법을 남기려고 하였거늘, 하물며 착한 사람과 유능한 신하를 산 채로 죽였으니 백성들이 그들을 가련(可憐)하게 여기지 않겠는가? 이를 보면 진나라가 동쪽을 정벌할 수 없다는 것을 알 수 있노라."

목공에게는 아들이 40명 있었는데, 태자 앵(罃)이 왕위를 계승하니 그가 바로 10대 강공(康公)이다(재위 B.C 620년 - B.C 609년).

05

진나라 효공(孝公), 상앙(商鞅)의 변법으로 천하통일을 위한 기반을 마련하다

상앙, 효공을 도와
변법(變法, 개혁법)을 시행하다

춘추시대 후기 이후 전국시대 중기까지 진나라는 여러 차례 부침(浮沈)을 겪는다. 그러다 24대 헌공(獻公)(재위, B.C 384년 - B.C 362년) 때 와서 고질적인 병폐였던 순장(殉葬)을 폐지하는 등 개혁 정치에 시동을 걸었다. 그러나 사회 전반에 걸친 전면 개혁은 헌공을 이은 효공(孝公, 25대 재위 B.C 361년 - B.C 338년)에 완성된다. 그 결과 진나라는 전국시대(戰國時代) 최강국으로 부상하였고 통일을 위한 기반을 갖추기에 이르렀다.

효공이 즉위하자마자 천하의 인재를 구한다고 공개하여 당시 강국의 하나였던 위(魏)나라에서 인정받지 못하고 있던. 상앙(商鞅)이 진나라로 건너와 효공의 개혁정치를 온몸으로 보좌하는 과정을 서술하기로 한다.

헌공이 죽고 그 아들 효공이 즉위하니,
그의 나이 21세였다

효공 원년(B.C 361년), 황하와 효산(嚻山, 지금의 하남성 영보현 동남) 동쪽에 여섯 강대국이 있었는데, 秦나라 효공은, 제 위왕(齊 威王), 초 선왕(楚 宣王), 위 혜왕(魏 惠王), 연 도후(燕 悼侯), 한 애후(韓 哀侯), 조 성후(趙 成侯) 등과 어깨를 나란히 하였다(소위 전국 칠웅(戰國七雄).

회하(淮河, 하남성 동백산에서 발원, 안휘성 방부, 강소성 회음을 지나 바다로 흘러든다)와 사수(泗水, 산동성 사수현 동쪽에서 발원, 곡부, 강소성 서주를 지나 회수와 합류한다) 사이에는 10여 개의 소국(盧, 宋, 邾(주), 滕, 薛 등 소국을 말함)이 있었으며, 楚나라와 魏나라는 秦나라와 인접하여 있었다.

魏나라가 장성(長城)을 축조하였는데, 장성은 정현(鄭縣, 지금의 섬 서성 화현)에서부터 시작하여 낙수(洛水)를 따라 북쪽으로 가다가 황 릉현 동남에서 동쪽으로 꺾어져 황하 주변 소량(少梁, 지금의 섬서성 한성 서남)에 이른다.

楚나라는 한중(漢中, 지금의 섬서성 남정현)에서부터 남쪽으로 巴(파, 지금의 사천성 동부 일대)와 검중(黔中, 지금의 호남성 서부, 귀주성 동부)까지 강역으로 하고 있었다.

周 왕실이 쇠약해지자 제후들이 무력으로 정벌하고 서로 합병하려고 다투었다. 秦나라는 편벽한 옹주(雍州, 지금의 섬서성, 감숙성 일대)에 위치하고 있었으니 중원지역의 제후들과 회맹에 참가하지 않았다. 그러므로 제후들이 이적(夷狄, 오랑캐)을 대하듯 진나라를 대우하였다.

효공이 유능한 인재를 구한다는
구현조(求賢詔)를 내리다

이에 효공은 널리 은혜를 베풀고 고아와 과부를 구제하였으며, 군사를 모집하고 논공행상을 분명히 하였다. 그리고 나라에 다음과 같은 영(令, 효공이 즉위하자마자 국내외에 유능한 인재를 구한다는 포고령인, 구현조(求賢詔) 또는 求賢令이라고도 함)을 내렸다. 그 내용은,

"옛날 우리 목공(穆公, 9대, 재위 B.C 659년 – B.C 621년)께서는 기산(岐山)과 옹읍(雍邑)에서 덕정을 베푸시고 무공을 닦으셨다. 동으로는 晉나라의 내란을 평정하시어 영토가 황하까지 이르렀으며, 서쪽으로는 융적(戎狄)을 제패하여 영토를 천리나 늘리시니, 周 천자가 패자(霸者)의 칭호를 내리고 제후들이 모두 와서 하례를 올렸다. 이렇듯 후세를 위해서 이런 업적을 남기셨으니 그 공적은 매우 빛나고 아름다웠다. 그러나 이전의 여공(厲公, 17대), 조공(躁公, 18대), 간공(簡公, 21대), 출자(出子, 23대)의 시대에는 편안하지 못하고 나라 안에 우환이 있었으므로 나라 밖의 일을 돌볼 겨를이 없었다.

그 결과 三晉(晉이 韓, 魏, 趙 세 나라로 나누어졌으므로 삼진이라고도 불렀

음)이 우리 선왕께서 확장하신 하서(河西) 지역을 침탈하였고, 제후들도 우리 진나라를 멸시하니 이보다 더한 치욕이 없을 것이다. 헌공(獻公)께서 즉위하시어 변경지역을 안정시키고 역양(櫟陽. 지금의 섬서성 임동현 북쪽)으로 천도하여 다스렸으며, 동쪽으로 정벌하여 목공 때에 영토를 되찾고 목공의 정치 강령을 시행하고자 하셨다. 나는 선왕의 유지를 생각할 때마다 항상 마음이 아프니, 빈객과 여러 신하들 중 秦이 강국이 될 수 있는 남다른 계책으로 우리 진을 강하게 만들 수 있는 사람이라면 높은 관직을 내어 주고 토지를 나누어 줄 것이다."

그러고는 군대를 이끌고 동쪽으로 진격하여 협성(陝城. 지금의 하남성 陝縣)을 침공하였고, 서쪽으로 진격하여 융족의 원왕(獂王. 원은 지명이며, 지금의 감숙성 농서현 동남쪽)을 죽였다.

상앙, 효공이 인재를 구한다는
소문을 듣고 와서 효공을 알현하다

　진 효공을 도와 변법개혁을 성공시킨 중국사 최고의 개혁가인, 상앙(商鞅)(衛鞅, 위앙이라고도 부름, 후에 상군(商君)이 됨, 생존 B.C 약390년 – B.C 338년)은, 위(衛)나라의 서출(庶出) 공자들 중의 한 사람으로서, 이름이 앙(鞅)이고 성은 공손씨(公孫氏)이며, 그의 선조는 원래 성이 희씨(姬氏)였다. 위앙은 어려서 형명학(刑名學)을 좋아하였으며, 魏나라 재상 공숙좌(公叔座)를 섬기며 중서자(中庶子, 공족의 의식주를 담당하는 관직)의 직책을 맡았다. 당시 공숙좌는 그가 현명하다는 것을 알았지만, 그를 천거하지는 않고 있었다.

　공숙좌가 병이 들자, 魏나라 혜왕(惠王)이 직접 문병을 와서, "공숙의 병이 만약 잘못 되면 장차 이나라 사직(社稷)을 어찌해야 합니까?"라고 하였다.

　공숙좌가, "제 밑에 있는 중서자 위앙이 나이는 비록 어리지만 비범한 재주를 지녔으므로, 부디 대왕께서는 나라를 그에게 맡기면서 그의 견해를 청하여 들으시기 바랍니다."라고 하였다. 혜왕은 잠자코 아무 말도 하지 않았다. 혜왕이 돌아가려 할 때, 공숙좌가 주위 사람들을 물러가게 한 뒤, "대왕께서 그를 쓰지 않으시려면 반드시 그를 죽여, 나라 밖으로 나가지 못하게 하십시오."라고 하였다. 혜왕이 이를 승낙하고 돌아갔다.

공숙좌가 위앙을 불러 사과하면서, "방금 대왕께서 재상으로 삼을 만한 자를 물으시기에, 내가 자네를 천거하였으나, 대왕께서는 내 말을 들어주시지 않을 표정이었네, 나는 오로지 군주를 앞세우고 신하를 그 다음에 두어야 한다는 생각에서, 대왕께 말씀드리기를 자네를 기용하지 못하실 거라면 죽여야만 한다고 하였네, 대왕께서 내 말을 승낙하셨네, 자네는 빨리 달아나도록 하게, 그렇지 않으면 붙잡히게 될 걸세."라고 하였다.

위앙이 대답하기를, "저를 기용하라는 귀하의 말을 대왕께서 받아들이시지 않은데, 어찌하여 저를 죽이라는 귀하의 말을 받아들이시겠습니까?"라고 하였다. 그는 끝내 떠나지 않았다. 한편, 혜왕이 돌아와서 곁에 있던 신하들에게, "공숙의 병이 깊어 슬프지만, 과인(寡人)에게 나라를 위앙에게 맡기면서 그의 견해를 청해 들으라고 하니, 어찌 제정신이란 말인가?"라고 하였다.

공숙좌가 죽은 뒤, 위앙은 秦나라 효공이 나라 안에 영을 내려 현명한 인재를 구하고 있으며, 장차 목공(穆公)의 패업을 잇고, 동쪽으로 빼앗긴 땅을 다시 찾고자 한다는 소문을 듣고 마침내 서쪽 진나라로 들어가서, 효공이 총애하던 신하 경감(景監)(경이라는 이름의 환관)을 통해서 효공에게 알현하기를 청하였다.

효공이 위앙을 만났는데 이야기가 길어지자, 때때로 졸면서 이야기를 듣지 않았다. 접견이 끝나자 효공이 경감에게 화를 내며,

"그대의 빈객은 무식하고 주제도 모르는 사람인데, 어디가 쓸 만하다는 것인가?"라고 하였다. 이에 경감이 위앙을 질책하였다. 그러자 위앙이, "제가 공에게 황제(黃帝), 전욱(顓頊), 제곡(帝嚳), 요(堯), 순(舜) 등 오제(五帝)가 나라를 다스리던 방법을 설명하였으나, 공께서 마음을 열고 받아들이려 하지 않으십니다."라고 하였다.

닷새 뒤에 위앙이 다시 자신이 효공을 만나 뵐 수 있게 해 달라고 요청하였다. 위앙이 효공을 다시 알현하고, 더욱 열심히 유세를 하였으나, 마음에 들지는 못하였다. 접견이 끝난 뒤, 효공은 다시 경감을 질책하였고, 경감 또한 위앙을 질책하였다.

위앙이, "제가 공에게 하(夏)나라 禹王(우왕), 은(殷)나라 탕왕(湯王), 周나라 문왕(文王) 등 삼왕이 나라를 다스리던 방법을 말씀드렸으나 받아들여지지 않았습니다. 부디 다시 한번 저를 만나게 해주십시오."라고 하였다. 위앙이 다시 효공을 알현하였는데, 효공은 마음에 들어 하였으나 여전히 그를 등용하지는 않았다.

접견이 끝나 위앙이 물러갔다. 효공이 경감에게, "그대의 빈객이 마음에 드오. 함께 이야기를 나누어 볼 만한 사람이오."라고 하였다.

그 말을 전해 듣고, "제가 공에게 패업(霸業)을 이룬 군주들이 나라를 다스리던 방법을 말씀드리자, 공께서 마음속으로 그 방법을 쓸 만한 것으로 여기시는군요. 부디 한 번 더 저를 만나게 해 주십시오. 이제 공의 마음을 알았습니다."라고 하였다. 위앙이 다시 효공을 알현하였다.

효공이 위앙과 함께 이야기를 나누면서, 자신도 모르게 무릎이 앉아 있던 자리에서 앞쪽으로 나아갔다. 며칠을 이야기를 나누었지만 싫어하는 기색(氣色)이 없었다.

경감이, "그대는 무슨 수를 써서 우리 군주의 마음에 든 것이오? 우리 군주께서 몹시 기뻐하고 계십니다."라고 하였다. 위앙이, "제가 군주께 황제, 전욱, 제곡, 요, 순 등 오제가 나라를 다스리던 방법에서부터 삼대에 이르기까지를 설명하였으나, 군주께서, '너무 오래 걸려 나는 기다릴 수 없네, 나아가서 현명한 군주라면, 다들 당대에 이름을 날리는 법이거늘, 어찌 답답하게 수십 년 수백 년이 걸려야 이루어지는 제왕(帝王)의 업을 기다릴 수 있겠는가?'라고 하셨습니다. 그래서 제가 나라를 강하게 만드는 방법인 법가의 치국이론(治國理論)인 '패도(覇道)'에 대하여 이야기하니 귀가 번쩍 띄어 기뻐하셨습니다."라고 하였다. "하지만 그러한 방법으로는 은(殷)나라나 周나라와 그 덕행을 견주기 힘듭니다."라고 하였다. 이리하여 효공과 위앙은, 여러 날 말을 주고받았으나 싫증이 나지 않았다.

효공, 상앙을 등용해 그의 건의에 따라 변법(變法, 사회 개혁법)을 시행하도록 하다

효공 3년(B.C 359년), 위앙은 효공에게 법령을 바꾸고 형벌을 정비하며, 농업을 중시하여 토지 사유(私有)를 인정하고 토지 매매를 허용하여 농사와 직조(織造)에 힘쓰도록 하고 상업은 억제하며, 전쟁에서 목숨을 걸고 싸우는 전사들에 대한 상벌을 분명하게 하며(軍功獎勵), 귀족들의 세습특권을 제한하여 작위나 봉지 제공에 논공행상에 구분을 두도록 하였으며, 군현제(郡縣制)를 시행하여 중앙집권제를 보다 강화하고, 도량형(度量衡)을 통일 시행하여 국내 경제발전을 촉진하도록 건의했다.

효공은 위앙의 말을 좋게 여겼다. 그러나 감룡(甘龍)과 두지(杜摯, 상앙의 변법에 반대하는 보수적인 진의 대부들) 등이 동의하지 않아 서로 논쟁을 벌였다. 그러나 결국 효공이 위앙의 변법을 받아들이자 백성들은 처음에 그 법으로 고통스러워했으나, 3년이 지나자 편하게 여기게 되었다. 이에 효공은 위앙을 좌서장(左庶長, 진나라 제10등급의 작위)에 임명하고, 마침내 변법을 내용으로 하는 법령을 제정하였다. 이 일은 「상군열전」에 자세하게 기록되어 있다.

백성들을 열 집이나 다섯 집씩 묶어서 하나의 조로 만들어 서로 감시하고 죄를 지으면 연좌(連坐)되도록 하였다. 법을 어긴 자를 고발하지 않으면 허리를 잘라 죽이는 형벌에 처하고(요참(腰斬)), 법을 위반한 자를 고발하면 적의 목을 벤 것과 같은 상을 내리고, 법을 위반한 자를 숨겨 주면 적에게 투항한 것과 같은 형벌에 처하였다. 백성들 중에 성인 남자 두 명 이상이 분가하지 않으면 부세(賦稅)를 두 배로 하였다. 군공(軍功)이 있는 자는 각각 정해진 기준에 따라 작위를 올려 주었으며, 사사(私事)로이 싸움을 벌이는 자들은 그 경중을 따져 크고 작은 형벌에 처하였다.

본업에 온 힘을 다하여 농사를 짓고 길쌈을 하여 곡물이나 비단을 많이 바치는 자에겐 본인의 부세를 면제해 주었다. 상업이나 수공업으로 생기는 이익을 추구한 자나 게으름을 피워 가난한 자들은, 모두 붙잡아 그 처자식까지 노비(奴婢)로 삼았다. 종실(宗室)이라도 군공의 기록이 없으면 종실 명부에서 제외시켰다. 신분의 높고 낮음, 작위와 녹봉의 등급을 명확히 하여, 각각 등급에 따라 정해진 전답과 가옥을 소유하게 하고, 노비의 수나 의복도 집안의 등급에 따라 다르게 하였다. 공을 세운 자는 빛나는 영예를 누리지만 공을 세우지 못한 자는 비록 부유하더라도 영예를 누릴 수 없도록 하였다.

이처럼 변법(變法)을 내용으로 하는 법령이 모두 갖추어졌지만, 아직 포고를 못하고 있었는데, 이는 백성들이 믿지 않을까 염려하였기 때문이었다. 그래서 삼 장(三丈) 길이의 나무를 도읍의 시장 남쪽 문에 세워 놓고, 북쪽 문까지 옮겨 놓는 자에게 십금(十金,

당시 일금은 황금 1斤)을 주겠다고 하면서 사람들을 모았다. 백성들이 괴이하게 생각하며, 아무도 감히 그것을 옮기려 하지 않았다. 그래서 다시 알리기를, "옮겨 놓는 자에게 오십 금을 줄 것이다."라고 하였다. 이에 어떤 사람이 그것을 옮기자, 즉시 오십 금을 줌으로써, 백성들을 속이지 않음을 분명히 하였다. 그리하여 마침내 변법을 내용으로 하는 법령을 공포하였다.

태자가 법을 위반하자
그의 부(傅)와 사(師)를 처벌하다

　새로운 법을 백성들에게 시행한 지 일 년이 되었을 때, 진나라 백성들 중에 도읍으로 몰려와 처음 시행되는 법령의 불편함을 호소하는 자가 수천 명이었다. 그때 태자가 법을 어겼다. 위앙은, "법이 제대로 시행되지 않는 것은, 위에서부터 그것을 어기기 때문이다."라고 하며 태자를 법에 따라 처벌하려고 하였다. 그러나 태자는 군주의 대(代)를 이를 사람인지라 형벌을 내릴 수가 없어, 그의 부(傅, 스승으로 태자를 보좌하는 직책)로 있던 공자 건(公子 虔)을 처벌하고, 그의 사(師)로 있던 공손고(公孫賈)는 경형(黥刑, 얼굴이나 팔 등에 죄명을 새기는 형벌)에 처하였다.

　그러자 다음 날부터 秦나라 백성들이 모두 새로운 법을 따르게 되었다. 새로운 법이 시행된 지 십 년이 지나자, 진나라 백성들은 매우 기뻐하게 되었으며, 길에 떨어진 물건을 줍지 않았고, 산에 도적이 없어졌으며, 집집마다 넉넉하고 사람마다 풍족해졌다. 또한 백성들이 나라를 위한 전쟁에서는 용맹스러웠으나, 사사롭게 싸우는 일은 겁냈으며, 작은 시골 마을이나 큰 읍이나 모두 질서가 잡히고 안정되었다. 진나라 백성들 중에 처음에는 새로운 법이 불편하다고 불평하다가 나중에 와서 새로운 법이 편하다고 떠들어 대는 자들이 있었는데, 위앙이, "저들은 모두 교화하기 힘든 사람들이다."라고 하면서, 그들을 변방으로 이주시켰다. 그 후로 백성들 중에 누구도 새로운 법에 대해 감히 왈가왈부하지 않았다.

위앙 대량조가 되어 위나라를 항복시키고, 도읍을 함양으로 천도하다

효공은 위앙을 대량조(大良造, 20등급 작위 중에 16등급에 해당)에 임명하였다. 위앙이 군사를 이끌고 魏나라 안읍(安邑, 위나라의 도읍으로 지금의 산서성 운성시 하현 서북쪽) 땅을 포위하여 항복시켰다(효공 10년 B.C 352년). 그 후 3년 뒤, 함양(咸陽)에 궁궐을 새로 짓고 기궐(冀闕, 궁성의 양측 관문)을 축조하고, 秦나라는 옹(雍, 지금의 섬서성 보계시 봉상현 옹수하) 땅에서 함양(咸陽, 지금의 섬서성 함양시)으로 도읍을 옮겼다.

그리고 백성들에게 영을 내려 아버지, 아들, 형, 동생이 한 방에 거주하는 것을 금지시켰다. 또한 작은 향(鄕)이나 읍(邑)을 모아 縣으로 만들어, 현령과 현승(縣丞, 현령을 보좌하는 관리)을 두었는데, 모두 삼십 일 개의 현이 설치되었다. 농토의 경계를 표시하는 두둑길은 모두 없애고, 부세(賦稅)를 공평하게 하였다. 도량형을 통일하였다. 이와 같은 일들을 시행한 지 4년 째 되던 해, 공자 虔(건)이 다시 법을 어겨 코를 베는 형벌에 처해졌다. 그 후 5년이 지나자 진나라는 부강해졌고, 周 천자가 효공에게 패자(霸者) 칭호를 내리고, 천자가 하늘에 제사 지낸 고기를 효공에게 보냈으며, 다른 제후들이 모두 축하해 주었다.

위앙이 속임수를 써서 위나라
공자 앙(卬)을 사로잡고 위나라군을 대파하다

그 이듬해(B.C 341년), 제(齊)나라가 魏나라 군사를 마릉(馬陵, 지금의 하북성 한단시 대명현 동남쪽, 다른 설도 있음)에서 무찌르고 위나라 태자 申(신)을 사로잡았으며, 위나라 장군 방연(龐涓)을 죽였다.

그 이듬해 위앙이 효공을 설득하기를, "진나라와 위나라의 관계는, 사람으로 치면 배와 가슴에 병을 지니고 있음과 같다고 하며, 지난해에 위나라가 제나라에게 대패하는 바람에, 다른 제후들이 등을 돌리고 있으므로. 이 기회에 위나라를 공격하는 것이 좋습니다. 위나라는 진나라를 감당하지 못하게 되면, 틀림없이 동쪽으로 옮겨 갈 것입니다. 위나라가 동쪽으로 옮겨 가면, 진나라가 황하와 효산(殽山)의 견고한 지세를 점거하여, 동쪽으로 진출하여 제후들을 굴복시킨다면, 이것이 바로 제왕의 위업을 이루는 길인 것입니다."라고 하였다.

이에 효공은 그 말이 옳다고 생각하고, 위앙으로 하여금 군사를 이끌고 魏나라를 공격하게 하였다. 그러자 위나라는 공자 앙(卬)에게 군사를 이끌게 하여 맞아 싸우도록 하였다. 양쪽의 군사가 서로 대치하고 있을 때, 위앙이 위나라 장군 앙에게 서신을 보내,

"나는 예전에 공자와 만나면 즐거웠는데, 지금은 각자 두 나라의 장군이 되었으니, 차마 공격하지 못하겠기에, 공자와 얼굴을 마주하고 만나, 화친(和親)의 맹약을 맺고, 즐겁게 술을 마시고 군사를 물러나게 하여, 진나라와 위나라를 편안하게 하고 싶습니다."라고 하였다.

위나라 공자 앙도 그렇게 생각하였다. 그리하여 두 사람이 만나서 맹약(盟約)을 맺은 뒤, 술을 마시고 있을 때, 위앙이 무장한 병사들을 매복(埋伏)시켰다가 위나라 공자 앙을 기습하여 포로로 잡고, 그길로 위나라 군사를 공격하여 모조리 격파한 뒤 진나라로 돌아왔다.

위나라 혜왕, 하서 땅을 바치고
도읍을 대량으로 천도하다

한편 위나라 혜왕(惠王)은 자신의 군사가 제나라와 진나라에게 연이어 패하여, 나라 안은 텅 비고 날로 쇠약해지자, 겁이 나서 사자를 보내 하서(河西, 지금의 섬서성 낙수와 황하 사이의 위남시 동쪽 지역) 땅을 떼어 진나라에 바치고 화친을 맺었다. 그리고 위나라는 안읍(安邑, 지금의 산서성 운성시 하현)을 떠나 대량(大梁, 지금의 하남성 개봉시 서북쪽)으로 천도(遷都)하였다. 위나라 혜왕이, "과인(寡人)이 공숙좌의 말을 따르지 않은 것이 한스럽다.(寡人恨不用 <公叔座> 之言也)"고 하였다.

위앙이 위나라를 격파하고 돌아온 뒤, 진나라는 그에게 어읍(於邑, 지금의 하남성 남양시 서협현 지역)과 상읍(商邑, 지금의 섬서성 상낙시 상남현 동남쪽) 및 그 인근 열다섯 개 읍을 봉하고, 상군(商君)이라는 봉호(封號)를 내렸다.

그 후 상군 위앙이 진나라 재상을 지내며 십 년 세월이 흐르는 동안 종실(宗室) 및 그 인척(姻戚)들 중에 상군 위앙을 원망하는 사람들이 많아졌다.

위앙이 조량(趙良)에게 사귀기를 청하였으나, 그가 위앙을 나무라며 거절하다

조량이라는 사람이 위앙을 찾아가 만났다. 위앙이 맹난고(孟蘭皐)가 소개했기 때문에 그를 만난다고 하면서 친구로 사귈 수 있었으면 한다고 하니, 조량이, 감히 바랄 수 없는 일이라고 완곡히 거절하면서,

"귀하께서 진나라 왕을 만난 것은, 총애를 받던 신하 경감(景監)이 천거해 주었기 때문인데, 명예로운 행동이라 할 수 없습니다. 진나라의 재상을 지내면서 백성들을 위하는 일을 근본으로 삼지 아니하고, 궁궐을 대대적으로 축조하였으니, 공적이라 할 수 없습니다. 태자 부(傅)와 사(師)에게 형벌을 내리거나 경형에 처하였으며, 엄한 형벌로 백성들을 죽이거나 다치게 하였는데, 이는 원망(怨望)과 재앙(災殃)을 쌓은 것입니다.

교화(敎化)가 백성들을 변화시키는 정도는 군주의 명령보다 깊이가 있고, 백성들이 윗사람을 본받는 속도는 군주의 명령보다 빠릅니다. 그런데 귀하께서는 옳지 못한 방법으로 권위를 세우고 제도를 바꾸었으니, 교화라 할 수 없습니다. 또한 귀하께서는 남면(南

面, 군주의 자리라는 뜻)하고 스스로를 과인이라 부르면서 날마다 진나라의 귀공자들에게는 제재를 가하고 있습니다. 공자 건이 두문불출(杜門不出)한 지 팔 년이나 되었으며, 귀하께서는 거기에 더하여 축환(祝懽)을 처형하고 공손고(公孫賈)를 경형(黥刑)에 처하였습니다.

또한『시경』에 이르기를, '인심을 얻은 자는 흥하고, 인심을 잃은 자는 망한다.'(得人者興, 失人者崩)고 하였습니다. 귀하께서는 외출하실 때, 수십 대의 수레를 뒤따르게 하면서, 수레에 무장한 병사를 태우고, 힘세고 건장한 사람을 참승(驂乘, 마차 오른쪽에 타는 호위병)으로 태우며, 모(矛, 자루가 긴 창)나 흡극(闔戟, 자루가 긴 창)을 든 자들로 하여금 수레 곁에서 가까이 따르게 합니다. 이 중에 한 가지라도 빠지면, 귀하께서는 결코 외출하지 않습니다.『詩經』에 '덕을 믿는 자는 번창하고, 힘을 믿는 자는 멸망한다(恃德者昌, 恃力者亡).'고 하였습니다.

지금 귀하께서 처해 있는 위태로움은 마치 아침 이슬과 같은데도, 아직 수명을 연장하여 오래 사시고 싶으십니까? 그렇다면 어찌하여 열다섯 개 번화한 봉읍을 돌려주시고, 시골로 가서 채마밭에 물이나 주시지 않으십니까?

그런 뒤 진나라 왕에게 바위 동굴에 숨어 사는 선비를 찾아내고, 노인을 봉양하고 고아를 보살피며, 아버지와 형을 공경하고, 공을 세운 자를 제대로 평가하고, 덕이 있는 자를 우대하도록 권하신다면, 다소 마음은 편안해질 수 있을 것입니다. 그런데도 귀하께서는 여전히 상읍(商邑)과 어읍(於邑)의 부유함을 탐하고, 진나라의 교화를 전담하면서, 백성들의 원한이 쌓이게 하고 있는데, 진나라 왕이 어느 날 아침 빈객도 만나지 못하고 조정에도 서지 못하게 되면, 진나라가 귀하를 잡아들일 이유가 어찌 한두 가지라 하겠습니까? 귀하의 멸망은 발끝으로 서서 기다려도 될 만큼 삽시간에 닥칠 것입니다."라고 하였다. 그러나 상군 위앙은 그의 말을 따르지 않았다.

효공이 죽자, 상군 위앙이 모함으로
거열형(車裂刑)에 처해지다

　그로부터 다섯 달 뒤에(B.C 338년), 효공이 죽고 태자 사(駟)가 즉위하니, 혜문군(재위 B.C 337- B.C 311년, B.C 324년부터 '왕'이라 칭함)이다. 공자 건의 무리들이 모함하여, 상군 위앙이 반란을 일으키려 한다고 고발하여, 관리를 보내 위앙을 잡아들이려 하였다. 위앙이 달아나 함곡관(函谷關)에 이르러 객사(客舍)에 묵으려 하였다. 객사의 주인이 그가 상군 위앙인 줄 모르고, "상군의 법에 따라, 증표(證票)가 없는 사람을 재워 주면 주인도 함께 처벌을 받습니다."라고 하였다. 위앙이 한숨을 쉬며 탄식하기를, "아, 새 법을 만든 폐해(弊害)가 이 지경에 이르렀구나!"라고 하였다.

　위앙은 그곳을 떠나 위나라로 달아났다. 위나라에서는 위앙이 공자 앙을 속여 위나라 군사를 무찔렀던 일로 원한이 맺혀 그를 받아 주지 않았다. 이에 위앙은 다른 나라로 가려고 하였다. 그러자 위나라에서는, "상군은 진나라의 역적이다. 진나라가 강한데다 그 역적이 위나라로 들어왔으니 돌려보내지 않으면 안된다."라고 하였다. 결국 상군 위앙을 진나라로 돌려보냈다. 위앙이 진나라로 다시 들어온 뒤, 상읍(商邑, 지금의 섬서성 상낙시 상남현 동쪽)으로 달아나, 그곳의 무리들과 함께 읍의 군사를 동원하여 북쪽으로 정현(鄭縣, 지금의 섬서성 위남시 화현 일대)을 공격하였다. 진나라 군이 위앙을 공격하여, 옛 정나라(주나라 제후국) 땅 민지(黽池, 지금의 하남성 삼문협시 민지현 지역)에서 상군 위앙을 죽였다.

진나라 혜문왕(惠文王)이 위앙을 대중 앞에서 거열형(車裂刑, 다섯 수레에 목과 사지를 묶어 다섯 필의 말로 당기게 하여 찢어 죽이는 형벌)에 처하면서, "상군 위앙처럼 모반하지 말라(莫如<商鞅>反者)."라고 하였다. 결국 상군 위앙의 집안도 멸족시켰다.

상앙이 죽기는 하였으나, 효공을 보좌하여 변법을 시행하여, 진나라가 제후국들 중에서 가장 선진적이고 부강한 나라가 될 수 있었으며, 백성들에게도 이미 변법이 마음에 깊이 자리 잡고 있었다. 그래서 혜문왕을 비롯하여 그 후계자들도 모두 변법을 계속 지속적으로 시행하게 되었다. 그래서 진나라가 일약 강대국이 되는 계기가 되었고, 6국을 통일하는 기초를 마련하였다고 하겠다.

그러나 위앙이 허황(虛荒)된 이론을 근거로 효공의 마음을 얻으려 하였으며, 총애를 받던 신하에게 부탁하여 등용되었으며, 공자 건에게 형벌을 내리고, 위나라 장군 공자 앙에게 속임수를 썼으며, 조량의 충언을 받아들이지 않았는데, 이러한 것들은 위앙이 은혜를 베푸는 일에 인색(吝嗇)하였음을 분명히 보여 준다.

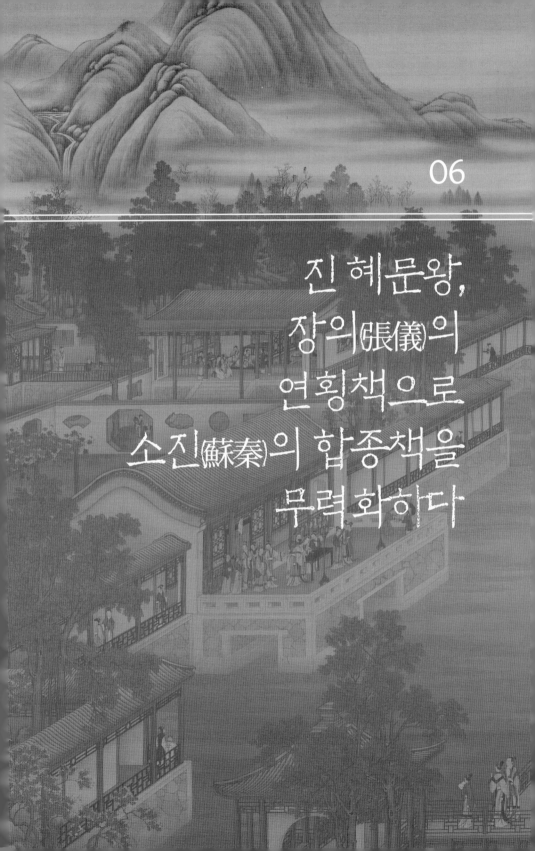

06

진 혜문왕,
장의(張儀)의
연횡책으로
소진(蘇秦)의 합종책을
무력화하다

···

효공이 세상을 떠나자(B.C 338년), 혜문군(惠文君, 26대, 재위 B.C 337년 - B.C 311년)이 즉위하였다. 초, 한, 조, 촉나라에서 사신이 와서 알현하였다. 주 천자가 축하를 하고, 문왕과 무왕 제사에 올린 제육을 보내왔다. 혜문군 7년(B.C 331년), 공자 앙(卬)이 위(魏)나라와 싸워 위의 장수 용고(龍賈)를 포로로 잡고, 위나라 병사 팔만 명의 목을 베었다. 이러자 위나라가 하서(河西) 지역을 진나라에 바쳤다.

혜문왕 10년(B.C 328년), 장의(張儀)가 진나라의 재상이 되었다. 위나라가 상군(上郡, 지금의 섬서성 연안시 및 유림시 일대)의 십오 개 현과 소량(少梁, 지금의 섬서성 위남시 한성시 남쪽)을 진나라에게 바쳤다.

이때부터 진나라가 동쪽으로 황하와 천혜의 요새인 함곡관(函谷關, 지금의 하남성 영보현 황하유역의 험준한 골짜기)에 진출하니, 다른 제후국들이 함곡관 동쪽에서 저항했다. 서쪽과 북쪽의 견융(犬戎)과 적(翟)은 점차 쇠약해졌고, 단(丹)과 려(犂)(서남쪽 융족의 두 지파)가 진나라의 신하가 되었고, 촉나라 상국인 진장(陣壯)이 촉후(蜀侯)를 죽이고 투항해 왔다.

이러자 관동의 여러 제후국들(韓, 楚, 魏, 趙, 齊, 燕)이 진나라의 국력이 갈수록 커짐에 위협을 느꼈다. 그래서 소진(蘇秦) 등 유세가들이, 육국이 연합하여 진나라에 대항할 것을 주장했다.

소진(B.C 334년- B.C 320년 활동)의
합종책

소진(蘇秦)은 주나라의 제후국인 동주국(東周國) 낙양(雒陽) 사람이다. 그가 스승을 찾아 동쪽 제나라로 가서, 귀곡(鬼谷) 선생 밑에서 공부하였다. 그 후 여러 해 동안 객지(客地)를 다니며 공부하다가, 몹시 빈곤해지자 고향으로 돌아왔다. 형, 동생, 형수, 여동생, 아내, 첩 등이 모두 속으로 비웃으며, "주나라 사람들의 습속(習俗)은 농사일을 하면서 물건을 만들거나 장사에도 힘써, 십 분의 이의 이윤을 추구하는 것을 본분으로 삼고 있는데, 지금 자네는 본분은 내팽개치고 입과 혀를 섬기고 있으니, 곤궁한 것이 어찌 당연한 일이 아니겠는가?"라고 하였다.

소진이 그 말을 듣고 부끄럽기도 하고 슬프기도 하여 방문을 닫아걸고 밖에 나가지 않으면서, 자신의 책들을 꺼내 두두 훑어보았다. 그러면서, "무릇 선비가 머리를 숙여 글을 배우고 비록 많은 책을 읽는다 해도, 부귀영화를 얻을 수 없다면, 무슨 쓸모가 있겠는가?"라고 하였다. 그리고는 주나라의 『음부(陰符, 일종의 병법서로 알려져 있음)』라는 책을 꺼내 방바닥에 엎드려 그 책을 읽어 내려갔다.

한 해가 지난 뒤, 상대방의 마음을 미루어 짐작하는 법을 터득(揣得)하고 나서, "이것으로 당대의 군주들을 설득할 수 있을 것이다."라고 하였다.

그가 주나라의 현왕(顯王)을 찾아가 유세하였다. 현왕의 측근들이 평소 소진에 대하여 잘 알고 있었으므로, 모두 소진을 경시하였다. 현왕 또한 그를 믿어 주지 않았다.

소진, 각 제후국을 찾아다니며 유세(遊說)하다

그러자 소진은 서쪽 진나라로 갔다. 마침 진나라 효공(孝公)이 세상을 떠났으므로, 혜문왕(惠文王)에게 유세를 하면서, "진나라는 사방이 천연의 요새인 나라이므로, 백성들에게 병법에 근거한 훈련을 시킨다면, 천하를 집어삼키고 제왕이 되어 다스릴 수 있을 것입니다."라고 하였다. 혜문왕이, "깃털이 다 나지 않으면 높이 날 수가 없으며, 나라의 법도가 분명하지 않으면 다른 나라를 병합할 수 없는 것이오."라고 하였다. 당시 상군(商君) 위앙(衛鞅)을 죽인 지 얼마 안 되는 때였는지라, 유세하는 선비들을 미워하여, 소진을 등용하지 않았다.

그리하여 소진은 동쪽 조나라로 갔다. 재상인 봉양군(奉陽君. 조나라 숙후는 그의 동생 공자 성(成)을 재상으로 삼고, 봉양군이라 하였음)은 소진을 좋아하지 않았다. 그래서 다시 소진은 연나라로 갔으나, 일 년이 넘어서야 군주를 알현할 수 있었다. 소진이 문후(文侯)에게 유세를 하면서, "연나라에 대한 진나라의 공격은, 천 리 밖에서의 전쟁이지만, 연나라에 대한 조나라의 공격은, 백 리 안에서의 전쟁이라 하겠습니다. 무릇 백 리 안에 있는 일을 걱정하지 않고, 천 리 밖의 일에 무게를 둔다는 것은, 계책으로 치면 이보다 잘못한 것이 없을 것입니다. 이런 연유로 대왕께서 조나라와 합종하여 가깝게 지내시기를 바라오며, 그리하여 천하가 하나가 되면, 연나라는 틀림없이 아무런 걱정이 없을 것입니다."라고 하였다.

연나라 문후(文侯)가, "귀하께서 합종을 이루어 연나라를 평안하게 해 주시겠다면, 과인은 백성과 함께 따르도록 하겠습니다."라고 하였다. 그러면서 소진에게 수레와 말과 황금과 비단을 주어 조나라로 가도록 해 주었다. 그런데 봉양군이 이미 죽은 뒤였는지라, 소진이 조나라 숙후(肅侯)에게 유세를 하면서, "지금 대왕께서 진나라에 협력하시면, 진나라는 반드시 한나라와 위나라를 약화시킬 것이며, 제나라와 협력하시면, 제나라는 반드시 초나라와 위나라를 약화시킬 것입니다. 위나라가 약해지면 하외(河外, 지금의 섬서성 위남시, 화음시에서 하남성 삼문협시 섭현에 이르는 황하 남쪽 지역을 지칭함) 땅을 진나라에 떼어 주어야 하며, 한나라가 약해지면 의양(宜陽, 지금의 낙양시 의양현 남쪽) 땅을 진나라에 바쳐야 하는데, 의양 땅을 바치면, 상군(上郡, 지금의 섬서성 연안시 및 유림시 일대)은 고립되고, 하외 땅을 떼어 주면, 상군으로 가는 길이 끊어지게 될 것이며, 초나라가 약해지면, 도움을 받을 길이 없어지는 것입니다. 이 세 가지에 대해, 대왕께서는 심사숙고하시지 않으면 안 됩니다."

"무릇 연횡을 주장하는 자들은 밤낮으로 진나라의 권세를 빌려 제후들을 위협하여 땅을 떼어 달라는 요구를 하고 있습니다. 대왕께서는 이를 깊이 헤아려 보시기 바랍니다."

"군주를 높이고 땅을 넓히며 군사를 강하게 만드는 계책을 제가 대왕 앞에 성실하게 말씀드리도록 하겠습니다. 그 계책은, 한나라, 위나라, 제나라, 초나라, 연나라, 조나라 등이 하나로 합종하여 가깝게 지냄으로써, 진나라에 대항함만 한 것이 없습니다. 대왕께서는, 천하의 장상들을 원수(洹水, 지금의 하남성 북쪽 안양시 지역을 흐르는 강) 강가에 모이도록 하여, 서로 인질(人質)을 교환하고 백마를 죽여 맹약을 맺도록 하십시오."

"여섯 나라가 맹약을 맺어 합종하여 가깝게 지내면서, 진나라에 대항하면, 진나라 군대는 감히 함곡관을 나와 산동(山東, 동쪽 6국을 지칭함) 지역에 해를 끼치지 못할 것이 틀림없습니다. 이와 같이 하면 패왕의 업적을 이루어 낼 수 있을 것입니다."라고 하였다.

그 당시 주나라 천자가 문왕과 무왕에게 제사 지낸 고기를 진나라 혜문왕에게 보냈다. 혜문왕이 서수(犀首, 관직 이름) 공손연(公孫衍)을 보내 위나라를 공격하여 장군 용고(龍賈)를 사로잡고, 위나라 조음(雕陰, 지금의 섬서성 연안시 감천현 남쪽 지역) 땅을 빼앗았으며, 나아가 군사를 동쪽으로 진주시키려 하고 있었다. 소진이 진나라 군대가 조나라에 들이닥칠 것을 염려하여 장의를 격분시켜, 진나라 군이 철수하도록 하였다.

그리고는 한나라 선왕(宣王)을 설득하고, 이어 위나라 양왕(襄王), 제나라 선왕(宣王)을, 초나라 위왕(威王)을 차례로 설득하였다.

그리하여 여섯 제후의 나라들(한, 위, 조, 제, 연, 초)은 합종에 성공하여 국력을 합치게 되었다. 소진이 종약장(從約長)에 임명되어 여섯 제후나라들의 재상을 겸임하게 되었다.

소진이 여섯 나라가 합종하기로 하는 맹약을 맺은 뒤, 조나라로 돌아오자, 조나라 숙후는 그를 봉하여 무안군(武安軍)으로 삼고, 즉시 합종하기로 하는 맹약서(盟約書)를 진나라로 보냈다. 그러자 진나라 군사들이 감히 함곡관 바깥을 넘보지 못한 채 십오 년의 세월이 흘렀다.

그 뒤 진나라가 서수 공손연을 보내 제나라와 위나라를 속이게 하여, 그들과 함께 조나라를 공격함으로써, 합종의 맹약을 깨뜨리고자 하였다. 그리하여 제나라와 위나라가 조나라를 공격하였으며, 그러자 조나라 숙후가 소진을 질책하였다. 소진은 두려운 마음이 들자, 연나라에 사자로 보내 달라고 청하면서, 반드시 제나라에 보복하겠다고 하였다. 소진이 조나라를 떠나면서 합종의 맹약은 깨져 버렸다.

소진이 제나라로부터 열 개의 성을 연나라에 돌려주도록 하다

진나라 혜문왕이 연나라 태자에게 자신의 딸을 아내로 맞도록 해 주었다. 그해에 연나라 문공이 세상을 떠나고 태자가 즉위하였는데, 그가 연나라 이왕(易王)이다. 이왕이 즉위한 지 얼마 되지 않았을 때, 제나라 선왕(宣王)이 연나라가 상중(喪中)임을 틈타 연나라를 공격하여 열 개의 성을 빼앗았다. 그러자 연나라 이왕이 소진에게, "선왕께서 선생에게 재물을 대 주며 조나라 왕을 알현하도록 해 주어, 그 결과 여섯 나라가 합종의 맹약을 이루어 냈소, 그런데 지금 제나라가 앞서 조나라를 공격한 뒤, 이어서 연나라에 들이닥쳤으니, 선생 때문에 연나라는 천하의 웃음거리가 되었는데, 선생께서 연나라를 위해 빼앗긴 땅을 찾아 줄 수 있겠소?"라고 하였다. 소진이 몹시 부끄러워하며, "대왕을 위해 그 땅을 찾아오겠습니다."라고 하였다.

소진이 제나라로 가서 선왕을 알현하면서, 두 번 절을 하고 나서, 선왕을 설득하였다. 그래서 선왕이 열 개의 연나라 성을 돌려주었다.

연나라 이왕이, 소진에게 옛 관직을 다시 맡도록 하고, 소진을 더욱 후하게 대우해 주었다. 이왕의 모친은 문공의 부인이었는데, 소진과 사사로이 정을 통하였다. 이왕이 그 일을 알았지만, 소진을 더욱더 후하게 대우해 주었다. 그러나 소진은 죽음을 당할까 겁이 나서, 이왕을 속이고, 연나라에서 죄를 지은 것처럼 꾸며, 제나라로 달아났으며 제나라 선왕은 그를 객경으로 삼았다.

소진 스스로
거열형을 자청하여 죽다

제나라 선왕이 세상을 떠나고 민왕(湣王)이 즉위하였다. 한편, 연나라 이왕도 세상을 떠나고, 쾌(噲)가 즉위하여 왕이 되었다. 그 후 다수의 제나라 대부들이 소진과 왕의 총애를 다투는 과정에서 사람을 시켜 소진을 칼로 찌르게 하였으나, 죽이지 못하고 치명상만 입히고 달아났다. 소진은 죽음이 임박하자 민왕에게, "제가 죽으면, 저를 거열형(車裂刑)에 처하여 시장에서 사람들에게 보여 주며, '소진이 연나라를 위해 제나라에서 반란을 일으켰다.'라고 하시면, 저를 찌른 자객을 틀림없이 붙잡을 수 있을 것입니다."라고 하였다. 그리하여 그 말대로 하였더니(소진을 거열형에 처함, B.C 320년), 소진을 살해하려 하였던 자가 과연 스스로 자수해 왔다. 민왕이 그를 처형했다. 연나라가 그 소식을 전해 듣고는, "제나라가 소진 선생을 위해 원수를 갚았구나!"라고 하였다.

소진이 죽은 뒤, 그가 제나라를 해치려고 하였던 일에 관한 진실이 대부분 드러났다. 제나라가 나중에 그 사실을 전해 듣고, 연나라에 대한 원망과 분노가 쌓이게 되었다. 연나라는 몹시 겁이 났다.

소진에게는 소대(蘇代)라고 하는 동생이 있었고, 소대의 동생이 소려(蘇厲)이며 이들은 형의 모습을 보고 그대로 따르려고 모두 학문을 하였다. 소진이 죽자, 소대가 연나라 왕 쾌에게 알현을 청하여 소진이 전에 썼던 방법을 그대로 답습(踏襲)하고자 하여, 쾌 왕을 설득하였다.

　소진 형제 세 사람은 모두 제후들에게 유세를 하여 이름을 날렸는데, 그들의 술책(術策)은 임기응변(臨機應變)에 능한 것이었다. 그러나 소진이 반간의 죄명을 쓰고 죽음을 당하자, 천하 사람들이 그를 비웃었으며, 그의 술책을 배우는 것을 꺼렸다. 그러나 소진에 대한 세상 사람들의 이야기는 서로 다른 것이 많으며, 이는 다른 사람의 유사(類似)한 이야기들을 모두 소진에게 끌어다 붙였기 때문이다. 무릇 소진은 평민 출신으로 여섯 제후의 나라들을 끌어모아 합종을 이루어 냈으니, 그의 지혜는 평범한 사람을 뛰어넘는다 하겠다.

장의(B.C 328년-B.C 309년 활동),
연횡책으로 소진의 합종책에 맞서다

연횡책(連橫策)은 진나라가 동쪽의 육국 중 어느 한 나라와 연합하여 그 밖의 다른 나라를 공격하자는 계책이다.

장의(張儀)는 魏나라 사람이다. 일찍이 소진과 함께 귀곡 선생을 섬기며 학문을 배웠는데, 소진은 스스로 장의에 미치지 못한다고 여겼다. 그가 학업을 마치고 나서 제후들을 찾아다니며 유세를 하였다. 장의가 한번은 초나라 재상의 술자리에 따라간 적이 있었는데, 끝나고 나서 초나라 재상이 둥근 옥 한 개를 잃어버리자, 재상의 문객들이 장의를 의심하여, 장의가 틀림없이 둥근 옥을 훔쳤을 것이라고 하여, 여럿이 함께 장의를 붙잡아 수백 대의 매질을 하였으나, 장의가 죄를 인정하지 않자 풀어 주었다.

장의의 아내가, "아이고! 부군께서 글을 읽어 유세하러 다니지 않았으면, 어찌 이런 곤욕을 치르는 일이 생기겠습니까?"라고 하였다.

장의가 아내에게 묻기를, "내 혀가 아직 붙어 있는지 어떤지 보시오."라고 하였다. 장의의 아내가 웃으면서, "혀는 붙어 있습니다."라고 하였다. 장의가, "그럼 됐소."라고 하였다.

당시 소진은 이미 조나라 왕을 설득하여 제후들과 합종의 맹약을 서로 맺은 상태였다. 그러자 진나라가 제후들을 공격하자 합종의 맹약이 깨어져서 서로 등을 돌리지나 않을까 하며 걱정했다. 진나라에 들여보내서 힘을 쓸 만한 사람을 생각해 보았으나 아무도 없자, 이에 은밀하게 사람을 보내 장의에게, "귀하께서는 예전에 소진과 사이가 좋았고, 지금 소진이 이미 권세를 얻었는데, 귀하께서는 어째서 그를 찾아가 귀하의 원하는 바를 말하며 부탁하지 않습니까?"라고 넌지시 권해 보라고 시켰다.

그러자 장의가 조나라로 가서 자신의 명첩을 올리고, 소진에게 만나 뵙기를 청하였다. 그러나 소진이 아랫사람들에게, 단단히 일러 아무런 통보도 해 주지 말며, 또한 돌아가지도 못하게 하라고 하면서 며칠을 보냈다. 그리고 나서 소진이 장의를 만나 주면서, 그를 당하에 앉히고 하인들이 먹는 음식을 내려 주었다. 그러면서 여러 차례 장의를 질책하며, "귀하가 가진 재능이 자신을 이 같은 곤욕에 처하게 하는 정도이구려, 내 어찌 귀하를 추천하여 부귀하게 해 줄 수 있겠소? 귀하는 내가 거두기에는 부족한 사람이오."라고 하였다. 그리고는 받아 주지 않고 장의를 돌려보냈다.

장의가 소진을 찾아올 때 그를 옛 친구라 여기고 도움을 청하려 하였으나, 오히려 모욕(侮辱)을 당하자 화가 치밀었는데, 곰곰이 생각해 보니 제후들 중에는 아무도 섬길 만한 자가 없고, 유독 진나라만이 조나라로 하여금 고초를 겪게 할 수 있다는 생각이 들어, 마침내 진나라로 들어갔다.

소진이 얼마 후 자신의 사인(舍人)에게 이르기를, "장의는 천하의 현명한 선비이지만, 나는 아마 그만 못할 것이며, 지금 내가 운 좋게 먼저 등용되었지만, 진나라의 권력을 장악할 수 있는 자는 장의뿐일 것이네. 나는 그가 작은 이익을 탐하다가 큰 뜻을 이루지 못할까 걱정이 되어, 일부러 그를 불러들여 욕을 보임으로써, 그의 의지를 분발시킨 것이라네. 그대가 나를 대신하여 눈치채지 못하게 그를 도와주도록 하게."라고 하였다. 사인에게 거마와 금전을 주면서, 장의를 뒤따라가 그와 함께 먹고 자면서 그에게 접근하여, 그가 거마와 금전이 필요한 곳에 쓰도록 도와주되 사실을 알리지는 말도록 분부하였다.

장의, 진나라의 객경이 되어
혜문왕과 제후들을 공격하는 일을 상의하다

　장의가 마침내 진나라 혜문왕을 알현할 수 있게 되었다. 혜문왕이 그를 객경으로 삼아, 그와 함께 제후들을 토벌하는 일을 상의하였다. 그리고 그동안 그를 도와주었던 소진의 사인이 떠나려고 하면서, 장의에게, "소진 선생께서는, 그 누구도 진나라의 권력을 차지할 수 없다고 여기시어, 일부러 귀하를 화나게 만드시고는, 저를 보내 은밀하게 귀하께서 필요로 하는 재물 등을 도와주도록 하시는 등, 모든 것이 소진 선생의 책략이었습니다. 이제 귀하께서 등용되었으니, 청하옵건대 돌아가 보고를 올리도록 해 주시기 바랍니다."라고 하였다.

　장의가, "어허! 그건 술책에도 있는 것인데, 내 미처 알아채지 못했으니, 내가 소진 선생에 미치지 못함이 틀림없구려, 내가 이제 등용되었는데, 어찌 조나라를 도모할 수 있겠소? 나를 대신하여 소진 선생께 감사의 말씀을 전해 주시면서, 소진 선생이 살아 계시는데, 감히 무슨 말을 입 밖에 내며, 나아가 소진 선생이 권좌에 계시는데, 장의가 어찌 능력을 보일 수 있겠느냐고 말씀드려 주십시오."라고 하였다.

장의가 진나라 재상이 되고 나서, 격문(檄文)을 지어 초나라 재상에게 통보하기를, "전에 내가 그대의 술자리에 따라갔을 때, 나는 그대의 둥근 옥을 훔치지 않았는데도, 그대는 나에게 매질을 하였다. 그대는 그대의 나라를 잘 지켜야 할 것이다. 내가 그대의 성을 공격할 것이다."라고 하였다.

혜문왕 후원 9년(B.C 316년) 10월, 사마조(司馬錯, 사마착으로도 읽음. 사마천의 8대조 할아버지임)의 계책을 받아들여, 군사를 일으켜 촉국(蜀國)을 토벌하였다. 촉국의 왕의 지위를 낮추어 후(侯)라 부르게 하고, 진장(陣莊)을 촉국 재상으로 보냈다. 촉국이 진나라에 귀속되자, 진나라가 더욱 강대해지고 풍요로워져, 다른 제후국들을 더욱 가볍게 여기에 되었다.

혜문왕 전원(前元) 10년(B.C 328년), 공자 화(華)와 장의를 보내 포양(蒲陽, 지금의 산서성 임분시 습현 서북쪽 지역)을 포위하도록 하여 항복을 받아 냈다. 장의가 혜문왕을 설득하여 그 땅을 위나라에 다시 돌려주니, 위나라가 상군(上郡, 지금의 섬서성 연안시 및 유림시 일대)과 소량(少梁, 지금의 섬서성 위남시 및 한성시 남쪽)을 진나라에 바쳤다. 그러자 혜문왕이 장의를 재상으로 임명하였고 소량의 이름을 고쳐 하양(夏陽)이라 하였다.

혜문군 14년(B.C 324년), 장의가 재상이 된 지, 4년이 지났을 때, 이때부터 진나라 군주를 "왕"이라 부르기 시작했다. 그리고 일 년 뒤, 장의가 섬(陝, 지금의 하남성 삼문협시 섬현 지역) 땅을 빼앗았고, 또 상군에 요새를 건설하였다.

2년 뒤, 장의를 보내 제나라 및 초나라 재상과 설상(齧桑, 지금의
강소성 서주시 패현 서남쪽 지역)에서 회합을 갖도록 하였다. 장의가 동
쪽에서 돌아온 뒤, 재상에서 물러나면서, 위나라 재상이 되어 진
나라를 위해 일을 하려고 꾀하였는데, 먼저 위나라로 하여금 앞장
서서 진나라를 섬기게 하여 제후들에게 모범을 보이고자 하였으
나, 위나라 왕이 말을 들으려 하지 않았다. 진나라 왕이 화가 나
서 위나라를 공격하여, 곡옥(曲沃, 지금의 산서성 임분시 곡옥현)과 평주
(平周, 지금의 산서성 진중시 개휴시 지역)를 빼앗고는 은밀히 장의를 더욱
후대하니, 장의가 면목이 없어서 돌아가 복명할 도리가 없었다.

그가 위나라에 머문 지 4년이 되었을 때, 위나라 양왕이 죽고 애
왕(哀王)이 즉위하였다. 애왕도 말을 듣지 않았다. 장의가 끈질기
게 설득을 하니, 애왕이 마침내 합종의 맹약을 저버리고 장의를
통해 진나라에 화친을 요청하였다. 위나라를 연횡(連橫)으로 끌어
들여, 초나라를 약화시키려고 한 것이다.

그 후 3년이 지나자 위나라가 다시 진나라를 저버리고 합종에
가담하였다. 이에 진나라가 위나라를 공격하여 곡옥(曲沃)을 빼앗
았다. 이듬해, 위나라는 다시 진나라를 섬겼다.

진나라가 제나라를 공격하려는데, 제나라와 초나라가 합종하여
가깝게 지내고 있어, 장의가 초나라를 살펴보러 갔다. 장의가 초
나라 회왕(懷王)과 여러 차례 논의를 하였다. 이 무렵 소진이 세상
을 떠났다(B.C 320년).

장의가, "지금 진나라와 초나라는 국경을 맞대고 있어, 지리적인
형세로 보아 당연히 친하게 지내야 할 나라들입니다. 대왕께서 진

정으로 제 건의를 받아들일 수 있으시다면, 진나라 태자를 초나라에 인질로 들여보내고, 초나라 태자는 진나라로 인질로 보내도록, 진나라에 요청할 것이며, 진나라 여인으로 대왕을 위해 허드렛일을 하는 첩으로 삼을 수 있도록 하고, 인구 만 호의 번화한 읍을 대왕의 탕목(湯沐, 조세 수입이 목욕이나 할 정도의 작은 읍)으로 바치도록 하며, 오랫동안 형제의 나라가 되어, 목숨이 다할 때까지 서로 공격하거나 토벌하는 일이 없도록 진나라에 요청할 것입니다. 저는 이보다 더 나은 계책이 없다고 생각합니다."라고 하였다.

그러자 초나라 회왕(懷王)으로서는 장의를 이미 손에 넣은 뒤였지만 검중(黔中, 지금의 호남성 서부와 귀주성 동북부 및 중경시 동남부 일대) 땅을 진나라에 떼어 주기가 망설여지자, 장의의 건의를 따르려고 하였다. 굴원(屈原)이, "예전에 대왕께서는 장의에게 속으셨기 때문에, 장의가 도착하면, 저는 대왕께서 그를 삶아 죽일 것으로 생각하였습니다. 지금 그를 차마 죽이지는 못하시더라도, 또다시 그의 간사(奸詐)한 말을 따르시면 아니 됩니다."라고 하였다. 회왕이, "장의의 건의를 받아들여 검중 땅을 보존하니 크나큰 이득이오. 이미 승낙하였는데 다시 뒤집을 수는 없소."라고 하였다. 마침내 장의의 건의를 받아들여, 진나라와 친교를 맺었다.

장의가 초나라를 떠나, 내친김에 한나라로 가서, 한나라 왕을 설득하여, "진나라를 섬기며 초나라를 공격한다면, 진나라 왕께서는 틀림없이 기뻐할 것이며, 무릇 초나라를 공격하여 그 땅을 이익으로 취한다면, 재앙을 바꾸어 진나라를 기쁘게 하는 것으로, 이보다 더 이로운 계책이 없습니다."라고 하였다. 한나라 왕이 장의의 계책을 따르기로 하였다.

장의가 돌아와 보고하자, 혜문왕이 다섯 개의 읍으로 장의를 봉하고, 무신군(武信君)이라는 봉호(封號)를 내렸다. 그리고는 장의를 동쪽으로 보내 제나라 민왕(湣王)을 설득하도록 하였다.

장의가 역설하기를, "지금 진나라와 초나라는 딸을 시집보내고 며느리를 맞아들여 형제의 나라가 되었습니다. 한나라는 의양(宜陽)을 바치고, 위나라는 하외(河外, 지금의 섬서성 위남시 화음시에서 하남성 삼문협시 섭현에 이르는 황하 남쪽 지역)의 땅을 바치고, 조나라는 민지(澠池, 지금의 하남성 삼문협시 민지현 서쪽 지역)에 입조하여, 하간(河間, 당시 황하와 장수 사이로 알려짐)을 떼어 바치며 진나라를 섬기고 있습니다. 대왕께서 진나라를 섬기지 않으면, 진나라는 한나라와 위나라의 군사를 동원하여 제나라 남쪽 지역을 공격하도록 시키고는, 조나라의 모든 군사를 동원하여 청하(淸河, 제나라와 조나라의 접경 지역을 흐르던 강 이름)를 건너게 하여, 손가락으로 박관(博關, 지금의 산동성 요성시 치평현 박평진 지역)을 가리키는 순간, 임치(臨菑, 당시 제나라의 도읍지, 지금의 산동성 치박시 임치구)와 즉묵(卽墨, 지금의 산동성 청도시 및 평도시 동남 지역)은 대왕의 차지가 되지 못할 것입니다.

일단 공격을 받게 되면, 진나라를 섬기고 싶어도, 그럴 수 없게 될 것입니다, 따라서 대왕께서는 부디 이점을 깊이 헤아리시기 바랍니다."라고 하였다.

민왕이, "제나라는 외딴 곳의 보잘 것 없는 나라로, 동해 바닷가에 숨어 있어, 사직(社稷)에 장기적으로 이익이 되는 일에 대해 들어 본 적이 없소,"라고 하면서, 장의의 제안을 받아들였다.

142

장의가 제나라를 떠나 서쪽으로 가서 조나라 무령왕(武寧王)을 설득하기를, "대왕께서 제후들을 거두어 합종으로 진나라에 대항하시는 바람에, 진나라 군사는 십오 년 동안 감히 함곡관(函谷關)을 나오지 못하였습니다. 이는 대왕께서 오로지 진나라를 단속하고 질책하는 데 뜻을 두셨기 때문입니다. 대왕께서 애서 주신 탓에, 진나라는 파(巴)와 촉(蜀)을 점령하고, 한중(韓中, 지금의 섬서성 남부 한중시 일대)을 병합하였으며, 동주국(東周國, 주나라의 작은 제후국으로 지금의 하남성 낙양시 동쪽 지역)과 서주국(西周國, 주나라 작은 제후국으로 낙양시 서쪽 지역)을 손에 넣어 구정(九鼎, 고대 중국의 왕권의 상징)을 옮기고, 백마진(白馬津, 지금의 하남성 최북단의 안양시 활현 북쪽)을 지키게 되었습니다.

진나라가 마음속에 분함과 노여움을 품고 지내 온 세월이 오래되었습니다. 지금 진나라는 군대를 민지(澠池, 지금의 하남성 삼문협시 민지현 서쪽 지역)에 주둔시키고 있습니다. 이제 황하를 넘고 장수(漳水, 하북성 한단시와 하남성 안양시 경계 지역을 서에서 동으로 흐름)를 건너 파오(巴吾, 지금의 하북성 한단시 자현 지역)를 점령한 뒤, 대왕의 군대와 한단(邯鄲, 조나라의 도읍, 지금의 하북성 한단시)에서 만나, 갑자일에 전투를 벌여 잘못을 바로잡고자, 삼가 저를 사자(使者)로 보내 미리 알려 드리는 바입니다."

"대왕께서 합종을 신봉하고 계심은 아마 소진을 믿기 때문일 것입니다. 허나 소진은 제후들을 현혹(眩惑)시켜, 옳은 것을 그르다고 하고, 그른 것을 옳다고 하였으며, 제나라를 배신하려다가, 자신은 시장에서 거열형(車裂刑)에 처해지는 신세가 되었습니다. 지금 초나라와 진나라는 형제의 나라가 되었고, 한나라와 위나라는, 자신들을 동쪽의 번신(藩臣)이라 부르고 있으며, 제나라는 물고기와 소금이 나는 지역을 바치는 등, 이처럼 조나라의 오른팔은 잘려 나갔습니다. 오른팔이 잘려진 채 남과 싸우면서, 자신의 무리를 잃고 혼자 떨어져 있는데도, 위태롭지 않기를 바란다면, 그 어찌 가능하겠습니까? 대왕께서 방책을 정하시기 바랍니다."라고 하였다.

조나라 무령왕이, "이제 마음을 바꾸고 생각을 고쳐 예전의 잘못을 사과하며, 진나라를 섬기려 하고 있고, 때마침 사자로 오신 귀하의 현명한 가르침을 듣게 되었소."라고 하며, 장의의 건의를 받아들였다.

그러자 장의는 조나라를 떠나 북쪽 연나라로 가서, 연나라 소왕(昭王)을 설득하니, 연나라 소왕이, "서쪽을 바라보고 진나라를 섬길 수 있기를 바라며, 항산(恒山, 당시 하북성 보정시 곡양현에 있는 대무산) 인근 다섯 성을 바치겠소."라고 하며, 장의의 건의를 받아들였다.

144

진 혜문왕이 세상을 떠나고
무왕이 즉위하니

장의가 보고하러 돌아오다가 미처 함양에 도착하기 전에 진나라 혜문왕이 세상을 떠나고 무왕(武王, 혜문왕의 아들, 27대, 재위 B.C 310년 ~ B.C 307년)이 즉위하였다.

무왕은 태자였을 때부터, 장의를 탐탁하게 여기지 않았다. 그가 왕위에 오르자 신하들 중에 대다수가 장의를 참소(讒訴)하여, "장의는 신의가 없으며, 이리저리 나라를 팔아서 군주의 환심을 사고 자신의 안전을 도모합니다. 진나라가 만약 그를 다시 기용하면 천하의 웃음거리가 될까 염려됩니다."라고 하였다.

이러자 제후들이 장의와 무왕의 사이가 벌어졌다는 소식을 전해 듣자, 모두 진나라와의 연횡을 저버리고 다시 합종을 택하였다.

진나라 무왕 원년(B.C 310년), 여러 신하들이 그치지 않고 밤낮으로 장의를 비난하는 데다, 제나라 또한 질책해 왔다. 그러자 장의는 죽음을 당할까 봐 겁이 나서, 무왕을 설득하니, 장의를 위나라로 들여보냈다. 그러자 제나라 민왕이 위나라를 공격하려고 하자. 장의가 사인(舍人) 풍희(馮喜)를 민왕에게 보내 민왕을 설득하여, 군사를 물러나게 하였다.

장의가 위나라로 들어가 재상이 된 지 일 년 만에 위나라에서 세상을 떠났다(B.C 309년).

혜문왕은 위와 같이 장의를 등용하여, '연횡책'으로 소진의 '합종책'을 무력화시키는 외교정책을 펴서, 여러 차례 적대적인 연합군을 물리쳤다.

장의가 세상을 떠난 뒤, 장의와 사이가 나빴던, 서수(犀首) 공손연(公孫衍, 위나라 사람으로 종횡가의 한 사람)이 진나라로 들어가 재상이 되었다. 그는 또한 다섯 제후국의 재상을 겸임하는 관인(官印)을 허리에 차고 맹약의 수장을 지내기도 하였다.

三晉(韓, 魏, 趙)은 임기응변에 능한 인물들을 많이 배출하였는데, 그들 중에 합종이나 연횡을 주장하면서, 진나라를 강하게 만들어 준 자들은 대부분 삼진 출신이었다. 무릇 장의의 일처리는 소진보다도 그 정도가 지나쳤지만, 세상 사람들이 소진에 대해 나쁘게 말하고 있었던 것은 그가 장의보다 먼저 죽었기 때문이다. 장의는 소진의 단점을 널리 드러나게 하여, 자신의 주장을 돋보이게 함으로써, 연횡의 주장을 구성하였던 것이다. 두 사람 모두 참으로 교활(狡猾)한 사람들이다.

07

저리자(樗里子), "내 무덤 옆에 천자의 궁궐이 들어설 것이다"라고 예언을 하다

．．．

저리자는 이름이 질(疾)이다. 진나라 혜문왕(惠文王, 재위 B.C 337
년-B.C 311년)의 동생으로, 혜문왕과 어머니가 다르다. 저리자의 어
머니는 한(韓)나라 여자이다. 저리자는 익살스러우면서도(滑稽, 골
계) 지혜가 넘쳐, 진나라 사람들이 그를 "지혜 주머니(智囊, 지낭)"라
불렀다.

　혜문왕 8년(B.C 330년), 저리자에게 우경(右更, 20등급의 작위 중 일곱
번째로 높은 등급)의 작위를 내리고, 군사를 이끌고 곡옥(曲沃, 지금의
산서성 임분시 곡옥현 지역)을 공격하게 하였다. 그는 그곳 백성들을 모
두 몰아내고, 성을 빼앗은 뒤, 그 지역을 모두 진나라에 편입시켰
다. 혜문왕 25년(B.C 313년), 저리자를 장군으로 삼아 조나라를 공
격하였는데, 그는 조나라 장군 장표(莊豹)를 사로잡고, 인(藺, 지금의
산서성 여량시 유림현 북쪽 지역) 땅을 빼앗았다. 이듬해 저리자는 장군
위장(魏章)을 도와 초나라를 공격하여, 초나라 장군 굴개(屈丐)를 격
파하고, 한중(漢中, 지금의 섬서성 남부 한중시 일대) 땅을 빼앗았다. 진나
라가 저리자를 봉하여 엄군(嚴君)이라는 봉호(封號)를 내렸다.

　혜문왕이 B.C 311년, 세상을 떠나고, 태자 무왕(武王, 재위 B.C 310

년-B.C 307년)이 즉위하여, 장의(張義)와 위장(魏章)을 축출하고, 저리자와 감무(甘茂)를 각각 우승상과 좌승상으로 임명하였다. 이어 감무로 하여금 한나라를 공격하도록 하여, 의양(宜陽, 지금의 하남성 낙양시 의양현 서북쪽 지역)을 빼앗았다. 그리고 저리자로 하여금 전거(戰車) 백 승(乘, 당시 군대의 기본 단위로, 4마리 말이 끄는 전거 1대와 그 전거에 타는 갑사(甲士)와 뒤 따르는 보졸로 구성되어 있었다. 그 인원은 30명에서 100명 사이였다)을 이끌고 주(周)나라로 들어가게 하였다. 주나라에서 병사들을 보내 영접하였는데, 태도가 몹시 공손하였다. 그러자 초나라 회왕(懷王, 재위 B.C 328년-B.C 299년)이 격분하여, 진나라 불청객을 정중하게 대우하였다고 주나라를 책망하였다. 유등(遊騰)이 주나라를 위해 초나라 회왕을 설득하기를, "지백(智伯)이 구유(仇猶, 춘추시대 나라 이름, 그 위치는 산서성 양천시 맹현 동북쪽 지역)를 공격할 때, 광거(廣車)를 선물로 보내면서, 군사들로 하여금 그 뒤를 따르게 한 결과, 구유는 마침내 멸망하였습니다. 무엇 때문이겠습니까? 미리 대비하지 않았기 때문입니다. 제나라 환공(桓公)이 채(蔡, 지금의 하남성 주마점시 상채현 일대 지역)나라를 공격하면서, 초나라를 토벌한다고 천명하였으나, 실제로는 채나라를 기습하였습니다. 지금의 진나라는 호랑이나 이리 같은 나라로서, 저리자로 하여금 전거 백 승을 이끌고 주나라로 들어가도록 하였지만, 주나라는 구유나 채나라의 경우를 거울삼아 그 일을 처리함에, 긴 극(戟, 끝이 두 가닥으로 갈라져 있는 창, 찍어 끌어당기기 위한 갈고리 모양의 날과 찌르기 위한 날이 같이 붙어 있는 3-5미터 길이의 무기)을 앞쪽에 배치하고, 강력한 쇠뇌를 뒤쪽에 안배한 뒤, 겉으로는 저리자를 호위한다고 하였지만, 실속은 그를 사로잡았던 것입니다. 게다가 주나라라고 어찌 사직(社稷)을 걱정하지 않을 수 있겠습니까? 또한 하루아침에 나라가 망하여 대왕께 걱정을 끼칠까 봐 염려스럽기도 하였습니다."라고 하였다. 그러자 초나라 회왕이 기뻐하였다.

무왕이, B.C 307년 세상을 떠나자 소양왕(昭襄王, 재위 B.C 306년-B.C 251년)이 즉위하였으며, 저리자는 더욱 존중받았다. 소양왕 원년 B.C 306년, 저리자는 군사를 이끌고 포(蒲, 지금의 하남성 신향시 장원현 일대) 땅을 공격하였다. 포 땅을 다스리던 우두머리 관리가 겁이 나서, 호연(胡衍)에게 도움을 요청하였다. 호연이 포 땅을 위해 저리자에게 이르기를, "공께서 포 땅을 공격하시려는 것은 진나라를 위해서입니까 魏나라를 위해서입니까? 위나라를 위해서라면 좋습니다만, 진나라를 위해서는 이로울 것이 없을 것입니다. 衛나라의 존재가 衛나라다운 것은 포 땅 때문입니다. 지금 포 땅을 공격함으로써 포 땅을 魏나라의 품에 안겨 준다면, 衛나라도 틀림없이 굽히고 들어가 魏나라를 따르게 될 것입니다. 魏나라가 서하(西河, 당시 魏나라 서하군, 지금의 섬서성 낙수와 황하 사이의 위남시 동쪽 지역) 바깥의 땅을 잃은 뒤 다시 찾지 못하고 있는 것은, 군대가 약하기 때문입니다. 이제 衛나라가 魏나라에 합병되면, 魏나라는 틀림없이 강력해질 것입니다. 魏나라가 강력해지는 날이 오면, 서하 바깥 땅은 반드시 위태로워질 것입니다. 더구나 장차 진나라 왕께서 공의 이번 일처리가, 진나라에 해가 되고, 魏나라에 이득이 되었음을 아시게 되면, 진나라 왕께서 틀림없이 공에게 죄를 물을 것입니다."라고 하였다.

저리자가, "어찌해야 하오?"라고 하였다. 호연이, "공께서 포 땅을 내버려 두고 공격하지 마십시오. 제가 공을 위해 포 땅으로 들어가 말을 전하면서, 衛나라 군주에게 은덕을 베푸는 것이라 하겠습니다."라고 하였다. 저리자가, "좋소."라고 하였다. 호연이 포 땅으로 들어가, 그곳 우두머리 관리에게 이르기를, "저리자는 포 땅의 약점을 잘 알고 있어, 그는 반드시 포 땅을 공격하여 함락시키겠다고 합니다. 제가 포 땅을 내버려 두고 공격하지 못하게 말릴 수 있습니다."라고 하였다. 포 땅 우두머리 관리가 겁을 먹고 두 번 절을 하고는, "제발 도와주시기 바랍니다."라고 하였다. 그리고 황금 삼백 근을 바치면서, "진나라 군사가 정말 물러간다면, 반드시 귀하를 위나라 군주께 천거하여, 귀하를 존귀한 자리에 오를 수 있도록 하겠습니다."라고 하였다. 그 결과 호연은 포 땅에서 황금을 받았으며 衛나라에서 귀한 신분이 되었다. 저리자는 결국 포 땅에 대한 포위를 풀고 그곳을 떠났다. 저리자가 돌아오면서 피지(皮氏, 지로 읽음)를 공격하였으나, 피지가 항복하지 않자 그냥 떠났다.

소양왕 7년 B.C 300년, 저리자가 세상을 떠났으며, 위수(渭水, 지금의 위하로 감숙성 정서시 위원현 조서산에서 발원하여 섬서성 위남시 동관현에서 황하로 유입되는 강) 남쪽 장대(章臺, 위수 남쪽 진나라 별궁이 있던 누대 이름) 동쪽에 묻혔다. 죽을 때 저리자가, "백 년 후, 이곳에 내 무덤을 끼고 천자의 궁궐이 들어설 것이다."라는 말을 남겼다. 저리자의 집은 소양왕의 사당 서쪽 위수 남쪽 음향(陰鄉, 지금의 섬서성 위하 남쪽으로 알려져 있음)의 저리(樗里)에 있었는데, 그 때문에 사람들이 그

를 저리자라 불렀다. 그 후 漢나라가 흥기하자, 장락궁(長樂宮, 한나
라 궁으로 지금의 섬서성 서안시 미앙구 지역에 위치하였음)은 그의 무덤 동쪽
에, 미앙궁(未央宮, 한나라 효혜제 때, 대대적으로 보수하여, 황제가 거처하며 조
회를 거행하는 등 정사를 돌보던 곳, 지금의 섬서성 서안시 미앙구 지역에 위치)은
그의 무덤 서쪽에, 무기고는 그의 무덤 정면에 세워졌다. 진나라
사람들의 속담에, "힘은 임비(任鄙, 진나라 무왕과 소양왕 때 인물로 힘이
장사였으며, 한중군 군수를 지냈음)요, 지혜는 저리자(樗里子)다."라는 말
을 하였다.

08

진 소양왕,
양후 위염(穰侯 魏冉) 등
친외척(親外戚)
세도가들을
함곡관 밖으로 내쫓다

···

진나라 27대 무왕이, 솥 들기 시합을 하다가 정강이뼈가 부러져, 8월에 세상을 떠났다(擧鼎折臏, 거정절빈, 재위 B.C 310년 - B.C 307년). 무왕이 위나라 출신 여자를 왕후로 맞았으나 아들이 없었다. 그래서 무왕의 이복동생이 즉위하니, 이 이가 28대 소양왕(昭襄王)이다(재위 B.C 306년- B.C 251년).

위염(魏冉)은 소양왕의 어머니 선태후(宣太后)의 동생이다. 그의 선조는 초나라 사람으로 성은 미씨(羋氏)이다. 소양왕의 모친은 원래 미팔자(羋八子)로 불리다가, 소양왕이 즉위하자, 선태후로 불리게 되었다. 선태후는 무왕의 생모가 아니고 무왕의 생모는 혜문후(惠文后)인데, 무왕보다 먼저 세상을 떠났다.

선태후에게는 두 명의 동생이 있었는데, 아버지가 다른 큰 동생은 양후(穰侯)로, 성은 위씨(魏氏)로 이름은 염(冉)이다. 아버지가 같은 동생은 미융(羋戎)인데 화양군(華陽君)으로 봉해졌다. 소양왕의 동복 동생으로 고릉군(高陵君)과 경양군(涇陽君)이 있었다. 그들 중 위염이 가장 현명하여, 진나라 혜문왕과 무왕 때부터 관직을 맡아 권력을 휘두르고 있었다.

무왕이 세상을 떠나고 여러 형제들이 왕위를 놓고 다투고 있을 때, 오직 위염만이 능력을 발휘하여 소양왕을 옹립하였다. 소양왕이 즉위하자, 위염을 장군으로 삼아, 도읍 함양(咸陽)을 보위하도록 하였다. 위염이 계군의 난(季君의 亂, 공자 장이 소양왕 2년에 일으킨 반란으로 위염에 의해 주살되었음)을 평정하면서 무왕의 왕후를 위나라로 추방하고, 소양왕의 형제들 중에 모반에 가담한 자들을 모두 죽여, 그의 위세는 진나라를 떨게 하였다. 그 당시 소양왕은 나이가 어려, 선태후가 섭정(攝政)을 하며, 위염이 국정을 도맡았다.

　소양왕 7년(B.C 300년), 저리자(樗里子, 장군으로 혜문왕의 이복동생)가 세상을 떠나고, 경양군을 제나라에 인질로 보냈다. 조나라 사람 누완(樓緩)이 진나라에 와서 재상이 되자, 조나라는 자기나라에 이롭지 못하다고 여겨, 구액(仇液)을 진나라에 사자로 보내, 위염을 진나라 재상으로 삼으라는 요청을 하도록 하였다. 구액이 길을 떠나려는데, 그의 문객 송공(宋公)이 구액에게 이르기를, "진나라는 공의 말을 듣지 않을 것이며, 누완은 필시 공을 원망할 것입니다. 공께서는 누완에게, '공을 위해서 위염을 재상으로 앉히는 일이 급할 것은 없다고 요청하겠습니다.'라고 말해 두시는 것이 좋습니다. 소양왕이 조나라에서 위염을 재상으로 앉히는 일을 급하게 하지 말아 달라고 요청하는 것을 듣고는, 장차 공의 그와 같은 말을 따르지 않게 될 것입니다. 공께서 그와 같이 말을 하시게 되면 이번 일이 의도대로 성사되지 않아도, 누완에게 덕을 베푸는 것이 되고, 일이 의도대로 성사되면, 위염이 이번에는 공을 고맙게 여기게 될 것입니다."라고 하였다. 그러자 구액이 그가 시키는 대로 하였다. 과연 진나라가 누완을 물러나게 하고 위염을 재상으로 앉혔다.

소양왕 14년(B.C 293년), 위염이 재상이 되어 백기(白起)를 장군으로 천거하자, 소양왕이 백기로 하여금 상수(尙壽)를 대신하여 군사를 이끌고 한나라와 위나라를 공격하도록 하였다. 백기가 이궐(伊闕, 지금의 하남성 낙양시 낙양시구 남쪽 지명)에서 적을 격파하면서, 이십사만 명의 목을 베고, 위나라 장군 공손희(公孫喜)를 사로잡았다. 이듬해 또다시 초나라의 완(宛, 지금의 하남성 남양시 일대)과 섭(葉, 지금의 하남성 평정산시 섭현 지역) 땅을 공격하여 빼앗았다.

위염을 양(穰, 지금의 하남성 남양시 등주시 지역) 땅에 봉한 뒤, 다시 도(陶, 지금의 산동성 하택시 정도현 서북쪽) 땅을 더 봉해 주면서, 양후(穰侯)라는 봉호를 내렸다. 양후로 봉해진 지 4년째 되던 해에, 위염이 장군이 되어 위나라를 공격하였다. 위나라가 하동(河東, 지금의 산서성 서남쪽 임분시와 운성시 지역) 땅, 사방 사백 리를 진나라에 바쳤다. 또 위나라의 하내(河內, 지금의 하남성 초작시 무척현을 중심으로 한 황하 이북 지역)를 공격하여 점령하고, 크고 작은 성 육십여 개를 빼앗았다.

소양왕 19년(B.C 288년), 진나라가 서제(西帝)라는 칭호를 사용하였으며, 제나라도 동제(東帝)라는 칭호를 사용하였다. 진나라와 제나라가 제(帝)에서 왕으로 칭호를 다시 바꾸었다. 위염이 다시 진나라 재상이 되었으며, 그 후 6년 뒤 물러났다. 그는 2년 동안 물러나 있다가 다시 재상이 되었다. 그리고 4년 뒤, 백기로 하여금 초나라의 영(郢, 초나라의 도읍이었던 곳, 지금의 호북성 형주시 강릉현 지역) 땅을 공격하여 빼앗도록 하여, 그곳에 남군(南郡)을 설치하였다. 이에 백기에게 무안군(武安君)이라는 봉호(封號)를 내렸다. 백기는 양후 위염이 책임지고 천거(薦擧)해 준 사람이었는지라, 두 사람은 서로 절친하였다. 그 당시 위염의 부유함은 왕실에 버금갈 정도였다.

소양왕 32년(B.C 275년), 위염이 상국에 임명되어, 군사를 이끌고 위나라를 공격하여, 위나라 장군 망묘(芒卯)를 패주시키고, 북택(北宅, 지금의 하남성 정주시 형양시 서남쪽)으로 진입하여, 마침내 대량(大梁, 당시 위나라의 도읍으로, 지금의 하남성 개봉시 서북쪽)을 포위하였다.

그러자 위나라 대부 수고(須賈)가 양후 위염을 설득하기를, "제가 듣기로 위나라 대신 한 분이 위나라 왕에게, '예전에 혜왕(惠王)께서 조나라를 공격하여, 삼량(三梁)에서 싸워 승리하고, 한단(邯鄲)을 쳐서 빼앗았는데도, 조나라 왕이 땅을 떼어 주지 않았고, 한단은 다시 수복되었습니다. 또한 제나라 군사가 위나라를 공격하여, 위나라 도읍 고국(故國, 지금의 하남성 안양시 활현 동쪽)을 공격하여 빼앗고, 자량(子良)을 죽였지만, 위나라는 땅을 떼어 주지 않았고, 도읍은 다시 수복되었습니다. 조나라 위나라가 그들 나라가 보존되고 강한 군대가 유지되며 땅이 제후들에게 합병되지 않았던 까닭은, 능히 고난을 참고 견디며 영토를 소중히 여겼기 때문입니다. 한편, 제후국 송(宋)나라나 중산국(中山國)은 여러 차례 공격을 받고 땅을 떼어 주다가, 그들 나라는 결국 멸망하였습니다. 저는 위나라나 조나라는 본받을 만한 나라들이라 생각하며, 송나라나 중산국은 경계 삼을 만한 나라들이라 생각하는 바입니다. 진나라는 탐욕스럽고 흉포한 나라인지라, 가까이해서는 안 됩니다. 위나라 땅을 잠식하면서, 나아가 옛 진(晉)나라 땅을 모두 삼키려고 포연(暴鳶, 한나라와 위나라에서 장군을 지냄)과 싸워 승리하여, 현 여덟 개를 떼어 내 그 땅을 접수하는 일이 다 끝나기도 전에 군사를 다시 출동시켰습니다. 저 진나라의 욕심에 어찌 만족이라는 것이 있겠습니까? 지금 또다시 망묘를 패주시키고, 북택으로 진입하였지만, 이는 감히 대량을 공격하려는 것이 아니라, 다만 대왕을 겁박하여 많은 땅을 떼어 가려는 것입니다. 대왕께서는 절대로 그들의 요구를 들어주지 마십시오. 지금 대왕께서 초나라와 조나라를 저버리고 진나라와 강화를 하신다면, 초나라와 조나라는 분노하여 대왕을 버리고, 대왕과 더불어 진나라 섬기기를 다툴 것이며, 진나라는 틀림없이 그들을 받아 줄 것입니다. 진나라가 초나라와 조나라 군사를 이끌고 다시 위나라를 공격하면, 나라는 망하지 않을 수 없게 될 것입니다. 대왕께서는 무슨 일이 있어도 진나라와 강화하지 마시기 바랍니다. 대왕께서 만약 강화할 마음이 있으시면, 땅을 조금만 떼어 주어 인질을 얻어 내셔야 합니다. 그렇지 않으면, 틀림없이 속임수에 걸려들 것입니다.'라고 하였습니다. 이것이 제가 위나라에서 들은 말인데, 귀하께서는 이를 감안하여 사정을 잘 살피시기 바랍니다. 『주서』에 이르기를, '천명(天命)이라고 항상 변함없는 것은 아니다.'라고 하였는데, 이는 행운이 자주 있을 수는 없다는 말입니다. 포연과 싸워 승리하여, 현 여덟 개를 떼어 받은 것은, 군사력이 우수해서도 아니었으며, 그렇다고 계책이 뛰어나서도 아니었으며, 하늘이 내려 준 행운이 적지 않았기 때문입니다. 지금 또 망묘를 패주시키고, 북택으로 진입하여, 대량을 공격하고 계시는데, 이는 하늘이 내리는 행운이 여전히 함께할 것이라 여기시는 것이지만, 총명한 사람이라면 그렇게 생각하지 않을 것입니다. 제가 듣기로 위나라는 백 개 현에서 우수한 병사들을 모두 동원하여 대량을 지키고 있다고 하던데, 제 생각에는 적어도 삼십만 명은 될 것으로 여겨집니다. 삼십만 명의 병력으로 대량의 7인(仞, 1인은 7척 내지 8척) 높이의 성을 지키고 있으므로, 제 생각에는 탕왕(湯王)이나 무왕(武王)이 되살아났다 해도, 쉽게 공략하지는 못할 것입니다.

경솔하게 초나라와 조나라 군사를 등 뒤에 두고, 7인 높이의 성를 기어 올라가, 삼십만 명이나 되는 군사와 싸워서 이겨 반드시 점령하려고 하는 일은, 제 생각입니다만, 하늘과 땅이 처음 갈라진 이래 지금까지 들어 본 적이 없는 것입니다. 공격하다가 점령하지 못하게 되면, 진나라 병사들은 틀림없이 지치게 되고, 도읍(陶邑, 양후의 봉지로, 지금의 산동성 하택시 정도현 서북쪽)을 잃을 것이 분명하므로, 예전에 세운 공이 필시 쓸모없게 될 것입니다. 지금 위나라는 바야흐로 어찌할 바를 모르고 있는 중이므로, 땅을 조금만 떼어 달라고 하면 얻어 낼 수 있을 것입니다. 귀하께서는, 초나라와 조나라 군사가 대량으로 오기 전에, 지체하지 말고 위나라로부터 조금이나마 땅을 얻어 내십시오. 위나라가 어찌할 바를 모르고 있어 땅을 조금만 떼어 주는 것이 이롭다고 여기며, 반드시 그렇게 하려고 할 것이므로, 귀하께서는 바라는 것을 얻으실 것입니다.

초나라와 조나라는 위나라가 선수를 친 것에 분노하여 틀림없이 서로 다투며 진나라를 섬기게 되고, 합종(合從)은 이로써 깨질 것입니다. 귀하께서는 나중에 공격할 나라를 다시 고르십시오. 귀하께서 땅을 얻어 내고자 하시더라도 무력을 꼭 써야만 할 필요가 어디 있겠습니까? 옛 진(晉)나라 땅을 떼어 받으면서, 秦나라 군사의 공격이 없는데도, 위나라는 강읍(絳邑, 지금의 산서성 임분시 후마시 동북 지역)과 안읍(安邑, 지금의 산서성 운성시 하현 서북쪽)을 바치지 않을 수 없을 것입니다. 또한 도(陶, 지금의 산동성 하택시 정도현 서북쪽) 땅에 이르는 두 개의 길을 열어, 옛 송나라 땅을 거반 다 차지하게 되면, 위나라는 선보(單父, 지금의 산동성 하택시 선현 지역)를 바칠 것입니다. 진나라 군사를 온전히 보전하여, 귀하께서는 전체적인 형세를 주무를 수 있으니, 원하기만 하면 무엇인들 못 얻으며, 하려고 하면 무엇인들 이루지 못하겠습니까? 부디 귀하께서는 이를 깊이 헤아려 보시고 위험이 따른 일은 하지 마시기 바랍니다."라고 하였다. 양후 위염이, "좋소."라고 하였다. 그리고는 대량의 포위를 풀었다.

이듬해 위나라가 진나라에 등을 돌리고, 제나라와 합종하였다. 그래서 위염으로 하여금 위나라를 공격하도록 하여, 사만 명의 목을 베고, 위나라 장군 포연을 패주시키고, 위나라 현 세 개를 빼앗았다. 양후 위염의 봉지가 더욱 늘어났다.

이듬해 위염이 장군 백기 및 객경 호양(胡陽)과 함께 다시 조나라, 한나라, 위나라를 공격하여, 화양(華陽, 지금의 하남성 정주시 신정시 북쪽) 땅에서 망묘가 이끄는 군사를 격파하고, 십만 명의 목을 베었으며, 위나라의 권(卷, 지금의 하남성 신향시 원양현 지역), 채양(蔡陽, 지금의 호북성 양양시 조양시 지역), 장사(長社, 지금의 하남성 허창시 장갈시 지역)를 빼앗고, 조나라의 관진(觀津, 지금의 하북성 형수시 무읍현 동쪽) 땅을 빼앗았다. 그 뒤 관진을 조나라에 돌려주고, 조나라에 병력을 보태주어, 제나라를 공격하도록 하였다.

제나라 양왕(襄王)이 겁을 먹고 소대(蘇代, 소진의 동생으로 당시 종횡가)를 시켜 제나라를 위해 몰래 양후 위염에게 편지를 보내게 하였는데, "저는 오가는 사람들이, '진나라가 장차 조나라에 사만 명의 병력을 보태 주어, 제나라를 공격하도록 할 것이다.'라고 하는 말을 듣고, 몰래 저희 제나라 왕에게, '진나라 왕은 현명한데다 계책에 능숙하며, 양후는 지혜롭고 일처리에 노련하므로, 조나라에 사만 명의 병력을 보태 주어 제나라를 공격하도록 하는 일은 절대로 하지 않을 것입니다.'라고 분명히 말씀드렸습니다. 이는 무엇 때문이겠습니까? 삼진(三晉, 한, 위, 조나라를 삼진이라함)이 서로 연합하면, 진나라에서는 깊은 원한을 가진 강한 적이 생기는 것입니다. 그들은 수없이 서로 배반하고, 수없이 서로 속여 왔지만. 서로를 신의가 없다고 여기지도 않으며, 품행이 나쁘다고 여기지도 않습니다. 지금 제나라를 격파하여 조나라를 살찌우려 하십니다. 조나라는 진나라와는 깊은 원한을 가진 적이므로, 진나라에 이로울 것이 없습니다. 이것이 첫 번째 이유입니다. 또한 진나라의 책사(策士)들은 틀림없이, '제나라를 격파하면서, 삼진과 초나라가 피폐해지면, 그 후 삼진과 초나라를 제압하여 승리를 거두십시오.'라고 할 것입니다. 제나라는 이미 피폐해진 나라인지라, 천하 제후들을 데리고 제나라를 공격하는 것은, 천 균(鈞, 1균은 서른 근)짜리 쇠뇌로 곪아 있는 부스럼을 터뜨리는 것과 같으니, 제나라는 틀림없이 그 목숨이 다하겠지만, 그와 같이 해서 어떻게 삼진과 초나라를 피폐하게 만들 수 있겠습니까? 이것이 두 번째 이유입니다. 또한 진나라가 적게 군사를 출병시키면, 삼진과 초나라는 믿지 않을 것이며, 많은 군사를 출병시켜야, 삼진과 초나라가 진나라에 압도당할 것입니다. 한편 제나라는 두려움을 느끼게 되면, 진나라로 달려가지 않고, 삼진이나 초나라로 달려갈 것이 분명합니다. 이것이 세 번째 이유입니다.

또한 진나라가 제나라 땅을 갈라, 삼진과 초나라에 나누어 주면 삼진과 초나라가 군사를 주둔시켜 그곳을 장악할 것이므로, 진나라는 도리어 그들의 공격을 받게 될 것입니다. 이것이 네 번째 이유입니다. 또한 그것은 삼진과 초나라가 진나라를 이용하여 제나라를 도모하면서, 동시에 제나라를 이용하여 진나라를 도모하는 것인데, 삼진과 초나라는 어찌 그리 지혜로우며 진나라와 제나라는 어찌 그리 우매합니까? 이것이 다섯 번째 이유입니다.

따라서 안읍(安邑)을 떼어 받아 잘 다스리면, 차라리 아무런 화가 없을 것입니다. 진나라가 안읍을 차지하게 되면, 한나라는 틀림없이 상당(上黨, 지금의 산서성 장치시를 중심으로 한 동남부 지역)을 내놓게 될 것입니다. 천하의 중심을 차지하는 것과, 군사를 출병시켜 놓고 돌아오지 못할 일을 걱정해야 하는 것을 비교하면, 어느 것이 득이 됩니까? 그래서 제가, '진나라 왕은 현명한데다 계책에 능숙하며, 양후는 지혜롭고 일처리에 노련하므로, 조나라에 사만 명의 병력을 보태 주어 제나라를 공격하도록 하는 일은 절대로 하지 않을 것입니다.'라고 하였던 것입니다."라는 내용이었다.

그러자 양후 위염이 더 이상 진군하지 않고 군사를 이끌고 되돌아갔다.

소양왕 36년(B.C 271년), 상국의 자리에 있던 위염이, 객경 조(竈)와 의논하여, 제나라를 공격하여, 강(剛, 지금의 산동성 태안시 영양현 동북

162

지역)과 수(壽, 지금의 산동성 태안시 동평현 서남쪽) 땅을 빼앗아 양후의 봉지인 도읍(陶邑, 지금의 산동성 하택시 정도현 서북쪽)을 넓히려고 하였다.

그러자 자신을 장록(張祿) 선생이라 일컫던 위나라 사람 범저(范雎)가 양후 위염의 제나라 공격을 비웃었다. 그는 삼진의 땅을 건너뛰어 제나라를 공격하는 것은 의외라고 하면서, 소양왕에게 유세하게 해 달라는 청을 넣었다. 그러자 소양왕이 범저의 청을 받아들였다. 범저는, 선태후(宣太后)가 독단적으로 권력을 휘두르고 있는 일, 양후 위염이 제후들에게 멋대로 권세를 부리고 있는 일, 경양군이나 고릉군 등이 지나치게 사치스러우며 그들의 부가 왕실에 못지않은 일 등에 대해 말하였다.

이에 소양왕이 깨달은 바가 있어, 상국이던 양후 위염을 자리에서 물러나게 하면서, 경양군 무리를 모두 함곡관 밖으로 내보내, 자신들의 봉읍으로 가서 살도록 하였다. 양후 위염이 함곡관을 나가는데, 짐을 실은 수레가 천 대가 넘었다. 위염은 도읍 땅에서 살다가 세상을 떠났으며 그곳에 묻혔다.

진나라가 도읍 땅을 다시 거두어들여 군을 설치하였다.

양후 위염이 소양왕의 외삼촌으로, 진나라가 동쪽으로 진출하여 땅을 넓히고, 제후들의 세력을 약화시키며, 한때나마 천하에서 帝라는 호칭을 쓰고, 천하가 모두 서쪽을 향하여 머리를 조아리게 하였던 것은, 양후 위염의 공이라 하겠다. 하지만 그의 지위가 더할 나위 없이 높아지고 부가 넘쳐날 때, 범저의 진언으로, 신분은 꺾이고 권세도 빼앗겨 우울하게 살다 죽은 것이다.

09

장군 백기(白起),
속임수를 써서
항복한 조나라 병사
수십만 명을
파묻어 죽였으니,
그 벌을 받아

···

소양왕(28대, 재위 B.C 306년 - B.C 251년) 47년(B.C 260년), 진나라 장군 백기(白起)가 장평(長坪, 지금의 산서성 고평현 서북쪽)에서 조나라 군 사십여 만 명을 몰살시키는 전과를 올리고, 내친 김에 수도 한단(邯鄲)까지 포위하여 조나라를 멸망 직전까지 몰아갔다.

장평 전투는 전국시대 후기에 벌어진 전투로, 진나라가 천하 통일의 대업을 앞당기는 계기가 되었다고 하겠다.

백전백승의 명장 백기(白起)

　장군 백기는 미(郿, 지금의 섬서성 보계시 미현 동북 지역) 땅 사람이다. 그는 용병술에 능하였으며, 진나라 소양왕(昭襄王)을 섬겼다. 소양왕 13년(B.C 294년) 백기는 좌서장(左庶長, 20등급 중 열 번째 등급)이 되어 군사를 이끌고 한(韓)나라 신성(新城, 지금의 하남성 낙양시 이천현 서남쪽 지역)을 공격하였다. 그해, 양후(穰侯) 위염(魏冉)이 진나라 재상이 되었다. 백기는 양후 위염이 책임지고 천거해 준 사람이었는지라, 두 사람은 절친하였다.

　그 이듬해 백기는 좌경(左更, 20등급 중 열두 번째 등급)이 되어, 이궐(伊闕, 지금의 하남성 낙양시 낙양시구 남쪽 지역 지명으로 이수를 사이에 두고 양쪽에 험준한 향산과 용문산을 사이에 두고 있음)에서 한나라와 위나라 군사를 공격하였는데, 이십사 만 명의 목을 베고, 그들의 장군 공손희(公孫喜)를 사로잡았으며, 다섯 개 성을 빼앗았다. 그는 또한 황하를 건너 한나라 안읍(安邑, 원래 위나라의 도읍이었으나, 당시에는 진나라에 속함, 지금의 산서성 운성시 하현 서북쪽)에서 그 동쪽으로 건하(乾河, 지금의 산서성 운성시 원곡현 동쪽 지역)에 이르는 땅을 빼앗았다.

그 이듬해, 백기가 대량조(大良造, 20등급 중 16등급)가 되어 위나라를 공격하여, 크고 작은 성 예순한 개를 함락시켰다. 그 이듬해, 백기는 객경 사마조(司馬錯, 착으로도 읽음. 사마천의 8대조 할아버지로 장군이었음)와 함께 원성(垣城, 지금의 하남성 운성시 원곡현 동남쪽)을 공격하여 함락시켰다.

5년 후, 백기는 조나라를 공격하여, 광랑성(光狼城, 지금의 산서성 진성시 고평시 서쪽 지역)을 함락시켰다. 7년 후, 백기는 초나라를 공격하여 언(鄢, 지금의 호북성 양양시 의성시 지역)과 등(鄧, 호북성 양양시 양양시구 북쪽 지역)을 포함한 다섯 개의 성을 함락시켰다. 그 이듬해, 백기는 초나라를 공격하여, 영(郢, 초나라 도읍이었으며, 지금의 호북성 형주시 강릉현 지역)을 함락시키고, 이릉(夷陵, 지금의 호북성 의창시 이릉구로, 초나라 선대 왕의 능이 있던 지역)을 불태우고, 동쪽으로 경릉(竟陵, 지금의 호북성 천문시 천문지구)까지 도달하였다.

초나라 경양왕(頃襄王)이 영 땅에서 도망하여, 동쪽으로 달아나 진(陣, 지금의 하남성 주구시 회양현 지역) 땅으로 천도(遷都)하였다. 진나라는 영 땅에 남군(南君)을 설치하였다. 백기가 무안군(武安軍)으로 영전하자, 내친김에 초나라 땅을 공략하여, 무군(巫郡, 지금의 중경시 무산현, 호북성 은시시 지역)과 검중군(黔中郡, 지금의 호남성 서부와 귀주성 동북부 및 중경시 동남부 일대)을 평정하였다.

소양왕 34년(B.C 273년), 백기는 위나라를 공격하여, 화양(華陽, 지금의 하남성 정주시, 신정시 북쪽)을 함락시키고, 위나라 장군 망묘(竿卯)를 패주시키면서 삼진(三晉, 한, 위, 조나라)의 장수를 사로잡고, 십삼만 명의 목을 베었다. 또한 조나라 장군 가언(賈偃)과 싸워, 그의 군사 이만 명을 황하에 수장(水葬)시켰다. 소양왕 43년(B.C 264년), 백기는 한나라 형성(陘城, 지금의 산서성 임분시 곡옥현 동북 지역)을 공격하여, 다섯 개의 성을 함락시키고, 오만 명의 목을 베었다. 소양왕 44년, 백기는 남양의 태항산(太行山, 지금의 산서성, 하북성, 하남성 등 3개 성의 경계에 위치) 도로를 공격하여 길을 끊었다.

한나라 상당군이 고립되자, 조나라로 편입이 되다

소양왕 45년(B.C 262년), 백기가 한나라의 야왕(野王, 지금의 하남성 초작시 심양시 지역)을 공격하였다. 야왕이 진나라에 항복하자, 한나라는 상당군으로 가는 길이 끊어지게 되었다. 상당군 군수 풍정(馮亭)이 백성들과 상의하면서, "도읍 정(鄭, 지금의 하남성 정주시 신정시 일대) 땅으로 가는 길이 끊겨, 이곳 백성들을 위해 한나라가 도우러 올 수가 없음이 명백하오. 진나라 군사가 나날이 진격해 오는데, 한나라는 맞서 싸울 능력이 없소. 상당군 전체를 조나라에 의탁하는 것보다 더 나은 방법은 없는 것 같소. 조나라가 우리를 받아 주게 되면, 진나라는 분노하여 반드시 조나라를 공격할 것이오. 한편 조나라가 공격을 받게 되면, 틀림없이 한나라와의 친선을 도모할 것이오. 그리하여 한나라와 조나라가 힘을 합치면, 진나라에 맞설수 있을 것이오."라고 하였다. 그리고는 사람을 보내 조나라에 알렸다.

조나라 효성왕(孝成王)이 평양군 및 평원군과 함께 그 일을 의논하였다. 평양군이, "받아 주지 않는 것이 좋습니다. 받아들이게 되

면 얻는 것보다는 재앙이 클 것입니다."라고 하였다. 평원군은,
"까닭 없이 군 하나를 얻게 되는데, 받아 주는 것이 득이 됩니다."
라고 하였다. 조나라는 상당군을 받아들이면서, 풍정을 봉하여 화
양군(華陽君)이라는 봉호를 내렸다.

장군 백기, 장평에서 조나라 포로
사십오만 명을 속임수를 써서 파묻어 죽이다

소양왕 46년(B.C 261년), 진나라가 한나라의 구지(緱氏, 이름 '지' 지금의 하남성 낙양시 언사시 동남쪽)와 조나라 인(藺, 지금의 산서성 여량시 유림현 북쪽 지역) 땅을 공격하여 함락시켰다. 그 이듬해, 진나라가 좌서장 왕흘(王齕)을 보내 한나라를 공격하여 상당군을 빼앗았다. 그러자 상당군 백성들이 조나라로 달아났다. 조나라는 장평(長坪, 지금의 산서성 진성시, 고평시 서북쪽 지역)에 군대를 주둔시키고, 상당군 백성들을 보살피며 지원하였다. 그해 4월, 왕흘이 이를 빌미로 조나라 군사를 공격하였다. 조나라는 장군 염파(廉頗)를 보내 군대를 지휘하게 하였다.

진나라 군사가 조나라 진영의 보루를 자주 공격하였으나, 조나라 군은 나가 싸우지 않고, 염파는 보루의 장벽을 더욱 튼튼히 쌓고 진나라 군대에 대비하였다. 진나라 군대가 여러 차례 싸움을 걸었으나, 조나라 병사들은 보루 밖으로 나가지 않았다. 그러자 조나라 효성왕이 이를 두고 여러 차례 염파를 질책하였다.

한편 진나라 재상 범저(范雎)가 사람들을 시켜 천금을 가지고 조

172

나라에 가서 반간(反間) 활동을 하게 하였다. 그들이, "진나라가 두려워하는 것은 오직 마복군(馬服君, 조나라의 명장 조사(趙奢)를 말함)의 아들 조괄(趙括)이 군사를 지휘하는 일뿐이다. 염파는 다루기가 쉬워 곧 항복을 받아낼 것이다,"라고 떠들고 다녔다.

조나라 효성왕은 염파가 이끄는 군대가 많은 병사를 잃으면서 여러 차례 패하였는데도, 오히려 보루의 장벽만 튼튼히 쌓고는 감히 싸우려 하지 않고 있는 일에 대해 분노하고 있었다. 그러던 차에 진나라 첩자(諜者)들이 이간하는 말이 들리자, 조괄로 하여금 염파와 교대하여 군사를 이끌고 진나라 군사를 공격하도록 하였다.

진나라는 마복군의 아들이 군사를 이끈다는 소식을 듣고, 은밀(隱密)히 장군 백기를 보내, 그를 상장군(上將軍)으로 삼고, 왕흘을 위비장(尉裨將)으로 삼았다. 또한 군중에 영을 내려 백기 장군이 왔다는 사실을 감히 발설(發說)하는 자는 목을 베겠다고 하였다.

조괄은 도착하자, 지체하지 않고 출병하여 진나라 군대를 공격하였다. 진나라 군사들이 거짓으로 패하는 체하고 달아나면서, 두 개의 기습병 부대를 배치하여 조나라 군대를 위협하게 하였다. 조나라 군대가 승세를 타고 진나라 진영의 방어벽까지 추격해 갔다. 진나라 진영에서 방어벽을 단단히 지키며 대항하자 진입을 못하고 있었는데, 진나라 기습병(奇襲兵) 이만오천 명이 추격해 온 조나라 군대의 후방을 차단(遮斷)하였으며, 또 다른 부대의 오천 명 기마병들은 조나라 진영의 보루(堡壘) 사이를 끊어 버리자, 조나라 군대는 둘로 나뉘고 그들의 식량 운송로는 끊겼다.

그러면서 진나라 군은 가벼운 무장을 갖춘 병사들을 내보내 조나라 군사를 공격하였다. 조나라군은 싸움이 불리하게 돌아가자, 보루를 견고하게 쌓고 지키면서, 원군(援軍)이 오기를 기다렸다. 소양왕이 조나라 진영의 식량 운송로가 끊겼다는 소식을 접하고, 직접 하내(河內, 지금의 하남성 초작시 무척현을 중심으로 한 황하 이북 지역) 지역까지 가서, 백성들에게 작위(爵位) 한 등급식을 올려 주며, 나이 열다섯 살 이상을 모두 징발(徵發)하여 장평(長平)으로 보내, 조나라 진영(陣營)으로 가는 원군 및 식량을 차단하도록 하였다.

그해 9월에 이르자, 조나라 병사들은 46일 동안 식량을 공급받지 못하게 되었으며, 다들 보루 안에서 몰래 서로 죽여 그 살을 먹기에 이르렀다. 진나라 보루를 공격하여 포위를 뚫고 탈출(脫出)하려고 하여, 네 개의 부대를 편성(編成)하여 네다섯 번 공격을 시도하였으나, 탈출이 불가능하였다.

그러자 장군 조괄이 정예 병사들을 출격시키며 직접 나가 싸웠는데, 진나라 군사들이 조괄을 활로 쏘아 죽였다. 결국 조괄이 이끌던 군사는 패하였고, 그 병사 사십만 명은 장군 백기에게 투항(投降)하였다. 백기가 그들에 대한 대책을 강구하면서, "전에 진나라가 상당군을 함락시켰는데도, 상당군 백성들이 진나라 사람이 되는 것을 싫어하여 조나라로 귀의하였소. 투항한 조나라 병사들은 그 마음을 알 수가 없으므로, 모조리 죽여 버리지 않으면, 난(亂)을 일으킬까 염려가 되오."라고 하였다. 그리고는 속임수를 써서 그들을 모조리 구덩이에 파묻어 죽이고, 어린아이 이백사십 명만 남겨 그들을 조나라로 돌려보냈다. 머리가 베어지거나 포로로 잡혔다가 죽은 수가 도합 사십오만 명이나 되었다. 조나라 백성들이 크게 놀라 몸을 떨었다(<趙>人大震).

소대(蘇代)의 유세로,
장군 백기와 재상 범저를 이간시키다

   소양왕 48년(B.C 259년) 10월, 진나라가 다시 상당군을 평정하게 되었다. 진나라가 군대를 둘로 나누어, 왕흘은 피뢰(皮牢, 지금의 산서성 임분시 기성현 동쪽) 지역을 공격하여 함락시키고, 장수 사마경(司馬梗)은 태원(太原, 지금의 산서성 태원시)을 평정하였다.

   한나라와 조나라가 겁을 먹고, 소대(蘇代, 소진의 동생으로 縱橫家)로 하여금 후한 예물을 가지고 가서 진나라 재상 범저를 설득하도록 하였는데, "조나라가 멸망하면 진나라 왕께서는 제왕(帝王)이 될 것이고, 무안군 백기 장군은 삼공(三公, 천자를 보좌하는 가장 높은 관직)의 자리에 오를 것입니다. 장군 백기가 진나라를 위해 싸움에서 승리하여 적의 성을 공격하여 빼앗은 것이 칠십여 개이며, 남쪽으로 언(鄢), 영(郢), 한중(漢中) 땅을 평정하고, 북쪽으로 조괄의 군사를 격파하였습니다. 이제 조나라가 멸망하여, 진나라 왕께서 제왕이 되면, 무안군 백기는 삼공의 자리에 오를 터인데, 귀하께서 그의 아랫자리에 있을 수 있겠습니까? 아무리 그의 아래로 들어가지 않으려 해도 어쩔 도리가 없을 것입니다. 진나라가 일찍이 한나라

를 공격하여, 형구(邢丘, 지금의 하남성 초작시 온현 동쪽)를 포위하고 상
당을 곤경에 처하게 하자, 상당의 백성들은 모두 등을 돌리고 조
나라 백성이 되려 했는데, 천하 사람들이 진나라 백성이 되는 것
을 싫어한 지는 오래되었습니다. 이제 조나라가 멸망하면, 북쪽
지역은 연나라로 들어가고, 동쪽 지역은 제나라로 들어가고, 남쪽
지역은 한나라나 위나라로 들어갈 터이므로, 귀하께서 얻을 수 있
는 백성들은 얼마 되지 않을 것입니다. 따라서 이번에 땅을 갈라
받아, 무안군 백기의 공이 되지 않도록 하는 것보다 더 나은 방법
은 없습니다."라고 하였다.

　그러자 재상 범저가 소양왕에게 간언(諫言)하기를, "진나라 병사
들이 지쳐 있습니다. 한나라와 조나라로부터 땅을 떼어 받고 화친
을 수락하여, 병사들을 쉬게 하도록 해 주십시오,"라고 하였다. 소
양왕이 그의 말에 동의하였다. 한나라로부터 원옹(垣雍, 지금의 하남
성 신향시 원양현 서쪽)을 떼어 받고, 조나라로부터 성 여섯 개를 떼어
받으며 화친을 받아들였다. 정월, 모든 나라가 싸움을 멈추었다.

　장군 백기가 그 소식을 전해 듣게 되었고, 그 일로 재상 범저와
사이가 벌어졌다.

장군 백기가
출정을 거부하다

소양왕 48년 9월(B.C 259년), 진나라가 다시 군사를 일으켜, 장
군 왕릉(王陵)으로 하여금 조나라 도읍 한단(邯鄲)을 공격하도록 하였
다. 이때 장군 백기는 병이 나서 임무를 맡아 출정(出征)하지 못하
였다. 소양왕 49년 정월, 왕릉이 한단을 공격하였으나 별 소득이
없자, 진나라는 더 많은 군사를 동원하여 왕릉을 지원하도록 하였
다. 하지만 왕릉의 군사는 부대 다섯 개를 잃었다. 장군 백기의 병
이 나았다. 소양왕이 장군 백기로 하여금 왕릉을 대신하게 하려고
하여, 백기에게 사자를 보냈다.

장군 백기가 사자에게, "한단은 실로 공격하기 쉬운 곳이 아닙니
다. 장차 제후들의 구원군이 날마다 도착할 것이며, 저들 제후들
이 진나라를 원망해 온 지가 오래되었습니다. 이번에 장평에서 조
나라 군사를 격파하기는 하였지만, 진나라 병사들 중에서도 전사
자 수가 절반이 넘어, 나라 안이 텅 비게 되었습니다. 그런데도 멀
리 황하를 건너고 산을 넘어 남의 나라 도읍을 차지하려 하십니
다. 조나라가 안에서 호응하고, 제후들이 밖에서 공격하게 되면,

진나라 군사는 틀림없이 패할 것입니다. 불가합니다."라고 말하며, 출정을 거부하였다.

소양왕이 직접 명령을 내렸으나, 장군 백기가 떠나지 않자, 재상 범저를 보내 명령하였다. 백기는 끝까지 거부하며 떠나려 하지 않았다. 마지막에는 병을 핑계로 내세웠다.

소양왕이 왕흘을 보내 왕릉을 대신하게 하면서, 그때까지 무려 팔구 개월 동안 한단을 포위하였으나 함락시킬 수 없었다.

초나라가 춘신군(春申君)을 보내 위나라 공자 신릉군(信陵君)과 함께 병사 수십만 명을 이끌고 진나라 군대를 공격하도록 하여, 진나라 군대가 많은 병사를 잃었다.

장군 백기가, "진나라가 내가 낸 계책(計策)을 받아들이지 않더니만, 지금 어떻게 되었는가?"라고 탄식(歎息)하였다. 소양왕이 그 말을 전해 듣고 화가 나서, 백기에게 병석에서 일어나라고 강압해 보았으나, 백기는 끝까지 병이 위중하다는 핑계를 내세웠다. 재상 범저가 다시 요청해 보았지만, 백기는 병석에서 일어나지 않았다. 그러자 무안군 백기를 면직시켜 사졸(士卒)로 만들어 음밀(陰密, 지금의 감숙성 평량시 영대현 서남쪽)로 쫓아냈다.

소양왕, 검을 내려
장군 백기가 자결(自決)하도록 하다

백기가 병으로 바로 떠나지 못하였다. 그리고 석 달이 지나는 동안 제후들의 군사들이 진나라 군사에 대한 공격이 맹렬해져, 진나라 군대는 여러 차례 격퇴당하면서, 사자들이 날마다 상황을 알려왔다. 이러자 소양왕이 사람을 보내 백기를 쫓아내며, 함양(咸陽)에 머물 수 없도록 하였다. 백기가 길을 떠나, 함양의 서쪽 성문을 나서 십 리쯤 가서, 두우(杜郵, 함양시 함양시구 동쪽) 땅에 이르렀다.

소양왕이 재상 범저를 포함한 여러 신하들과 의논하면서, "백기가 쫓겨 가면서도 마음속에는 여전히 불만을 품은 채 승복하지 않고 군말이 많소."라고 하였다. 소양왕이 이윽고 사자를 보내 그에게 검을 내려 자결하도록 하였다.

백기가 검을 받아들고 자신의 목을 찌르려다가, "내가 하늘에 무슨 죄를 지어 이 지경이 되었는가?(我何罪于天而至此哉)"라고 하였다. 그리고 한참 뒤에, "나는 죽어 마땅함이 분명하다. 장평싸움에서, 항복한 조나라 병사 수십만 명을, 속임수를 써서 모두 파묻어 죽였으니, 이는 죽어 마땅한 일이다."라고 하였다. 그리고는 마침내 스스로 목숨을 끊었다. 소양왕 50년(B.C 257년) 11월의 일이다.

백기가 죽음을 당하였지만 죄를 지은 것은 아니었기에, 진나라 백성들은 그를 가엾이 여겨, 마을마다 그의 제사를 지내 주었다.

왕흘이 한단을 공격하였으나 함락시키지 못하자 철수하여, 분성(汾城, 지금의 산서성 임분현 지역) 부근에 주둔하고 있던 군대로 철수한 뒤, 두 달여 동안 주둔했다. 이후 다시 삼진의 위나라 군사를 공격하여 육천여 명의 목을 베니, 황하에 떠다니는 삼진의 군사와 초나라 군사의 시체가 이만에 이르렀다. 분성을 공격하고 나서 즉시 장당을 따라서 영신중(寧新中, 지금의 하남성 안양시)을 점령하여 그곳을 안양(安陽)으로 개명하였다. 그리고 처음으로 황하에 하교(河橋, 황하의 옛 다리로 포주교)라는 다리를 놓았다.

"속담에, 자(尺)도 짧을 때가 있고, 치(寸)도 길 때가 있다(尺有所短. 寸有所長)."라고 하였다. 백기는 적의 상황을 헤아려 임기응변(臨機應變)으로 대처하며, 기묘(奇妙)한 계책을 끝없이 내놓아, 명성이 천하를 뒤흔들었지만, 재상 범저가 불러온 재앙(災殃)으로부터 벗어나지는 못하였다. 착한 자는 복을 얻고, 악한 자는 벌을 받는 것이 하늘의 이치이듯, 백기는 속임수로 조나라군 포로들을 땅속에 파묻어 죽였기 때문에 비명횡사(非命橫死)를 피하지 못하였다.

10

진 소양왕, 제나라 맹상군(孟嘗君)을 재상 으로 삼았으나

장군의 가문에는 반드시 장군이 있어야 하고,
재상의 가문에는 반드시 재상이 있어야 하거늘

전영(田嬰)은 제나라 위왕(威王, 재위 B.C 378년-B.C 343년)의 아들이자, 선왕(宣王, 재위 B.C 342년-B.C 324년)의 서출(庶出) 동생이며, 맹상군(孟嘗君) 전문(田文)의 아버지이다. 선왕 2년(B.C 341년), 전영은, 전기(田忌), 손빈(孫臏)과 함께 마릉(馬稜, 지금의 하북성 한단시 대명현 동남쪽, 다른 설도 있음) 전투에 참가했으며, 마릉에서 위나라 군대를 격파하고, 위나라 태자 신(申)을 사로잡고, 위나라 장군 방연(龐涓)을 죽였다. 선왕 9년(B.C 334년)에 제나라 재상이 되었다. 재상이 된지 11년째 되던 해에 선왕이 세상을 떠나고, 민왕(湣王, 재위 B.C 323년-B.C 284년)이 즉위하였다. 민왕이 즉위한 지 3년째 되던 해에 전영을 설(薛, 지금의 산동성 조장시 서부 설성구 인근 지역) 땅에 봉하였다 (B.C 321년). 그래서 설공(薛公)으로 불리기도 하였다.

일찍이 전영은 사십여 명의 아들을 두었는데, 그중에서 천첩(賤妾) 소생으로 전문(田文)이라는 아들이 있었다. 전문의 생일이 5월 5일이었다. 전영이 전문의 어머니에게, "거두지 말라."고 하였다. 하지만 그의 어머니가 그를 몰래 거두어 키웠다. 다 자란 뒤에, 그의 어머니가 전문의 형제들을 통해 아들 전문을 전영에게 보이니, 전영이 그의 어머니에게 화를 내며, "내가 너에게 이 녀석을 내다 버리라고 했는데도 감히 키우다니, 어찌된 일이냐?"고 하였다. 전문이 머리가 땅에 닿도록 절을 하면서, "아버지께서 5월에 태어난 자식은 거두지 말라고 하신 것은 무엇 때문입니까?"라고 물었다. 전영이, "5월에 태어난 자식은. 戶(호, 지게문, 마루에서 방으로 드나드는 외짝 문)와 키가 나란히 될 만큼 자라면, 장차 그 부모에게 해가 된다."고 하였다. 전문이, "사람이 태어날 때 운명을 하늘로부터 받는 것입니까? 아니면 지게문으로부터 받습니까?"라고 하였다. 전영이 묵묵히 가만히 있었다. 전문이, "만약 목숨을 하늘로부터 받는 것이라면, 아버지께서는 무엇을 걱정하십니까? 목숨을 지게문으로부터 받는 것이라면, 지게문을 아주 높이면 될 뿐이며, 누가 그 지게문 높이까지 자랄 수 있겠습니까?"라고 하였다. 전영이, "그만하라."고 하였다.

한동안 세월이 흐른 뒤, 전문이 틈을 보아 아버지 전영에게, "아들의 아들은 무엇입니까?"하였다. 전영이, "손자다."라고 하였다. "손자의 손자는 무엇입니까?" 전영이, "현손이다."라고 하였다. "현손의 현손은 무엇입니까." 전영이, "모르겠다."고 하였다.

전문이, "아버지께서 권력을 잡아 제나라의 재상이 되어, 지금까지 세 분의 왕을 모셨습니다. 그러는 사이에 제나라는 더 넓어지지 않았는데도 아버지 개인은 수만 금의 부를 축적하셨습니다. 하지만 문하에 어진 사람은 한 사람도 보이지 않습니다. 제가 듣기로는 장군의 가문에는 반드시 장군이 있어야 하고, 재상의 가문에는 반드시 재상이 있어야 한다고 합니다. 지금 아버지의 후궁들은 아름다운 비단옷을 질질 끌고 다니는데 선비들은 짧고 거친 베옷도 얻을 수 없으며, 하인들에게는 좋은 음식이 남아도는데 선비들은 지게미나 겨마저도 실컷 먹지 못하고 있습니다. 그런데도 지금 아버지께서는 여전히 더욱더 많이 쌓아 놓으려고만 하시고, 나누어 주려 해도 누구에게 주어야 할지 모르시며, 나라의 살림이 날로 어려워지는 것도 잊고 계십니다. 저의 생각이지만, 이런 일들이 이해가 안 갑니다."라고 하였다. 그러자 전영이 비로소 전문을 예우해 주며, 집안일을 주관하고 빈객(賓客)들을 접대하게 하였다. 빈객들이 나날이 늘어나고, 전문의 명성이 제후들 사이에 널리 알려지게 되었다. 제후들이 모두 사자를 보내 설공 전영에게 전문으로 하여금 뒤를 잇게 하라고 권고하니, 전영이 그렇게 하겠다고 승낙하였다. 전영이 세상을 떠나자, 시호(諡號)를 정곽군(靖郭君)이라 하였다. 그리고 전문이 종내의 작위(爵位)를 계승하여 설(薛) 땅의 영주 자리에 오르니, 그가 바로 맹상군(孟嘗君)이다.

맹상군이 설 땅에 있으면서, 제후들의 빈객에서부터 죄를 짓고 도망쳐 온 자에 이르기까지, 모두 맹상군에게 귀의하여 식객이 되었다. 맹상군이 자신의 재산을 써 가며 그들을 후하게 대우하자, 천하의 인재들이 모여들었다. 식객 수천 명이 귀하고 천함의 구별 없이 하나같이 맹상군과 동등하게 대우받았다.

맹상군이 빈객과 마주 앉아 이야기할 때, 병풍 뒤에 항상 기록하는 사람을 두고, 빈객과 이야기한 내용을 기록하게 하면서, 빈객의 친척들의 거처도 물어보았다. 빈객이 돌아가서 보면, 맹상군이 이미 사람을 보내 그의 친척들에게 안부를 묻고, 예물을 주고 간 뒤였다. 맹상군이 한번은 빈객을 접대하며 밤에 식사를 하고 있었는데, 어떤 사람이 불빛을 가렸다. 그 빈객이 음식을 차별한다고 화를 내며, 식사를 그만두고 떠나겠다고 작별 인사를 하였다. 그러자 맹상군이 일어나, 몸소 자신의 음식을 들고 그 사람의 것과 비교해 보여 주었다. 그 빈객이 부끄러움에 스스로 목을 찔러 죽었다. 그 일로 인하여 더 많은 선비들이 맹상군에 귀의하였다. 맹상군은 식객들을 차별하지 않고, 모두 잘 대우해 주었다. 사람마다 모두 맹상군이 자기와 친하다고 여겼다.

진나라 소양왕(昭襄王, 재위 B.C 306년-B.C 251년)이 그가 어질다는 소문을 듣고, 먼저 경양군(涇陽君, 소양왕의 친동생)을 제나라에 인질(人質)로 보내고는, 맹상군을 만나게 해 달라는 요구를 하였다. 빈객들은 아무도 그가 가는 것을 바라지 않아, 가지 말라고 말렸으나 듣지 않았다. 이에 소대(蘇代, 소진의 동생, 종횡가)가 맹상군에게, "오늘 아침 제가 밖에서 돌아오는 길에, 나무 인형과 흙 인형이 서로 이야기하는 것을 보았습니다. 나무 인형이, '하늘에서 비가 내리니, 그대는 곧 허물어질 거야.'라고 하였습니다. 흙 인형이, '나는 흙에서 태어났기에, 허물어져도 흙으로 돌아간다네, 지금 하늘에서 비가 내려, 그대를 떠내려 보내면, 머물러 쉬게 될 곳이 어디일지 모를 것이네.'라고 하였습니다. 오늘날 진나라는 범이나 이리 같은 나라인지라, 귀하께서는 가고 싶으시겠지만, 만약 돌아오지 못하는 일이라도 생기면, 흙 인형의 비웃음을 피할 방법이 없지 않겠습니까?"라고 하였다. 그러자 맹상군은 진나라로 가는 일을 그만두었다.

　제나라 민왕 25년(B.C 299년), 민왕이 기어이 맹상군을 진나라로 보내게 되었다. 맹상군이 진나라에 오자마자, 진 소양왕이 곧바로 맹상군을 진나라 재상으로 삼았다. 누군가가 소양왕에게, "맹상군이 어질기는 하지만, 그래도 제나라 사람입니다. 이제 진나라 재상이 되면, 틀림없이 제나라 이익을 먼저 헤아리고 진나라 이익은 그 뒤로 미룰 터인데, 그러면 진나라는 위태로워질지도 모릅니다."라고 하였다. 그러자 소양왕이 맹상군을 재상에서 면직시켰다. 그리고는 맹상군을 감금(監禁)하고, 그를 죽이려는 음모를 꾸몄다. 맹상군이 소양왕의 애첩(愛妾)에게 사람을 보내 풀려나게 해달라고 간청하였다. 애첩이, "저는 맹상군의 호백구(狐白裘, 여우 겨드랑이의 흰 털로 만든 갖옷)를 갖고 싶습니다."라고 하였다. 그 당시 맹상군은 호백구를 하나 가지고 있었는데, 값이 천금이나 하며 천하에 둘도 없는 것이었다. 하지만 진나라로 들어와서 소양왕에게 그것을 바쳤기 때문에 다른 갖옷은 더 이상 없었다. 맹상군이 걱정이 되어, 빈객들에게 두루 방도를 물어보았으나 아무도 대답하지 못하였다. 가장 아래 자리에서 개 흉내를 내며 도둑질에 능한 자가 있었는데, "제가 호백구를 가져올 수 있습니다."라고 하였다. 이윽고 밤이 되자 개 흉내를 내면서 진나라 왕궁 창고로 들어가, 소양왕에게 이미 바쳤던 호백구를 가져와, 그것을 소양왕의 애첩에게 바쳤다. 애첩이 소양왕에게 말을 잘하여, 소양왕이 맹상군을 풀어 주었다. 맹상군은 풀려나자, 즉시 말을 달려 달아났다. 통행증을 위조(僞造)하고, 이름과 성을 바꾸어 함곡관(函谷關, 당시 진나라가 건설한 관문으로, 지금의 하남성 삼문협시 영보시 동북쪽임)을 통과할 작정이었다. 한밤중에 함곡관에 도달하였다. 한편 소양왕은 맹상군을 풀어 준 일을 후회하고, 그를 찾았으나 이미 달아난 뒤였다. 즉시 사람을 시켜 역참 수레와 말을 타고 달려가 그를 쫓아가게 하였다.

맹상군이 함곡관에 도달해 보니, 관문에 관한 규정이 닭이 울어야 나그네를 통과시킨다는 것이었다. 맹상군이 추격자들이 당도할까 봐 걱정하고 있었다. 그런데 빈객 중에 아랫자리에 있던 자 중에 닭 울음소리를 내는 데 능하여, 그가 닭들을 일제히 울게 함으로써, 드디어 통행증을 보이고 함곡관을 빠져나왔다. 관문을 통과하여 밥 한 끼 먹을 정도의 시간이 지났을 때, 아닌 게 아니라 진나라의 추격자들이 함곡관에 당도하였다. 맹상군이 이미 함곡관을 빠져나간 뒤였으므로 되돌아갔다. 당초에 맹상군이 이 두 사람을 빈객의 반열에 넣자, 빈객들이 모두 수치(羞恥)스럽게 여겼었다. 맹상군이 진나라에서 곤경에 처했을 때, 이 두 사람이 그를 벗어나게 해 주었으니, 이 일이 있은 후, 빈객들 모두가 맹상군을 이해하게 되었다.

맹상군이 조나라를 지날 때, 조나라 평원군(平原君, 조나라 혜문왕의 동생)이 그를 빈객의 예로 대우하였다. 조나라 사람들이 맹상군이 어진 사람이라는 소문을 듣고서, 밖으로 나와 그의 생김새를 보고는 모두들 웃으면서, "전에는 설공의 체구가 거대한 대장부인 줄 알았는데, 지금 보니 가냘프고 왜소한 사내일 뿐이네."라고 하였다. 맹상군이 그 이야기를 듣고 화를 냈다. 그러자 빈객들을 포함하여 함께 가던 일행들이 수레에서 내려와, 현(縣) 하나 인구가 없어질 정도로, 수백 명을 베거나 때려죽이고 떠났다.

맹상군이 제나라 재상으로 있을 때, 그의 사인(舍人) 중에 위자(魏子)라는 사람이 맹상군을 위하여 봉읍(封邑)에서 나오는 조세를 걷으러 다녔다. 세 번 갔다 왔으나 한 번도 조세를 가져오지 않았다. 맹상군이 물어보자, 대답하기를, "어진 사람이 있어, 제가 다른 사람 모르게 그에게 빌려주었기 때문에, 가져오지 못했습니다."라고 하였다. 맹상군이 화를 내며 위자를 그만두게 하였다. 몇 해가 지난 뒤, 어떤 사람이 민왕(湣王, 재위 B.C 323년 ~ B.C 284년)에게 맹상군을 모함하기를, "맹상군이 장차 반란을 일으킬 것입니다."라고 하였다. 또한 전갑(田甲)마저 민왕에게 겁을 주자, 민왕이 맹상군을 의심하게 되었다. 그렇게 되자 맹상군이 달아났다. 위자가 곡식을 빌려주었던 어질다는 사람이 그 소문을 듣고서, 맹상군은 반란을 일으키지 않았다는 글을 올렸다. 그리고는 자기 몸을 바쳐 맹세하겠다고 하면서, 궁문 앞에서 스스로 목을 찔러 맹상군이 결백(潔白)하다고 밝혔다. 그러자 민왕이 깜짝 놀라 뒤를 캐어 조사해 보니, 맹상군이 과연 반란을 도모한 일이 없었는지라, 맹상군을 다시 불러들였다. 하지만 맹상군이 병이라 핑계를 대며 벼슬을 사양(辭讓)하고, 설 땅에서 노후를 보내고자 하였다. 민왕이 그렇게 하도록 허락하였다.

그 후 민왕이 송(宋)나라를 멸망시키고 나서 더욱 교만(驕慢)해져, 맹상군을 제거하려 하였다. 맹상군이 위협을 느끼고 위나라로 떠나갔다. 위나라 소왕(昭王, 재위 B.C 295년~B.C 277년, 신릉군의 아버지)이 그를 재상으로 삼고, 서쪽 진나라 및 조나라와 동맹을 맺은 뒤, 연나라와 함께 제나라를 공격하여 패배시켰다. 제나라 민왕이 거(莒, 지금의 산동성 일조시 거현 지역) 땅으로 도망가 있다가 결국 그곳에서 죽었다. 민왕의 아들로 양왕(襄王, 재위 B.C 283년-B.C 265년)이 즉위하였으나, 맹상군은 제후들 사이에서 중립을 지키며 어디에도 속하지 않았다. 양왕이 새로 즉위한 처지인지라, 맹상군을 두려워하여 화해하고 다시 가까워졌다.

빈객 풍환이
맹상군을 맞이하러 가니

제나라 왕이 맹상군을 헐뜯는 소문을 듣고, 그의 작위를 빼앗고 내쫓고 난 뒤로 그의 빈객들도 모두 떠나갔다. 나중에 제나라 왕이 맹상군을 다시 불러들이며 그의 작위를 회복시켜 줄 때, 그의 빈객 풍환(馮驩)이 맹상군을 맞이하러 갔다.

돌아오는 도중에, 맹상군이 크게 탄식(歎息)을 하며, "저는 항시 빈객들을 좋아하였기에, 빈객들을 대접함에 감히 실수할 수가 없었습니다. 그 결과 식객의 수가 삼천여 명이었던 것을, 선생께서도 아시는 바입니다. 빈객들은 제가 하루아침에 작위를 빼앗기고 내쫓기는 것을 보고, 다들 저에게 등을 돌리고 떠나면서, 저를 되돌아보는 자는 아무도 없었습니다. 지금 선생의 도움으로 이전 지위를 회복하게 되었습니다. 하지만 빈객들은 또 무슨 면목으로 저를 다시 보겠습니까? 만약 저를 다시 보려는 자가 있으면, 기필코 그의 얼굴에 침을 뱉으며 호되게 욕을 해 줄 것입니다."라고 하였다. 그러자 갑자기 풍환이 수레의 고삐를 잡아매고 수레에서 내려 절을 하였다. 맹상군도 수레에서 내려 답례하면서, "선생께서는 빈객들을 대신해 사과하는 것입니까?"라고 말하였다. 풍환이 "빈객들을 대신해 사과하는 것이 아니라, 귀하께서 말을 잘못하고 계시기 때문입니다. 무릇 만물에는 피할 수 없는 결말이 있으며, 또 세상사에는 항상 그러할 수밖에 없는 도리가 있는 것을, 귀하께서도 알고 계시지요?"라고 하였다. 맹상군이, "제가 어리석어서 말씀하시는 뜻을 모르겠습니다."라고 하였다. 풍환이, "살아 있는 것은 반드시 죽는다는 것은, 만물에는 피할 수 없는 결말이 있기 때문이며, 부귀한 사람에게 많은 인재가 따르고, 가난하고 천한 사람에게는 벗이 적은 것은, 세상사에는 항상 그러할 수밖에 없는 도리가 있는 것이기 때문입니다. 귀하께서는 어찌 시장으로 달려가는 사람들을 보지 못하십니까? 동이 트면 어깨를 들이밀며 다투어 문 안으로 들어가지만, 해가 진 뒤에는 시장을 찾았던 사람들이 팔을 휘저으며 뒤도 돌아보지 않고 가 버립니다. 아침을 좋아하고 저녁을 싫어해서가 아니라, 찾는 물건이 그곳에 없기 때문입니다. 귀하께서 지위를 잃었기 때문에, 빈객들이 모두 떠난 것인데, 그렇다고 선비들을 원망하여 공연히 빈객들을 막을 것까지는 없습니다. 귀하께서는 빈객들을 예전처럼 대우하시기 바랍니다."라고 하였다. 맹상군은 두 번 절을 하고는, "삼가 말씀대로 따르겠습니다. 선생의 말을 듣고서, 어찌 감히 가르침을 받들지 않을 수 있겠습니까?"라고 하였다.

전문(田文)이 세상을 떠나자, 시호를 맹상군(孟嘗君)이라 하였다. 그 후 여러 자식들이 서로 영주의 자리를 다투는 사이에, 제나라와 위나라가 함께 설 땅을 멸망시키고 각 나라가 나누어 편입시켰다.

그래서 맹상군은 후사(後嗣)가 없어져 대가 끊겼다.

설(薛) 땅은, 아주 평범한 시골 마을임에도, 사납고 거친 젊은이들이 많아 추(鄒, 지금의 산동성 제녕시 추성시 지역) 땅이나, 노(魯, 지금의 산동성 곡부시 제녕시 지역) 땅과는 달랐다. 그 까닭은,

'맹상군이 천하의 임협(任俠, 정의에 대한 확고한 신념을 가지고 약자를 돕는 일을 하는 사람)들을 불러들였는데, 범죄자로서 설 땅에 들어온 자들이 대략 육만여 호나 되었다.'고 한다. 맹상군이 천하의 빈객들을 좋아하여 스스로 즐겼다는데, 그 명성이 헛소문이 아니었다고 하겠다.

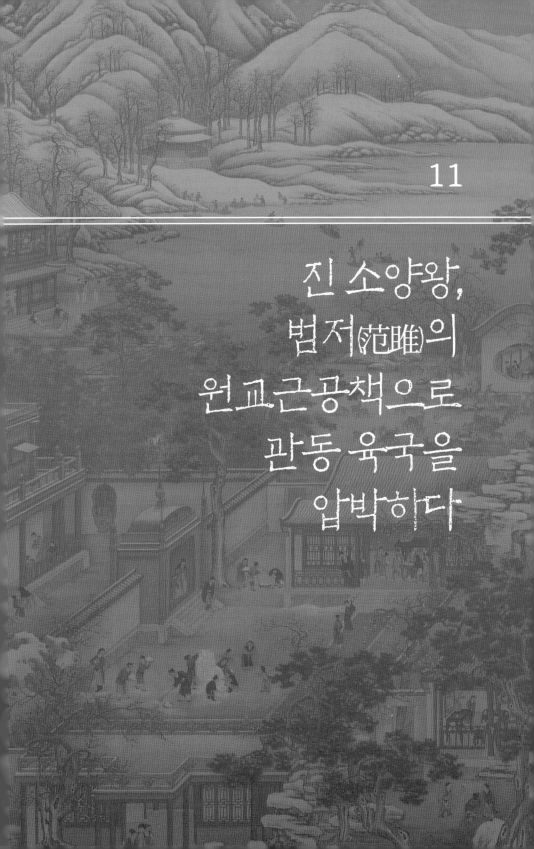

11

진 소양왕,
범저(范雎)의
원교근공책으로
관동 육국을
압박하다

소양왕 무릎을 꿇은 채, 범저에게 가르침을
베풀어 달라고 하기를 세 번 되풀이 하니,

전국시대(B.C 475년-B.C 221년) 말기는, 진나라가 천하통일의 분위기를 만들어 많은 인재를 모아 이를 실현시킨 시대이다. 진나라는 장의를 등용하여 제나라와 초나라의 연맹에 이간질을 하여 초나라를 쳤으며, 제나라는 연나라의 침입으로 쇠퇴의 늪에 빠지고 말았다. 결국 진나라로서는 천하에 대적할 상대가 없어진 상황이 되고 말았다. 이에 진나라는 범저의 遠交近攻策(원교근공책)을 써서 육국을 차례로 멸망시켜 천하통일의 대업을 달성하게 된다.

范雎(범저)는 위나라 사람으로 자(字)가 숙(叔)이다. 제후들에게 유세를 하고 다녔다. 그가 위나라 왕을 섬기려고 하였으나, 집이 가난하여 생계를 유지할 방도가 없어, 우선 위나라 중대부(中大夫) 수고(須賈)를 섬겼다.

수고가 위나라를 위해 제나라에 사자(使者)로 갔는데, 범저도 따라갔다. 몇 달을 머물렀으나, 답을 듣지 못하고 있었다. 제나라 양왕(襄王)이 범저가 변설(辯說)에 능하다는 소문을 듣고, 사람을 보내 범저에게 황금 10근과 쇠고기와 술을 보냈다. 범저가 정중하게 사양을 하면서 감히 받지 못하고 있었다. 그런데 수고가 이를 보고 대로하여, 범저가 위나라의 비밀스러운 일들을 제나라에 알려 주었기 때문에, 그러한 선물을 받게 되었다고 생각하고는, 범저로 하여금 쇠고기와 술은 받고 황금을 되돌려 주도록 하였다.

위나라로 돌아온 뒤, 수고가 마음속으로 범저에 대해 노여움을 품고, 위나라 재상에게 제나라에서 있었던 일을 고하였다. 당시 재상은 위나라 공자 위제(魏齊)였다. 위제가 대로하여, 사인(舍人)을 시켜 범저에게 태형(笞刑)을 가하여 갈빗대와 이빨이 부러졌다. 범저가 죽은 체하고 있었더니, 대나무 돗자리에 말아서 뒷간에 내다 놓도록 하였다. 빈객들 중에 술을 마시던 자들이 취하자, 범저에게 번갈아 오줌을 누도록 시켰다.

이는 일부러 모욕을 주어 앞으로 망언하는 자들이 없도록 경계하기 위한 것이었다. 범저가 자기를 지키고 있던 자를 불러, "귀하가 나를 빠져나가게 해 주면, 나는 반드시 귀하에게 후하게 사례를 하겠습니다."라고 하였다. 이에 범저를 지키던 자가 대나무 돗자리 속에 죽어 있는 자를 내다 버리겠다고 하였다. 위제가 술에 취해서, "그렇게 하라."하였다. 나중에 위제가 후회하고, 지키던 자를 다시 불러 그를 찾게 했다. 한편 위나라 사람 정안평(鄭安平)이 그 일을 전해 듣고, 범저를 데리고 도망하여 숨어 살았다. 범저가 이름을 바꾸어 장록(張祿)이라 하였다.

때마침, 진나라 소양왕이 알자(謁者) 왕계(王稽)를 사자로 위나라에 보냈다. 정안평이 신분을 속이고 병사가 되어 왕계를 호위하였다. 왕계가, "위나라에 서쪽으로 유세하러 같이 갈 만한 현명한 사람이 있느냐?"고 물었다. 정안평이, "제가 사는 마을에 장록(張祿) 선생이라는 분이 계신데, 귀하를 뵙고 천하의 일을 말씀드리고 싶어 합니다. 하지만 그분은 원수가 있어서, 낮에는 감히 만나 뵈러 올 수 없습니다."라고 하였다. 왕계가, "밤에 함께 오게."라고 하였다.

정안평이 장록과 함께 왕계를 만났다. 이야기가 채 끝나기도 전에, 왕계는 범저가 현명하다는 것을 알고 범저에게, "선생께서는 삼정(三亭, 위나라 국경 근처에 있었다고 하는 정자)의 남쪽에서 나를 기다려 주시오."라고 하였다. 왕계와 범저가 은밀히 그와 같은 약속을 하고 헤어졌다.

왕계가 위나라 조정에 작별을 고하고 떠나오면서 도중에 범저를 수레에 태우고, 진나라로 들어갔다. 호(湖, 지금의 하남성 영보시 양평진 지역) 땅에 이르렀을 때, 멀리서 한 무리의 수레와 말의 행렬이 서쪽에서 다가오는 것을 보았다. 범저가, "저기 오는 사람은 누구입니까?"라고 물으니, 왕계가, "진나라 재상 양후께서 현과 읍을 살피러 동쪽으로 가는 것이요."라고 하엿다. 범저가, "제가 듣기로는 양후는 진나라의 권력을 마음대로 휘두르며, 다른 나라의 빈객들을 받아들이는 것을 싫어한다고 하니, 나를 욕보일까 겁이 나니, 차라리 잠시 수레에 숨어 있겠소."라고 하였다.

잠시 후, 과연 양후 위염이 다가와서 왕계에게 노고를 위로한다며 수레를 멈추게 하고는, "관동(關東, 함곡관의 동쪽 지역을 지칭)에 무슨 변화라도 있소?"라고 물으니, 왕계가 "아직 변화는 없습니다."라고 하였다. 양후가 다시 왕계에게, "귀하는 다른 나라 빈객을 함

198

께 데려오지 않았겠지? 그들은 쓸모없는 데다 남의 나라를 어지럽히기만 할 뿐이오."라고 하였다. 왕계가, "감히 그럴 리가 있겠습니까?" 하였다. 그러자 곧 그곳을 떠나갔다.

범저가, "제가 듣기로 양후가 지혜로운 사람이다 하던데, 사태를 보는 것이 느리군요. 좀 전에 수레 안에 사람이 있을지 모른다고 의심하면서도 뒤지는 것을 잊었습니다."라고 하였다. 그리고는 범저가 수레에서 내려 달아나면서, "그는 틀림없이 후회할 것입니다."라고 하였다. 십여 리쯤 갔을 때, 과연 양후가 말 탄 병사를 보내 수레 안을 뒤졌으며, 아무도 없자 그냥 돌아갔다.

드디어 왕계는 범저와 함께 함양(咸陽, 당시 진나라의 도읍, 지금의 섬서성 함양시 함양시구 지역)으로 돌아갔다.

왕계가 사자로 갔던 일을 보고하고 난 후에, "위나라에 장록 선생이라는 분이 있는데, 천하에 둘도 없는 유세가(遊說家)입니다. 그가, '진나라 왕의 나라는 달걀을 쌓아 놓은 것보다 위험한데, 저를 받아들이면 무사할 것입니다. 하지만 글로 써서 전할 수는 없습니다.'라고 하였습니다. 그래서 제가 데리고 왔습니다."라고 말하였다. 소양왕이 그 말을 믿지 않았다. 범저를 객사에 머물게 하고는 형편없는 음식을 제공하였다. 범저는 일 년이 넘게 왕명을 기다리며 세월을 보냈다.

때는 바로 소양왕이 즉위한 지 36년째 되는 해였다. 그동안 진나라는 남쪽으로 초나라 언(鄢) 땅과 영(郢) 땅을 공격하여 빼앗았고, 초나라 회왕(懷王)이 진나라에 잡혀 있다가 죽었다. 진나라는 다시 동쪽으로 제나라를 쳐서 격파하였다. 제나라 민왕이 한때 제

199

(帝)라는 칭호를 썼다가 얼마 뒤에 거두어들였다. 그러나 삼진(三晉)으로 인하여 여러 차례 곤경에 처한 일이 있어서, 소양왕은 천하의 유세가들을 싫어하며 그들을 신뢰하지 않았다.

양후 위염과 화양군(華陽君)은 소양왕의 어머니 선태후의 동생들이며, 경양군(涇陽君)과 고릉군(高陵君)은 소양왕의 친동생들이었다. 양후는 재상으로 있었고, 그 세 사람도 번갈아 장군이 되어 봉읍을 받았다. 태후의 총애 덕으로, 양후의 사가(私家)의 재산이 왕실을 능가할 정도였다. 양후가 장군이 되어, 장차 한나라와 위나라를 넘어 제나라 강(綱, 지금의 산동성 태안시 영양현 동북쪽)과 수(壽, 지금의 산동성 태안시 동평현 서남쪽) 땅을 공격하여 빼앗았다. 자기의 봉지인 도(陶, 지금의 산동성 하택시 정도현 서북쪽) 땅을 넓히려고 한 것이다.

범저가 이에 소양왕에게 글을 올려, "대왕께서 저를 미천한 사람으로 생각하여 경멸하실지라도, 저를 추천한 자가 대왕께 진심을 다하는 사람이라는 점을 어찌 진지하게 받아들이지 않으시는지요? 깊이 있는 말은 제가 감히 글로 쓸 수가 없으며, 하찮은 말은 또한 들을 가치가 없으실 것입니다. 잠작이지만 제가 어리석어 대왕의 마음에 드시지 않는 것입니까? 혹은 저를 천거해 준 사람이 미천하기 때문에 저를 쓰실 수가 없는 것입니까? 만일 그렇지 않다면, 저에게 한가한 틈을 조금만 내주시어, 얼굴을 뵐 수 있게 해 주시기 바랍니다. 한마디라도 허튼소리를 한다면, 부월(斧鉞)의 받침에 엎드리도록 해 주십시오."

이에 소양왕이 크게 기뻐하며, 왕계에게 사과하고, 수레를 보내 범저를 불러오게 하였다. 그리하여 범저가 이궁(離宮, 왕이 임시로 거처하는 궁전)에서 소양왕을 알현하게 되었는데, 영항(永巷, 후궁이나 궁녀들이 거처하는 곳 또는 궁 안에 있는 감옥)인 줄 모르는 체하며 일부러 그 안으로 들어갔다. 마침 소양왕이 들어오자 환관(宦官)이 화가 나서 그를 쫓아내며, "대왕께서 납신다!"고 소리쳤다.

범저가 일부러 환관에게, "진나라에 어찌 왕이 있을 수 있소? 진나라는 오직 태후와 양후 위염만 있을 뿐이오."라고 하였다. 소양왕으로 하여금 노한 마음을 품게 하려고 그런 것이다. 소양왕이 도착하여 그가 환관과 말다툼하는 소리를 들었지만, 결국 맞아들이며 사과하기를, "과인이 응당 일찍이 몸소 가르침을 받아야 했는데, 때마침 의거(義渠, 소양왕이 의거 융족을 멸망시킨 일, 지금의 감숙성 경양시 영현 서북 지역)의 일이 급하여 아침저녁으로 직접 태후를 뵈어야만 했습니다. 이제 의거의 일이 끝났으므로, 과인이 비로소 가르침을 받을 수 있게 되었습니다. 나 자신 사리에 어둡고 어리석었으며, 빈객과 주인의 예로써 삼가 예우하겠습니다."라고 하였다. 이에 범저가 공손히 사양하였다. 이날 범저가 소양왕을 알현하는 것을 보고서, 신하들 중에 태토가 경건해지며 얼굴색이 숙연해지지 않은 자가 없었다.

소양왕이 좌우를 물러나게 하고, 주변에 아무도 남아 있지 못하게 하였다. 소양왕이 무릎을 꿇고 앉아 정중히, "선생께서 과인에게 베풀어 줄 가르침이 무엇입니까?"라고 하였다. 범저가, "글세요."라고 하였다. 소양왕이 무릎을 꿇은 채 다시 정중히, "선생께서 과인에게 베풀어 줄 가르침이 무엇입니까?"라고 하였다. 이렇게 하기를 세 번 되풀이하였다.

그러자 범저가, "대왕께서 위로는 태후의 위엄을 두려워하시고, 아래로는, 간신의 짓거리에 현혹되시다 보면, 깊은 궁궐 속에 안주하셔서, 측근들의 손아귀에서 빠져나오지 못하고, 평생을 미혹에 빠져, 그들의 간악함을 구별하지 못하시게 될 것입니다. 그렇게 되면 크게는 종묘(宗廟)가 무너지고, 작게는 몸이 고립되어 위험해질 것이니, 이 점을 제가 바로 두려워하고 있는 바입니다." 소양왕이 무릎을 꿇은 채, "선생 그것이 무슨 말이오? 선생께서는 어찌하여 그런 말씀을 하십니까? 일이 크건 작건, 위로는 태후에 관한 일로부터 아래로는 대신과 관련된 일에 이르기까지, 선생께서 과인에게 하나하나 가르쳐 주시기 바랍니다. 과인을 의심하지 말아주십시오."라고 하였다. 이에 범저가 절을 하자, 소양왕 역시 절을 하였다.

범저가, "대왕의 나라는 사방이 요새로 튼튼하게 되어 있습니다. 북쪽에는 감천(甘泉, 감천산으로 지금의 섬서성 함양시 순화현 서북쪽 지역)과 곡구(谷口, 위 같은 순화현 서북쪽 지역)가 있고, 남쪽은 경수(涇水, 지금의 경하로 영하회족자치구의 육반산에서 발원하여 남동쪽으로 흐르면서 위수에 합류함)와 위수(渭水, 지금의 위하로 감숙성 정서시 위원현 조서산에서 발원하여 동남쪽으로 흐르다가, 경하와 합쳐져 황하에 유입됨)에 둘러져 있으며, 오른쪽에는 농(隴, 지금의 감숙성 동남부 지역)과 촉(촉, 지금의 사천성 성도시를 중심한 중부 일대)이 있고, 왼쪽에는 함곡관(函谷關, 진나라가 건설한 관문으로 오늘날 하남성 삼문협시 영보시 동북쪽임)과 상판(商阪, 지금의 섬서성 상락시 동남부 지역)이 있습니다. 분격(奮擊, 정예 병사. 돌격부대를 말함)이 백만 명이요, 전거(戰車)가 천 승이어서, 유리하면 나가 공격하고 불리하면 들어와 지킬 수 있습니다. 이는 제왕이 되는 대업을 이룰 수 있는 땅입니다. 또한 백성들이 사사로운 싸움은 겁을 내지만 나라를 위한 싸움에는 용감합니다. 이들은 제왕이 되는 대업을 이룰 수 있는 백성들입니다. 대왕께서는 이러한 두 가지를 모두 가지고 계십니다. 따라서 진나라 병사의 용맹스러움과 전거와 전마의 무수함을 가지고 제후들을 다스리게 되면, 마치 한로(韓盧, 한나라의 이름난 사냥개)를 풀어 절름거리는 토끼를 잡는 것과 같아, 패업을 쉽게 이룰 수 있는데도, 신하들이 아무도 자기 자리에서 할 일을 제대로 하지 않고 있습니다. 이제 함곡관을 닫아건 지 15년이 되어 가지만, 감히 군사를 내어 산동(山東, 당시 동쪽의 육국이 차지하였던 땅) 지역을 넘보지 못하고 있습니다. 이것은 양후 위염이 진나라를 위한 일들을 도모한다고 하면서 충성을 다하지 않고 있는데다, 대왕의 계책도 잘못된 점이 있기 때문입니다."라고 하였다. 소양왕이 꿇어앉은 채로, "과인이 잘못되었다는 계책에 대해 듣고 싶소."라고 하였다.

범저, 소양왕에게
원교근공책을 유세하다

    그러나 좌우에 몰래 엿듣는 자가 많아, 범저는 두려운 마음이 들어, 나라 안의 문제는 감히 말하지 못하고, 우선 나라 밖 일을 언급하면서, 소양왕의 태도를 살펴보기로 하였다. 그리고는 앞으로 다가가, "양후가 한나라와 위나라를 넘어 제나라 강(綱) 땅과 수(壽) 땅을 공격하려고 하는데, 이는 좋은 계책이 아닙니다. 동맹국들과 별로 친밀하지도 않은데, 다른 나라를 지나가서 제나라를 공격하는 것이 가당하겠습니까? 이는 서투른 계책입니다.

    맨 위, 멀리 있는 나라와 친하게 지내면서 가까이 있는 나라를 공격하는 것보다 더 나은 계책은 없습니다. 그리하면 한 치의 땅을 얻어도 대왕의 것이며, 한 자의 땅을 얻어도 또한 대왕의 땅이 됩니다. 지금 이런 계책을 놔두고 멀리 있는 나라를 치려 하니 어찌 잘못된 일이 아니겠습니까? 지금 저 한나라와 위나라는 중원(中原) 지역에 위치하여 천하의 중심인 바, 대왕께서 패업을 이루시려면, 반드시 중원 지역과 친하게 지내며 천하의 중심이 되어, 초나라와 조나라를 위압하셔야 합니다. 초나라가 강하면 조나라를 내 편으로 끌어들이고, 조나라가 강하면 초나라를 내 편으로 끌어들이며, 초나라와 조나라를 모두 내 편으로 끌어들이게 되면, 제나라가 틀림없이 두려운 마음을 갖게 될 것입니다. 제나라가 두려움을 느끼게 되면, 반드시 말을 겸손하게 하고 많은 재물을 보내 진나라를 섬길 것입니다. 제나라가 같은 편이 되면, 한나라와 위나라를 수중에 넣을 수 있을 것입니다."라고 하였다.

소양왕이, "위나라와 친하게 지내려면 어떻게 해야 하겠소?"라고 하였다. 범저가 대답하기를, "대왕께서 말을 공손히 하고 많은 재물을 보내 위나라를 대하십시오. 그리해서 안 되면, 땅을 떼어 주십시오. 그래도 안 되면, 군사를 동원하여 공격하십시오."라고 하였다. 소양왕이, "과인은 삼가 가르침에 따르겠소."라고 하였다.

이윽고 범저에게 객경의 벼슬을 내리고, 군사에 관한 일을 그와 의논하였다. 마침내 범저의 계책에 따라, 오대부 장군 관(綰)을 보내 위나라를 공격하도록 하여, 회(懷, 지금의 하남성 초작시 무척현 서남쪽 지역) 땅을 빼앗았다. 2년 뒤에는 형구(邢丘, 지금의 하남성 초작시 온현 동쪽) 땅을 공격하여 빼앗았다.

그 후 객경 범저가 다시 소양왕에게 유세하기를, "진나라와 한나라의 지형은, 수를 놓은 것처럼 서로 얽혀 있는 관계로 보아, 한나라가 순순히 말을 듣게 된다면, 패업을 이루는 일을 고려해 볼 수 있을 것입니다."라고 하였다. 소양왕이, "좋소."라고 하였다. 그래서 한나라에 사자를 보내려고 하였다.

범저가 날로 소양왕과 친밀해졌으며, 유세를 거듭하여 보낸 지 몇 해가 지나자, 기회를 보아 소양왕에게 한가한 틈을 내 달라고 청하여 설득하기를, "진나라에 태후, 양후, 화양군, 고릉군, 경양군이 있다는 소리는 들었으나 대왕께서 있다는 소리는 듣지 못했습니다. 무릇 나랏일을 마음대로 처리할 수 있는 자를 왕이라 합니다. 지금 태후께서는 주위를 돌아보지 않고 마음대로 행동하시며, 양후는 나라 밖으로 나가 업무를 처리하고도 보고하지 않으며, 화양군과 경양군은 제멋대로 사람들을 처벌하고도 거리낌이 없으며, 고릉군은 사람들을 관직에 들어가고 나가게 하면서 대왕께 묻지도 않습니다.

이같이 대왕께서 귀한 신분을 가진 네 사람의 아래에 계시므로, 왕이 없다고들 하는 것입니다. 그런데 어찌 권력이 기울지 않을 수 있겠으며, 어찌 명령이 왕으로부터 나올 수 있겠습니까? 나라를 잘 다스리는 사람은, 안으로 자신의 위엄을 확고히 하고 밖으로 자신의 권세를 넓혀 나간다고 합니다.

지금 위로는 모든 대신들과 아래로는 대왕의 좌우에 있는 사람들에 이르기까지 녹봉(祿俸)을 받고 있는 자들로서, 상국 양후의 사람이 아닌 자가 없습니다. 대왕께서 홀로 서 계신 것을 보면서, 저도 모르게 대왕을 위해 두려운 마음이 드는 것은 만대 후에 진나라를 다스리는 자가 대왕의 자손이 아닐 것 같기 때문입니다." 라고 하였다.

소양왕이 이 말을 듣자 몹시 두려워하며, "옳은 말이오."라고 하였다. 그리고는 태후를 폐하고, 양후, 고릉군, 화양군, 경양군 등을 함곡관 밖으로 쫓아냈다. 이어서 소양왕이 범저를 재상으로 임명하였다. 소양왕이 재상 양후의 관인을 거두고, 그를 도(陶) 땅으로 돌려보내면서, 조정에서 이사하는 데 쓰도록 수레와 소를 내주게 하였다. 그 수가 천 대가 넘었다. 함곡관에 이르러, 관문을 지키는 관리가 보배로운 물건들을 검사하였는데, 진귀하고 기이한 물건들이 왕실보다 더 많았다.

범저를 응읍(應邑, 지금의 하남성 평정산시 노산현 동쪽) 땅에 봉하고, 응후(應侯)라는 봉호를 내렸다. 그때가 소양왕 41년(B.C 266년)이다. 범저가 재상이 된 뒤, 그를 장록(張祿, 범저의 가명)이라 불렀다. 위나라에서는 이를 모르고, 범저가 오래전에 죽었다고 여겼다. 위나라에서 진나라가 장차 동쪽으로 한나라와 위나라를 공격할 것이라는 소문을 듣고, 수고(須賈)를 사자로 진나라로 보냈다.

범저가 진나라 재상 장록 선생이라고 하며 수고를 만났다. 수고가 진나라 재상 장록 선생이라고 나타난 사람이 바로 범저라는 것을 알고 놀라서, 땅에다 머리를 조아리며 죽을죄를 지었다고 사죄하며 용서를 빌었다. 범저가 수고에게, "그대는 전에 내가 제나라에서 딴마음을 가지고 있었다고 여겨 위제에게 나를 나쁘게 애기하였다. 이것이 그대의 첫 번째 죄이다. 위제가 나를 측간에 처넣고 욕을 보일 때, 그대는 말리지 않았다. 이것이 두 번째 죄이다. 빈객들이 술에 취하여 번갈아 나에게 오줌을 누는데, 그대는 어째서 보고만 있었는가? 이것이 세 번째 죄가 되는 것이다. 그러나 그대가 죽음을 면할 수 있는 까닭은 내가 거짓으로 해진 옷을 입고 숙소로 그대를 찾아가니, 나에게 두꺼운 비단 솜옷으로 애틋함을 보이는 등, 옛 친구의 정이 남아 있어서이다. 그대를 풀어 주겠다."라고 하였다. 그리고 수고를 물러가게 하고 자리를 떴다. 범저가 입궐하여 소양왕에게 보고하고, 수고를 접견하지 않고 위나라로 돌려보내기로 하였다.

수고가 작별 인사를 하러 범저에게 가니, 범저가 수고를 꾸짖으며, "나를 대신해 위나라 왕에게 전하라, 장차 위제의 머리를 가지고 오라! 그렇지 않으면, 내가 곧 대량(大梁, 당시 위나라 도읍, 지금의 하남성 개봉시 서북쪽)을 대대적으로 공격할 것이다."라고 하였다. 수고가 돌아가서, 위제(魏齊)에게 고하였다. 그러자 위제가 겁을 먹고 조나라로 도망하여, 평원군(平原君)의 집에 숨었다. 그러다가 사정이 여의치 않자 다시 초나라 신릉군(信陵君)을 통해 초나라로 가려다가 신릉군이 자기와 만나는 것을 꺼린다는 말을 전해 듣자, 그 즉시 화가 나서 스스로 목을 찔러 자결해 버렸다. 이러자 조나라 효성왕(孝成王)이 그 소식을 듣고, 급히 그의 목을 거두어 진나라에 보내 주었다.

범저가 재상이 된 뒤에, 왕계(王稽)가 범저에게 자신에게 보답이 없다고 하자, 범저가 불쾌하였지만, 곧 입궐하여 소양왕에게, "충성스러운 왕계가 아니었다면, 아무도 저를 함곡관 안으로 데리고 들어올 수 없었을 것이며, 현명하고 성스러운 대왕이 안 계셨더라면, 아무도 저를 존귀하게 만들어 주지 못했을 것입니다. 지금 저의 벼슬은 재상에 이르고, 작위는 열후에 들었는데, 왕계의 벼슬은 여전히 알자(謁者)에 머물러 있습니다. 이는 그가 저를 데리고 온 뜻이 아닐 것입니다."라고 하였다. 이에 소양왕이 왕계에게 하동군(河東郡, 지금의 산서성 임분시와 운성시 지역) 군수 벼슬을 내렸다. 그러나 부임한 지 3년이 지나도록 조정에 보고서를 올리지 않았다.

범저가 또 정안평(鄭安平)을 천거하자, 소양왕이 정안평을 장군으로 임명하였다.

그리고 범저는 자기 집 재물을 풀어, 일찍이 곤궁하고 불행했던 때의 일들을 모두 되갚아 주었다. 밥을 한 번이라도 먹여 준 사람은 반드시 상을 내렸고, 눈이라도 한 번 흘긴 사람에게는 반드시 보복을 하였다.

범저가 재상이 된 지 2년째 되던 해인 소양왕 42년(B.C 265년), 한나라의 소곡(少曲, 지금의 하남성 제원시 동북 지역)과 고평(高平, 지금의 하남성 제원시 서남 지역) 땅을 빼앗았다.

소양왕 43년(B.C 264년), 진나라가 한나라의 분형(汾陘, 지금의 하남성 허창시 동북 지역) 땅을 공격하여 빼앗았으며, 그와 동시에 황하 강변에 광무성(廣武城, 지금의 하남성 정주시 형양시로부터 동북에 위치한 광무산)을 쌓았다.

5년 뒤, 소양왕이 응후 범저의 계책을 받아들여, 반간(反間)을 풀어 조나라를 속였다. 조나라가 속임수에 넘어가, 장군 염파(廉頗)를 대신해서 마복자(馬服子 조괄(趙括), 마복군 조사의 아들)로 하여금 조나라 군사를 지휘하도록 하였다. 그 결과 진나라 군이 조나라 군을 장평(長平, 지금의 산서성 진성시 고평시 서북쪽)에서 대파하고, 이어서 조나라 도읍 한단을 포위하였다. 그 후 장군 백기가 승리한 뒤 항복한 조나라 군사 사십오만 명을 속임 수를 써서 생매장하였다.

얼마 후 범저가 장군 백기와 사이가 벌어지자 그를 모함하여 죽였다. 한편 범저가 정안평을 천거하여 그가 군사를 이끌고 조나라를 공격하였다. 정안평이 조나라 군에 포위되어 위급해지자, 이만 명의 병력과 함께 조나라에 항복하였다. 이러자 범저가 명석을 깔고 그 위에 앉아 죄를 청하였다. 진나라 법에, 누구든지 사람을 추천하였다가 추천을 받은 사람이 잘하지 못하면, 두 사람 모두 그 죄를 물어 처벌하게 되어 있었다. 이에 따르면 범저의 죄는, 삼족(三族)을 멸하는 죄에 해당되었다. 소양왕이 응후 범저의 마음을 상하게 할까 염려하여, 나라 안에 영을 내리기를, "감히 정안평의 일을 입 밖에 내는 자는, 그 죄를 물을 것이다."라고 하였다. 그리고는 상국 범저에게 음식을 나날이 더 후하게 내리며, 그의 기분을 맞추어 주었다. 2년 뒤에는 왕계가 하동군 군수로 있으면서 제후들과 내통하였다가, 법을 어겨 죄를 짓고 주살되었다. 그러자 범저는 나날이 마음이 더욱 우울해졌다.

하루는 소양왕이 조정에 나와 한숨을 쉬며, "무릇 모든 일은 평소에 준비하지 않으면, 급한 경우게 대응할 수가 없는 법인데, 지금 무안군 백기는 이미 죽었고, 정안평의 무리들은 배반하였소. 나라 안에 훌륭한 장군이 없고, 외부에 적대시하는 나라들은 많으니, 나는 이것이 걱정이오."라고 하였다. 이러면서 소양왕이 범저를 격려하려고 하였다. 이러자 범저는 두려운 마음이 더 들어 어찌할 바를 몰랐다.

연나라 사람인 유세가 채택(蔡澤)이 진나라로 들어왔다. 응후 범저가 정안평과 왕계를 천거하였으나 이들 모두 진나라에 중죄를 져서, 범저가 속으로 참담해하고 있다는 소문을 듣고, 채택이 진나라로 들어간 것이다. 채택이 소양왕을 만나려는 의도로, 사람을 시켜 범저를 화나게 하는 말을 떠들고 다니게 했다. 범저가 그 소식을 전해 듣고, 사람을 시켜 채택을 불러오게 하였다.

범저가 채택을 만나 담판을 한 뒤, 며칠 후, 응후 범저가 입궐하여 소양왕에게, "채택이라고 이번에 새로 산동에서 온 빈객이 있는데, 그가 변론에 능통하며, 삼왕(三王)의 행적, 오백(五伯, 춘추오패를 말함)의 업적, 세속의 변화에 밝아, 충분히 진나라 정사를 맡겨 볼 만합니다. 제가 많은 사람들을 보았습니다만, 다들 그 사람에 미치지 못합니다. 저 또한 그 사람보다는 못합니다. 그래서 제가 감히 말씀을 올리는 것입니다."라고 하였다.

소양왕이 채택을 불러들여 만나 함께 이야기해 보고 크게 기뻐하며 객경의 벼슬을 내렸다. 그러자 범저가 병을 핑계로 재상의 관인을 돌려 드리겠다고 소양왕에게 청하였다. 소양왕이 범저를 억지로 병석에서 일으키려 하였으나, 범저가 끝끝내 병이 깊다고 핑계를 댔다. 범저가 재상의 자리에서 물러나자, 소양왕이 채택의 계획을 새로 듣고, 마침내 진나라 재상으로 삼아, 동쪽으로 주나라 왕실을 멸망시키고, 그 땅을 진나라에 편입시켰다. 백성들은 동쪽으로 도망쳤고, 구정(九鼎)을 진나라로 가져왔다.

12

조나라
인상여(藺相如)가
화씨벽(和氏璧)을
받들어
소양왕에게
바쳤으나

···

인상여(藺相如)는 조나라 사람으로 환자령(宦者令, 환관들의 수장) 무현(繆賢)의 사인(舍人, 측근에서 수행하는 일을 담당하는 자)으로 있었다. 염파(廉頗)는 조나라의 뛰어난 장수로, 조나라 혜문왕(惠文王) 16년(B.C 283년), 염파가 장군이 되어 제나라를 공격하여 대파하고 양진(陽晉, 지금의 산동성 하택시 운성현 서쪽 지역) 땅을 취하였다. 그 공로로 상경(上卿)이 되었으며, 그의 용기는 제후들 사이에 널리 알려졌다.

조나라 혜문왕(재위 B.C 298년-B.C 266년) 때, 초나라 화씨벽(和氏璧, 초나라 사람 변화(卞和)가 발견한 옥돌로 가운데 구멍이 뚫려 있는 보배로운 원형의 옥)을 얻었다. 진나라 소양왕(昭襄王, 재위 B.C 306년- B.C 251년)이 그 소식을 전해 듣고, 사람을 시켜 조나라 혜문왕에게 서신을 보내, 열다섯 개의 성(城)과 화씨벽을 바꾸고 싶다고 하였다. 혜문왕이 대장군 염파를 포함한 여러 대신들과 상의를 하였다. 진나라에 화씨벽을 내주자니, 진나라 성은 얻지 못하고 공연히 기만만 당하는 것이 아닌지 염려되었다. 내주지 않으려 하니, 진나라가 쳐들어올 것이 걱정되었다. 그래서 대책을 정하지 못하고 있었다.

다른 한편으로 진나라에 사자로 보내 적절히 대처할 수 있는 사람을 물색하였으나, 아직 마땅한 사람을 구하지 못하고 있었다. 그러자 환자령 무현이, "저의 사인 인상여라면 보내 볼 만합니다."라고 하였다. 혜문왕이 묻기를, "어찌하여 그렇게 생각하는가?"라고 하였다. 무현이 대답하기를, "제가 전에 죄를 지어서, 몰래 연나라로 도망가려고 계획을 세운 적이 있습니다. 저의 사인 인상여가 저를 말리면서, '귀하께서는 연나라 왕을 어떻게 알게 되었습니까?'라고 물었습니다. 제가, '일찍이 대왕께서 연나라 왕을 국경에서 만날 때 따라갔는데, 연나라 왕이 은밀히 내 손을 잡고, '친구가 되고 싶소.'라고 하였소. 연나라 왕을 그렇게 알게 된 것이오. 그래서 연나라로 가려는 것이오.'라고 하였습니다. 그러자 인상여가 저에게, '무릇 조나라는 강하고 연나라는 약하며, 귀하께서 대왕의 총애를 받고 있었기에, 연나라 왕이 귀하와 친구가 되려고 한 것입니다. 지금 귀하께서 조나라에서 도망쳐 연나라로 가게 되면, 연나라는 조나라에 대한 두려움 때문에, 그 형세로 보아 틀림없이 귀하를 연나라에 머물게 하지 못하고, 귀하를 결박하여 조나라로 돌려보내게 될 것입니다. 그러므로 귀하께서는 옷을 벗어 상체를 드러내고 도끼 받침에 엎드려 죄를 내려 달라고 청하는 것이 더 좋습니다. 그러면 운 좋게 처벌을 벗어날 수도 있을 것입니다.'라고 하였습니다. 저는 그의 계책에 따랐으며, 다행히 대왕께서 저의 죄를 용서하여 주셨습니다. 제 생각입니다만, 저는 그가 용감하며 지모(智謀)도 갖춘 사람이므로, 마땅히 보내 볼 만하다고 생각합니다."라고 하였다.

이에 혜문왕이 인상여를 불러들여 만나·보고 묻기를, "진나라 왕이 성 열다섯 개와 과인의 화씨벽을 바꾸자고 하는데, 화씨벽을 보내 주는 것이 좋겠소? 보내지 않는 것이 좋겠소?"라고 하였다. 인상여가, "진나라는 강하고 조나라는 약하므로, 그 제안을 받아들이지 않을 수는 없습니다."라고 하였다. 혜문왕이, "나의 화씨벽을 가져가고, 우리에게 성을 내주지 않으면 어찌해야 하오?"라고 하였다. 인상여가 대답하기를, "진나라가 성을 내주고 화씨벽을 얻으려 하는데 조나라가 허락하지 않으면, 조나라에 잘못이 있게 되고, 조나라가 화씨벽을 주었는데 진나라가 조나라에게 성을 내주지 않으면, 잘못은 진나라에 있게 됩니다. 두 방안을 견주어 보면, 차라리 진나라 요청을 받아들여 진나라에다 잘못을 떠넘기는 것이 더 낫습니다."라고 하였다.

혜문왕이, "보낼 만한 사람이 누가 있을까?"라고 물었다. 인상여가, "대왕께서 마땅한 사람이 없다면, 제가 화씨벽을 받들어 사자로 가고 싶습니다. 성이 조나라로 넘어오면 화씨벽은 진나라에 남을 것이고, 성이 넘어오지 않으면 저는 화씨벽을 온전히 조나라로 가지고 돌아오도록 하겠습니다."라고 하였다. 그러자 혜문왕이 인상여로 하여금 화씨벽을 받들고 진나라로 가도록 하였다.

소양왕이 장대(章臺, 위수 남쪽 별궁에 있던 누대)에 앉아 인상여를 만났고, 인상여는 화씨벽을 받들어 소양왕에게 바쳤다. 소양왕이 크게 기뻐하며, 비빈(妃嬪)과 좌우의 신하들에게 돌려 가며 보여 주자, 좌우 신하들이 모두 만세를 불렀다. 인상여가 가만히 보니 소양왕이 대가로 성을 조나라에 내줄 생각이 없는지라, 이윽고 앞으로 나서며, "화씨벽에는 흠이 있사오니, 대왕께 가르쳐 드리겠습니다."라고 하였다. 소양왕이 화씨벽을 건네주자, 인상여가 그 화씨벽을 들고 뒤로 물러나며, 기둥에 기대 서서, 머리카락이 위로 솟아 관(冠)을 찌를 만큼 화를 내며, 소양왕에게, "대왕께서 화씨벽을 얻고자, 사자를 시켜 저희 조나라 왕에게 편지를 보내시니, 조나라 왕이 신하들을 모두 불러 의논하였는데, 다들, '진나라는 탐욕스러워, 그 강함을 등에 업고 빈말로 화씨벽을 얻으려 하는 것이므로 그 대가로 주겠다는 성을 얻지 못할까 두렵습니다.'고 말했습니다. 그래서 진나라에 화씨벽을 주지 말자고 의견을 모았습니다. 하지만 저는 일반 백성들의 사귐에 있어서도 서로 속이지 않음을 숭상하는데, 하물며 큰 나라들의 사귐에 있어서 두말할 필요가 있겠는가라고 생각하였습니다. 게다가 한낱 옥벽(玉璧) 하나 때문에 강한 진나라의 기쁨을 거스르는 것 또한 불가하다고 생각했습니다. 그리하여 저희 왕께서는 닷새 동안 재계(齋戒)한 뒤, 저를 사자로 삼아 화씨벽을 받들게 하고, 진나라 조정에 경건(敬虔)히 서간을 올리게 하였습니다. 그 이유가 무엇이겠습니까? 이는 대국의 위엄을 존중하여 경의를 표하기 위해서입니다. 지금 제가 여기에 와 보니, 대왕께서는 여럿이 늘어서 있는 데서 저를 만나시고, 예절은 심히 거만하셨으며, 화씨벽을 손에 넣자 비빈들에게 건네주어, 저를 조롱(嘲弄)하셨습니다. 저는 대왕께서 조나라 왕에게 성읍으로 보답하려는 의사가 없음을 보았기에, 화씨벽을 되돌려 받은 것입니다. 대왕께서 한사코 저를 몰아붙이려 하신다면, 제 머리는 이제 화씨벽과 함께 기둥에 부딪혀 부서지게 될 것입니다."라고 하였다.

인상여가 화씨벽을 잡고 기둥을 노려보며, 기둥을 향하여 달려들려고 하였다. 소양왕이 그가 화씨벽을 부술까 봐 겁이 나서 거듭하여 사과하면서, 관리를 불러서 지도를 살펴본 뒤, 손가락으로 가리키며 여기서부터 열다섯 개 성을 조나라에 주라고 하였다. 인상여가 소양왕이 단지 거짓으로 조나라에 성을 주는 척하는 것이라서, 실제로 얻어 낼 수 없음을 알아차리고, 소양왕에게, "화씨벽을 천하가 모두 인정하고 칭송하는 보물이지만, 조나라 왕은 진나라가 두려워 감히 바치지 않을 수가 없었습니다. 그래서 저희 왕께서는 화씨벽을 보낼 때 닷새 동안 재계하였습니다. 지금 대왕께서도 마찬가지로 응당 닷새 동안 재계하시고, 조정에 구빈(九賓. 최상의 예우로 9명의 관리가 영접함)의 예를 갖추어 주십시오, 그러면 제가 화씨벽을 바치겠습니다."라고 하였다. 소양왕이 아무리 생각해 보아도, 도저히 강제로 빼앗을 수 없는지라, 마침내 닷새 동안 재계해야 한다는 요청을 받아들이고, 인상여를 광성전(廣城傳. 진나라가 손님을 머물게 하던 숙소의 이름)에 머물게 하였다. 인상여는 소양왕이 재계한다고 하더라도, 틀림없이 약속을 저버리고, 그 대가로 주기로 한 성을 내주지 않을 것이라는 판단이 섰다. 그래서 자기가 데리고 온 사람에게 허름한 베옷을 입힌 뒤, 화씨벽을 품에 넣고 지름길로 도망가도록 하여, 화씨벽을 조나라로 돌려보냈다.

소양왕이 닷새 동안 재계한 뒤에, 조정에 구빈의 예를 갖추게 하여, 조나라 사자 인상여를 불러들였다. 인상여가 도착하여, 소양왕에게, "진나라는 목공(穆公. 재위 B.C 659년- B.C 621년) 이래 스무

명이 넘는 군주가 계셨지만, 맹약을 꿋꿋이 지킨 분이 아직 없었습니다. 저는 대왕의 속임수에 넘어가 조나라를 저버리게 될까 두려운 나머지, 사람을 시켜 화씨벽을 가지고 몰래 돌아가게 하였습니다. 지금쯤 조나라에 도착하였을 겁니다. 게다가 진나라는 강하고 조나라는 약하여서, 대왕께서 한낱 사자 한 명을 조나라에 보내자, 조나라는 즉시 화씨벽을 받들어 보냈습니다. 진나라가 강하기 때문에 지금이라도 먼저 열다섯 개 성을 조나라에 떼어 주신다면, 조나라로서는 어찌 감히 화씨벽을 내놓지 않고 대왕께 죄를 지을 수가 있겠습니까? 반면에 저는 대왕을 속인 죄가 죽어 마땅하다는 것을 잘 알고 있으므로, 저를 가마솥에 넣고 삶아 죽이는 형벌에 처해 주시기를 청하오니, 부디 대왕께서는 여러 신하들과 함께 이 문제를 깊이 의논해 주시기 바랍니다."라고 하였다.

소양왕이 신하들과 서로 쳐다보며 웃음을 지었다. 좌우의 신하들 중에 어떤 자가 인상여를 끌어내 죽이려고 하자, 소양왕이, "지금 인상여를 죽이면, 끝내 화씨벽을 얻지 못하고, 진나라와 조나라 사이의 우호 관계만 끊어지게 된다. 인상여를 후하게 대접하여, 조나라로 돌아가도록 해 주는 것만 못하다. 어찌 조나라 왕이 한낱 옥벽 하나 때문에 진나라를 기만하겠는가!"라고 하였다. 마침내 조정에서 인상여를 접견하고, 예정되었던 예절 의식을 마친 뒤, 그를 조나라로 돌려보냈다.

인상여가 돌아온 뒤, 혜문왕이 그가 대부(大夫, 군주를 보좌하는 고급 관직)의 자질이 충분하여 사자로 진나라에 가서도 굴욕을 당하지 않았다고 여기고 인상여를 상대부(上大夫)로 임명하였다. 결국 진나라는 성을 조나라에 주지 않았고, 조나라 역시 진나라에 화씨벽을 내주지 않았다.

그 후 진나라는 조나라를 공격하여 석성(石城, 지금의 산서성 여량시 이석구 일대)을 빼앗았다. 다음 해, 다시 조나라를 공격하여 이만 명을 죽였다.

소양왕이 혜문왕에게 사자를 보내, "대왕과 우의를 다지고자 서하(西河, 지금의 섬서성의 낙수와 황하 사이의 위남시 동쪽 지역) 외곽에 있는 민지(澠池, 지금의 하남성 삼문협시 민지현 서쪽 지역)에서 만나고 싶습니다."라고 하였다. 혜문왕이 진나라에 대한 두려움 때문에 가지 않으려 하였다. 염파와 인상여가 대책을 논의한 결과, "대왕께서 가시지 않으면, 조나라가 나약한 겁쟁이임을 보여 주는 것이 됩니다."라고 하였다. 결국 혜문왕이 가기로 하고 인상여가 따라갔다. 염파가 국경까지 배웅하였는데, 혜문왕과 작별하면서, "대왕께서 지금 떠나시는데, 거리를 따져 볼 때 회견의 절차를 다 끝내고 돌아오실 때까지, 삼십 일이 걸리지 않을 것입니다. 삼십 일이 지나도 돌아오지 않으시면, 태자를 즉위시켜, 진나라의 속셈을 끊어버릴 수 있게 해 주시기를 청합니다."라고 하였다. 혜문왕이 이를 하락하였다.

드디어 혜문왕이 소양왕을 민지(澠池)에서 만났다. 소양왕이 술자리가 무르익자, "과인(寡人)이 듣기에 조나라 왕께서는 음악에 뛰어나시다 하던데, 슬(瑟, 25개 현의 큰 거문고) 연주를 부탁드립니다."라고 하였다. 혜문왕이 슬을 연주하였다. 진나라 기록 담당 관리가 앞으로 나서며, "모년 모월 모일에, 진나라 왕이 조나라 왕과 만나 술을 마시고, 조나라 왕에게 슬을 타라고 영(令)을 내렸다."
라고 기록하였다. 그러자 인상여가 앞으로 나서며, "조나라 왕께
서는, 진나라 왕께서 진나라 음악에 능하시다는 소문을 들은 적이
있는데, 진나라 왕께 분부(盆缶, 옹기로 만든 장구나 북 같은 악기)를 올려
연주를 통해 서로 즐길 수 있도록 해 주시기를 청하옵니다."라고
하였다. 소양왕이 화를 내며 거절하였다. 그러자 인상여가 앞으로
나아가 분부를 내밀고, 꿇어 앉아 소양왕에게 다시 청하였다. 그
래도 여전히 소양왕이 분부를 연주하려고 하지 않았다. 그러자 인
상여가, "다섯 걸음도 안 되므로, 목에서 흐르는 피로 대왕을 피투
성이로 만들어서라도 제 청을 들어주시도록 할 작정입니다."라고
하였다. 소양왕 좌우의 신하들이 인상여를 칼로 베려 하였다. 인
상여가 눈을 부릅뜨며 호통치니, 좌우의 신하들이 모두 뒤로 물러
섰다. 그제야 소양왕이 불쾌해하면서도, 분부를 한 번 두드렸다.
인상여가 고개를 돌려 조나라의 기록 담당 관리를 불러, "모년 모
월 모일에, 진나라 왕이 조나라 왕을 위하여 분부를 쳤다."라고 기
록하게 하였다. 진나라 신하들이, "조나라 성 열다섯 개를 바쳐 진
나라 왕의 장수를 기원해 주십시오."라고 하였다. 인상여 역시,
"진나라의 함양(咸陽, 당시 진나라의 도읍, 지금의 섬서성 함양시 함양시구 지역)
을 바쳐 조나라 왕의 장수를 기원해 주십시오."라고 응대하였다.
소양왕은 연회를 마칠 때까지, 끝내 조나라를 제압할 수 없었다.
게다가 조나라 역시 곳곳에다 군사를 대기시키고 진나라 군사에
대비하였기 때문에, 진나라도 감히 다른 행동을 취할 수 없었다.
　혜문왕이 회견을 마치고 귀국한 뒤, 인상여의 공이 크다고 하여

상경(上卿, 경 중에서 가장 높은 관직)의 벼슬을 내려, 염파의 윗자리를 차지하게 해 주었다. 염파가, "나는 조나라 장군으로, 성을 공격하고 벌판에서 전쟁을 치르며 큰 공을 세웠지만, 인상여는 입과 혀만 놀렸을 뿐인데도, 내 윗자리를 차지하고 있다. 게다가 인상여는 천인(賤人) 출신이다. 나는 창피(猖披)해서 그의 밑에 있는 것을 참을 수 없다."고 하였다.

그리고 선언하기를, "내 인상여를 만나면 반드시 욕을 보일 것이다."라고 하였다. 인상여가 그 소문을 듣고 마주치지 않으려 하였다. 인상여는 조회가 있을 때마다 늘 병이라 핑계를 대고 나가지 않으며, 염파와 서열을 다투려 하지 않았다. 때로는 인상여가 밖에 나갔다가도, 멀리서 염파를 보게 되면, 인상여는 수레를 돌려 숨어 버렸다. 그러자 인상여의 사인들이 모두 함께 간하기를, "저희들이 부모 형제들을 떠나 귀하를 섬기는 것은, 오직 귀하의 고상(高尚)한 성품을 흠모(欽慕)하기 때문입니다. 지금 귀하께서는 염파와 서열이 같지만, 염파가 귀하에 대해 나쁜 말을 대놓고 하는데도 귀하는 두려워 그를 피하시며 지나치게 겁을 내십니다. 평범한 사람이라도 그것을 수치스럽게 느낄 터인데, 하물며 장군이나 재상의 경우 더 말할 필요가 있겠습니까? 저희같이 못난 사람들은 하직하고 떠나겠습니다."라고 하였다. 이에 인상여가 한사코 그들을 말리며, "그대들이 보기에 염장군을 진나라 왕과 비교하면 누가 더 무섭겠소."라고 하였다. 사인들이 대답하기를, "염 장군이 진나라 왕만은 못합니다."라고 하였다. 인상여가, "저 진나라 왕의 위엄(威嚴)에 맞서, 나는 진나라 조정에서 그를 꾸짖고, 그의 신하들을 욕보였소. 내 비록 우둔하지만, 어찌 염 장군을 두려워하겠소? 다만 내 곰곰이 생각해 보면, 강한 진나라가 감히 조나라에 군대를 보내지 못하는 것은, 오직 우리 두 사람이 있기 때문이오. 지금 두 마리의 호랑이가 서로 싸우면, 그 형세로 보아 둘 다 살아남지 못할 것이오. 내가 이처럼 하는 이유는, 국가의 위급함이 먼저이고 사사로운 개인 간의 감정은 그 뒤의 일이기 때문이오."라고 하였다. 그러자 염파가 그 이야기를 전해 듣고, 윗옷을 벗어 상체를 드러낸 채 가시나무 회초리를 한 짐 짊어지고, 인상여의 집 앞에 가 빈객을 통해 사죄하였다. 그러면서 염파가, "보잘것없는 저는 장군께서 이처럼 너그러우신 줄 몰랐습니다."라고 하였다. 마침내 인상여도 그를 반갑게 맞이하였으며, 두 사람은 생사를 같이 하는 문경지교(刎頸之交, 목을 잘라 줄 정도로 친하여 생사를 같이하는 사귐)를 맺었다.

그해, 염파는 동쪽으로 제나라를 공격하여, 제나라 군을 격파하였다. 그리고 2년 뒤, 염파는 다시 제나라의 기(幾, 지금의 하북성 한단시 대명현 지역) 땅을 공격하여 빼앗았다. 그로부터 3년 뒤, 염파는 위나라의 방릉(防陵, 지금의 하남성 안양시 안양시구 남쪽 지역)과 안양(安陽, 지금의 하남성 안양시 안양시구 지역)을 공격하여 빼앗았다. 4년 뒤, 인상여가 장군이 되어 제나라를 공격하여, 평읍(平邑, 지금의 하남성 복양시 남악현 동북 지역)까지 쳐들어갔다가 돌아왔다.

죽는 줄 알면 용기가 나게 마련이지만, 죽음 그 자체가 어려운 것이 아니라, 죽음 앞에서 어떻게 처신할 것인가가 어렵다. 바야흐로 인상여(藺相如)가 화씨벽(和氏璧)을 받아 들고 기둥을 노려보며,

진나라 왕의 신하들을 꾸짖을 때, 눈앞에 처한 상황은 죽음을 피할 수 없는 처지였다. 선비들 중 어떤 자는 겁이 많고 소심하여 감히 나서지 못한다. 그러나 인상여는 한번 자신의 기백(氣魄)을 떨쳐 보임으로써, 적국에서 조나라의 위엄(威嚴)을 세웠지만, 그 후 염파(廉頗)에게는 양보(讓步)하여 겸손(謙遜)함을 보이니, 그의 명성은 태산(泰山)보다 무거웠으며, 또한 일을 처리하면서 보여 준 그의 지혜(智慧)와 용기(勇氣)는, 그가 이 두 가지를 모두 겸비(兼備)하였음을 나타냈다고 하겠다.

13

진시황,
천하를
통일하다

진시황의 즉위와
당시 정치적 상황

　진 시황제(秦 始皇帝)는 진나라 30대 장양왕(莊襄王)(29대, 효문왕의 차남으로 이름은 자초(子楚), 재위 B.C 249년-B.C 247년)의 아들이다. 장양왕이 진나라를 위해 趙나라에 질자(質子, 춘추전국시대에 두 나라 사이에 신임을 표시하기 위해 군주의 아들, 손자 등을 상대국과 서로 교환하여 인질로 잡아두었던 것을 말함)로 가 있을 때, 여불위(呂不韋)의 첩을 보자마자 반하여 그녀를 아내로 맞이하여 시황을 낳았다(『史記』「呂不韋列傳」에서, 여불위가 당시에 조나라의 수도인 한단(邯鄲)에서 절세미인들 중 춤을 잘 추는 한 여자를 첩으로 얻었는데, 그녀가 임신(姙娠)을 하게 되었다. 그런데 마침 子楚가 여불위의 집에서 술을 마시다가 이 첩을 보고 한눈에 반하여 자신에게 달라고 요구했고, 이에 그 첩이 자초에게로 가서 아들을 낳으니 이 이가 바로 진시황이다).

　진시황은 진나라 28대 소양왕(昭襄王, 재위 B.C 306년 - B.C 251년) 48년(B.C 259년) 정월 한단에서 태어났다. 국성(國姓)이 영(嬴, 먼 선조 대비(大費, 백예(柏翳)라고도 함)가 순(舜) 임금을 위하여 조수를 잘 길러 영씨 성을 하사받았다고 함), 씨성(氏姓)이 조(趙, 조보가 주 목왕의 총애를 받아 조성(趙城)을 봉읍으로 받아 이때부터 조씨의 성을 가지게 되었음)이며, 이름이 정

(政)이다. 13세 때(B.C 247년) 장양왕이 죽자, 政이 왕위를 이어 31 대 秦王이 되었다. 진왕이 나이가 어린 데다 막 즉위한 터라 나라 일을 대신들에게 맡겨 처리하였는데, 모든 대권이 태후 조희(趙姬) 와 呂不韋의 손안에 있었다.

　진시황이 즉위할 무렵 진나라는 이미 천하의 절반 이상을 차지 하고 있었다. 이미 파(巴, 지금의 사천성 동부 일대), 촉(蜀, 지금의 시천성 중부의 서쪽), 한중(漢中, 지금의 섬서성 남정현)을 병합하고, 완(宛, 지금의 하남성 남양시 경계에 위치)을 넘어 영(郢, 당시 초나라의 도성, 지금의 호북성 형주시 강릉현 서북 기남성 지역)을 점유하여 남군을 설치하였다. 북으로 는 상군(上郡, 지금의 섬서성 한중시 동쪽) 동쪽을 거두어 하동(河東, 지금 의 산서성 하현 서북쪽), 태원(太原, 지금의 산서성 태원시 서남쪽), 상당(上黨, 지금의 산서성 장치시) 등의 군을 점령하였으며, 동으로는 형양(滎陽, 지 금의 하남성 형양현 동쪽)에까지 이르러 이주(二周, 동주의 제후국인 서주와 동주를 말함)를 멸하고 삼천군(三川郡, 지금의 낙양시 동북쪽)을 설치하고 있었다.

　여불위는 재상이었는데 10만 호의 봉토를 받고 문신후(文信侯)로 불렸고, 빈객과 유사(游士, 유세하는 사람)들을 초빙하여 천하를 병탄 (併呑) · 합병(合併)하고자 했다. 이사(李斯, 상채(上蔡) 사람으로 여불위의 식객이었으나 후에 승상이 되어 진시황을 도와서 중앙집권의 군현제를 확립하고, 분서갱유(焚書坑儒) 정책을 추진하였다. 상세한 기록이 「李斯列傳」에 있음)가 여 불위의 사인(舍人, 왕공 귀인에게 귀속되어 일정한 직무를 맡은 사람)이 되었 으며, 몽오(蒙驁, 제나라 사람으로 몽무의 부친, 몽염의 조부), 왕기(王齮, 진 의 將帥), 표공(薦公, 진의 대부) 등은 장군이 되었다.

진왕 6년(B.C 241년, 진왕 19세), 한, 魏, 조, 衛, 초나라가 함께 진나라를 공격하여 수릉(壽陵, 원래 조나라 읍)을 점령했다. 진이 출병하자 다섯 나라가 군대를 철수하였다.

진왕 8년(B.C 239년, 진왕 21세), 진왕의 아우(이복동생) 장안군(長安君) 성교(成蟜)가 군대를 이끌고 조나라를 공격하다가 도리어 반란을 일으켜 둔류(屯留, 지금의 산서성 둔류현)에서 죽임을 당하였고 군관들도 모두 참살되었다. 그리고 둔류의 백성들을 강제로 임조(臨洮, 지금의 감숙성 민현)로 옮겨 살게 하였다. 성교가 군영에서 자살하자, 둔류와 포고에서 반란에 참여했던 군졸들이 모두 戮屍(육시)를 당하였다.

황하가 범람하여 물고기들이 육지로 밀려 나오니, 사람들이 가벼운 수레와 말들을 몰고 먹을 것을 찾아 동쪽으로 갔다.

그해 嫪毐(노애: 여불위가 후궁에 보낸 가짜 환관으로 진왕 생모 趙太后(조태후)의 男寵(남총)으로 총애를 받아 세력이 커졌다)가 長信侯(장신후)에 봉해졌다. 山陽(산양, 지금의 하남성 획가 일대) 땅을 주어 그곳에 살게 하였다. 궁실을 비롯하여 거마, 의복, 원유(苑囿), 치렵(馳獵, 말을 달려서 하는 사냥) 등을 노애가 마음대로 하게 하였으며, 크고 작은 일이 모두 노애에 의해서 결정되었다. 또 河西(하서, 지금의 산서성, 섬서성 사이의 황하 남단 서쪽 지역을 말함)의 태원군을 노애의 봉국으로 변경하였다.

진왕 9년(B.C 238년, 진왕 22세), 혜성이 나타나서 가끔 하늘을 가로질렀다. 4월에 진왕이 雍(옹, 지금의 섬서성 봉상현 남쪽) 땅에서 미리 齋戒(재계)하였다. 己酉日(기유일)에, 진왕이 관례(冠禮)를 거행하고 위엄을 나타내기 위하여 허리에 칼을 찼다(22세가 되어 올린 성인식).

장신후 노애가 반란을 일으키려다 발각되었다. 왕의 옥새(玉璽)와 태후의 인장을 위조하여 도성의 군사 및 호위군사, 관아의 기병, 융적(戎狄)의 우두머리, 가신들을 동원하여 蘄年宮(기년궁, 지금의 섬서성 봉상현 남쪽, 당시 진왕이 기거하던 곳)을 공격하여 반란을 일으키려고 했다. 진왕이 그 사실을 알고 昌平君(창평군, 초의 공자로서 재상으로 임명되었다. 후에 항연에 의하여 荊王(형왕)에 옹립되었다)과 昌文君으로 하여금 군사를 동원하여 노애를 공격하게 하여, 咸陽(함양, 진의 도성, 지금의 섬서성 함양시 동북쪽)에서 싸워 수백 명의 머리를 베었다.

공을 세운 모두에게 작위를 하사하고, 참전한 환관 등에게도 작위 한 등급씩을 하사했다. 노애 등이 패하여 달아나자 즉시 전국에 영을 내려 노애(嫪毐)를 생포하는 자에게는 100만 전(錢)을, 그를 죽인 자에게는 50만 전을 하사한다고 하였다. 위위 갈(衛尉 竭), 內史(내사, 국가의 기밀을 관장함) 사(肆), 佐弋(좌익) 갈(竭), 중대부령 제(齊) 등 20여 명은 모두 머리가 잘려 높은 곳에 매달렸고, 사지는 수레에 찢겨서 사람들에게 본보기로 보이게 되었으며, 그들의 일족도 모두 誅殺(주살)되었다. 가신 및 죄가 가벼운 자는 鬼薪(귀신, 형벌의 일종. 종묘에서 쓰는 땔나무를 하는 고역)의 형벌을 받았다. 또 관직을 박탈당하고 촉군(蜀郡)에 강제 이주된 자들도 4,000여 가구가 되었는데, 이들 모두 房陵(방릉, 지금의 호북성 방릉현)에 거주하게 하였다. 그달에 한파가 심하여 얼어 죽은 자가 있었다. 혜성이 서쪽에 나타났다가 다시 북쪽에 나타났는데 북두성에서 남쪽으로 80일간 출현했다.

진왕 10년(B.C 237년. 진왕 23세), 상국 여불위가 노애의 반란에 연루되어 면직되었다. 제나라와 조나라에서 사신이 와서 연회를 베풀었다. 제나라 사람 모초(茅焦)가 진왕에게 권하기를,

"진나라가 장차 천하를 취하는 것을 대사로 삼고자 하는데 대왕께서 모태후(진왕의 생모인 趙姬)를 유배시켰다는 소문이 있으니, 그 소문을 들은 제후들이 그 일 때문에 진나라를 배반할까 두렵습니다."라고 하자, 진왕이 곧 옹 땅에 연금되어 있는 태후를 함양으로 모셔와 예전처럼 甘泉宮(감천궁, 함양의 남궁)에 기거하도록 하였다.

진시황,
친정으로 천하통일을 향하여

진왕이 진나라에 와 있는 유세객들을 대대적으로 조사하여 추방
시키려고 하자, 李斯(이사)가 글을 올려 설득하자 진왕은 축객령(逐
客令)을 취소시켰다. 그리고 나서 이사가 진왕에게 먼저 한나라를
공격하여 다른 나라들에게 위협을 가할 것을 건의하자, 이사로 하
여금 한나라를 공격하도록 하였다. 한왕이 그것을 걱정하여 한비
자(韓非子)와 함께 진나라를 약화시킬 계책을 모색하였다.

大梁(대량, 위나라 수도, 지금의 하남성 개봉시) 사람인 병법가 위료(尉繚)
가 찾아와서 진왕에게 다음과 같이 유세하기를,

"진나라가 너무 강하여 이제 제후들은 郡縣의 우두머리 정도에
지나지 않습니다만, 신은 제후들이 합종하여 군사를 모아 갑자기
공격하지 않을까 걱정될 뿐입니다. 이는 智伯(지백, 경대부로, 춘추전
국 시대 때 晉의 六家 호족 권신 중의 하나로서, 韓, 趙, 魏 세나라에 의해서 멸망
됨)이나 夫差(부차, 오나라의 군주), 그리고 湣王(민왕, 제나라의 군주)이 망
한 까닭입니다. 원하옵건대 대왕께서는 재물을 아끼지 마시고 각

국의 대신들에게 주어 이로써 그들의 계획을 흩어 놓으시면, 불과 30만 금이면 제후들을 모조리 소멸시킬 수 있습니다."라고 하였다.

진왕은 그의 계책을 따랐고, 위료를 만날 때면 옷가지며 음식을 위료와 똑같이 하여 동등한 예로 대하였다.

그러자 위료가 이렇게 말하였다.

"진왕이란 사람은 코끝이 아래로 삐죽하고 눈은 길게 째지고, 사나운 짐승 같은 가슴팍에, 승냥이 같은 목소리를 가지고 있다. 은혜를 잘 베풀 줄 모르고, 호랑이나 이리와 같은 마음이라 자기가 궁할 때는 쉽게 다른 사람 밑에 들어가지만 일단 뜻을 얻으면 사람을 잡아먹는 것은 일도 아니다. 평민인 나를 만날 때도 늘 스스로 내게 몸을 낮춘다. 진실로 진왕이 천하를 얻고 나면 천하가 모두 그의 노예가 될 것이다. 오래 교류하면 안 된다."고 하며, 바로 도망치려 하였다.

진왕이 이를 눈치채고는 한사코 붙잡으면서 머물 것을 권유하며 진나라의 國尉(국위, 진나라의 최고 군사장관)로 삼아서 결국 그의 계책을 따랐으며, 이사가 그것을 실행에 옮겼다.

진왕 11년(B.C 236년), 왕전(王翦), 환의, 양단화가 업(鄴, 지금의 하북성 임장현 서남쪽)을 공격하여 9개 성을 빼앗았다. 왕전이 연여(閼與, 지금의 산서성 화순현 서북쪽), 요양(橑楊, 지금의 산서성 좌권현)을 공격하고, 그곳의 군사를 하나로 통합했다. 왕전이 군사를 18일간 통솔했는데, 군사 중 봉록이 100석인 斗食(두식) 이하의 군사는 집으로 돌려보내고, 10명 중 2명을 선발하여 종군하도록 하였다. 업, 안양(지금의 하남성 안양시)을 빼앗은 뒤, 환의가 군사를 통솔했다.

진왕 12년(B.C 235년, 진왕 25세), 문신후 呂不韋가 죽자 몰래 매장하였다(여불위가 짐주(鴆酒)를 마시고 자살하자 그의 문객들이 비밀리에 낙양 北邙山(북망산)에 장사지낸 것을 말함). 그의 가신으로 장례식에 참가한 사람 중 晉나라 출신은 국경으로 축출했고, 秦나라 사람으로 봉록이 600섬(8등급의 작위를 가진 관리가 받던 봉록) 이상인 자는 관직을 삭탈하여 촉지역 방릉으로 옮기게 하였으며, 봉록이 500섬(10등급의 작위를 가진 관리가 받던 봉록) 이하로 장례식에 가지 않은 사람은 방릉으로 옮기게만 하고 관직은 삭탈하지 않았다.

이때부터 국사를 처리할 때 嫪毒, 呂不韋처럼 정도를 따르지 않은 자는 일족을 명부에 기록하여 관의 노비로 삼는 관례가 여기서부터 비롯되었다. 가을에 촉으로 옮긴 노애의 가신들에게 부세와 노역을 면제해 주었다. 당시 천하에 큰 가뭄이 들었는데, 6월부터 시작된 것이 8월이 되어서야 비로소 비가 내렸다.

진왕 13년(B.C 234년), 장군 환의가 조나라 평양을 공격하여, 조나라 장군 호첩(扈輒)을 죽이고, 10만 명의 목을 베었다. 진왕이 하남에까지 행차하였다. 정월에 혜성이 동쪽에서 나타났다.

진왕 14년(B.C 233년, 진왕 27세), 평양에서 조나라군을 공격하여, 의안(지금의 하북성 석가장시 동남쪽)을 빼앗았으며, 조나라군을 물리치고 조나라 장군을 죽였다. 한비자가 진나라에 사신으로 파견되자, 진나라에서는 이사와 요고가 계략을 써서 한비자를 억류하여, 이사가 그에게 독약을 주어 雲陽(운양, 지금의 섬서성 순화현 서북쪽)에서 자살하게 하였다. 韓나라 왕이 진나라의 신하되기를 청하였다.

진왕 16년, 9월에 군사를 일으켜서 한나라 남양(南陽, 지금의 하남성 서남부 일대) 땅을 인수하고 내사 등(騰)을 대리 태수로 삼았다. 위나라가 진나라에 땅을 바쳤다. 진나라가 여읍(麗邑, 지금의 섬서성 임동현)을 설치했다.

진왕 17년(B.C 230년, 진왕 30세), 진나라 內史 騰(내사 등)이 한나라를 공격하여 한나라 王 安(한나라의 마지막 군주, 재위 B.C 238-B.C 230년)을 사로잡고 그 땅을 군으로 만들어 潁川(영천)이라고 부르게 하였다.

이해에 지진이 있었다. 큰 기근이 들어 백성들이 굶주렸다. 화양태후(장양왕의 양모)가 세상을 떠났다.

진왕 18년(B.C 229년, 진왕 31세), 진왕이 군사를 크게 일으켜 조나라를 공격하였다. 장군 왕전이 上地(상지, 지금의 섬서성 수덕현 일대)의 군사를 이끌고 井陘(정형, 지금의 하북성 정형현)을 공격하였고, 楊段和(양단화)가 하내의 군사를 이끌고 羌瘣(강외)와 함께 趙나라를 공격했다. 양단화(진의 장수로 몽씨, 왕씨 집안과 함께 명장 집안으로 추정)가 邯鄲城(한단성)을 포위하였다.

진왕 19년(B.C 228년, 진왕 32세), 왕전과 강외가 조나라 땅을 모두 평정하고 東陽(동양, 지금의 하북성 태항산 동쪽 지역)에서 조나라 王 遷(천)을 사로잡았다. 이어 군사를 이끌고 연나라를 공격하기 위해 中山(중산, 나라 이름, B.C 296년에 조나라에 의해 멸망함, 지금의 하북성 정현과 당현) 일대에 주둔하였다.

진왕이 邯鄲(한단)으로 가서 일찍이 자신이 趙나라에서 태어났을 당시 생모의 집안과 원한이 있던 사람들을 모두 생매장시켰다. 진왕이 태원, 상군을 거쳐서 귀환하였다. 진왕의 모태후가 세상을 떠났다.

조나라의 공자 嘉(가, 조나라의 마지막 임금. 재위 B.C 227년-B.C 222년)가 종족 수백 명을 이끌고 代(대, 원래나라 이름, 지금의 하북성 울현)로 가더니 스스로 代王(대왕)에 즉위했으며, 동쪽으로 연나라와 연합하여 군사를 上谷(상곡, 연나라 소속으로, 지금의 하북성 회래현)에 주둔시켰다. 그 해에 큰 기근이 있었다.

진왕 20년(B.C 227년, 진왕 33세), 연나라 태자 丹(단, 연왕 喜(희)의 태자임)이 진나라의 군사들이 연나라를 침략해 올 것을 걱정하다 두려운 나머지 荊軻(형가, 위나라 사람. 「刺客列傳」에 상세히 보임)를 시켜서 진왕을 刺殺(척살)하게 하였다. 진왕이 사전에 이를 눈치채고 형가의 사지를 찢어 백성들에게 보였다. 그리고 왕전, 신승으로 하여금 연나라를 공격하게 하였다. 그러자 연나라와 代나라가 군사를 일으켜 진군을 공격하였으나, 진의 군대는 易水(역수, 하북성 서부에 있는 강) 서쪽에서 연나라를 격파하였다.

진왕 21년(B.C 226년, 진왕 34세), 王賁(왕분)이 초나라를 공격하였다. 진왕이 왕전에게 군사를 증원하여 연나라를 정벌하도록 하여, 마침내 연나라 태자의 군사를 격파하고 연나라의 薊城(계성 : 연나라의 도성, 지금의 북경시 서남방)을 점령하였으며, 태자 丹(단)의 목을 베었다. 연왕이 동쪽 遼東(요동)으로 도망쳐 남은 무리들을 수습하여 점령하고 그곳의 왕이 되었다.

장군 왕전이 초나라를 공격하면서 진왕과 의견이 맞지 않아 늙고 병든 것을 핑계로 관직을 사임하고 귀향하였다.

新鄭(신정, 원래는 한나라에 속했다. 지금의 하남성 신정현)에서 반란이 일어났다. 창평군을 郢(영, 여기서는 壽春, 지금의 안휘성 수현)으로 옮겨 살게 했다. 큰 눈이 내렸는데, 높이가 두 자 다섯 치나 되었다.

진왕 22년, 왕분이 위나라를 공격하여 하구(河構)의 강물을 끌어다가 대량(大梁)으로 흘러가게 하니 대량성이 파괴되었다. 그러자 위왕 가(假)가 항복을 하여, 그 땅을 모두 빼앗았다(B.C 225년).

진왕 23년(B.C 224년, 진왕 36세), 진왕이 왕전을 다시 불러 기어코 기용해서, 그를 시켜서 초나라를 공격하게 하여, 陳(진, 원래 소국이었으나 B.C 479년 초에 의해서 멸망하였음, 지금의 하남성 회양현)의 남쪽부터 平輿(평여, 지금의 하남성 평여현 북쪽)까지의 땅을 점령하고 荊王(형왕, 초왕 負芻(부추)를 말함)을 사로잡았다. 진왕이 몸소 초나라 수도 영도와 진현까지 행차하였다.

초나라 장수 項燕(항연, 하상 사람으로 항우의 조부)이 창평군을 옹립하여 초왕으로 삼았고, 淮河(회하)의 남쪽에서 진나라에 반기를 들었다.

진왕 24년(B.C 223년, 진왕 37세), 왕전, 蒙武(몽무)가 초나라를 공격하여 초군을 무찔렀다. 창평군이 죽자 항연도 자살하였다.

진왕 25년(B.C 222년, 진왕 38세), 진왕이 크게 군사를 일으켜서 王賁(왕분)으로 하여금 연나라의 요동을 공격하게 하여 연왕 喜(희, 연나라 마지막 임금. 재위 B.C 254년–B.C 222년)를 사로잡았다. 돌아오는 도중에 代나라를 공격하여 대왕 嘉(가)를 사로잡았다.

왕전이 마침내 초나라의 江南(강남, 장강 남쪽을 통칭한다. 지금의 호북성 남부와 호남성, 강서성 일대를 말함) 지역을 평정하고, 월나라의 군주를 항복시키고 거기에 會稽郡(회계군, 지금의 강소성 소주시)을 설치하였다.

5월, 천하에 마음껏 술을 마시고 즐기는 큰 잔치를 벌이도록 허락하였다.

진왕 26년(B.C 221년, 진왕 39세), 제왕 田建(전건, 제나라 마지막 임금, 재위 B.C 264년-B.C 221년)과 그의 상국 后勝(후승)이 군사를 일으켜서 서쪽 변경을 지키며 진나라와 왕래하지 않았다. 진왕은 장군 왕분을 시켜서 연나라로부터 남쪽으로 제나라를 공격하도록 하여 제왕 전건을 사로잡았다.

이리하여 진왕 政(정)이 즉위 17년째인 B.C 230년에 내사 등에게 한나라를 공격하게 하는 것을 시작으로 6국에 대한 대대적인 공세를 취하여, B.C 221년 제나라를 멸망시켜, 진왕이 중국 천하를 통일함으로써, 500여 년에 걸친 국가 간의 분쟁을 종식시키고 중국 역사의 新紀元(신기원)을 열었다.

진나라가 6국을 병합한 순서를 보면, B.C 230년 한나라(존속 기간 104년)를, B.C 225년 위나라(존속 기간 145년)를, B.C 223년 초나라(존속 기간 519년)를, B.C 222년 연나라(존속 기간 111년)를, B.C 222년, 조나라(존속 기간 105년)를, B.C 221년 제나라(존속 기간 139년)를 각 병합하였다.

진왕이 통일한 천하의 疆域(강역)은 약 300만 제곱킬로미터로 한반도 남북한을 합친 면적의 15배가량 되는 방대한 제국이었다. 동쪽으로 동해(황해) 바다와 조선에까지 이르렀고, 서쪽으로는 臨洮(임조, 지금의 감숙성 민현)와 羌中(강중, 지금의 청해성 동부)에까지 이르렀으며, 남쪽으로는 北嚮戶(북향호, 지금의 광동성 광주, 광서성 남녕 등지)까지 이르렀다. 북쪽으로는 황하를 근거지로 하여 요새를 쌓아 陰山(음산, 지금의 내몽고 중부)을 넘어 요동에까지 이르렀다.

사마천은 진나라가 통일을 실현할 수 있었던 주요 원인으로 '하늘의 도움'을 꼽았는데, 여기서 말하는 '하늘'이란, 곧 민심이고 역사의 조류에 순응하는 대세를 말한다. 진시황의 말대로 '천하가 끊임없는 전쟁으로 고통을 받아', '안녕과 휴식을 바란' 것이다. 진나라가 통일을 원하는 백성들의 바람에 순응하고 또 역사의 조류에 순응했기 때문에 '크게 순응하고' 불후의 업적을 이룩할 수 있었다는 것이다.

그러나 秦 始皇(B.C 259년 - B.C 210년)이 천하를 통일하고 스스로를 높여 황제라 불렀지만 무력에만 의존하여 폭력을 마구 휘둘러, 비록 진 왕조가 단명했지만, 중국 역사상 최초로 중앙집권화된 군현제국가 체제를 확립하여 그 후 2,000년 넘게 중국 역사에 절대적인 영향을 남겼다.

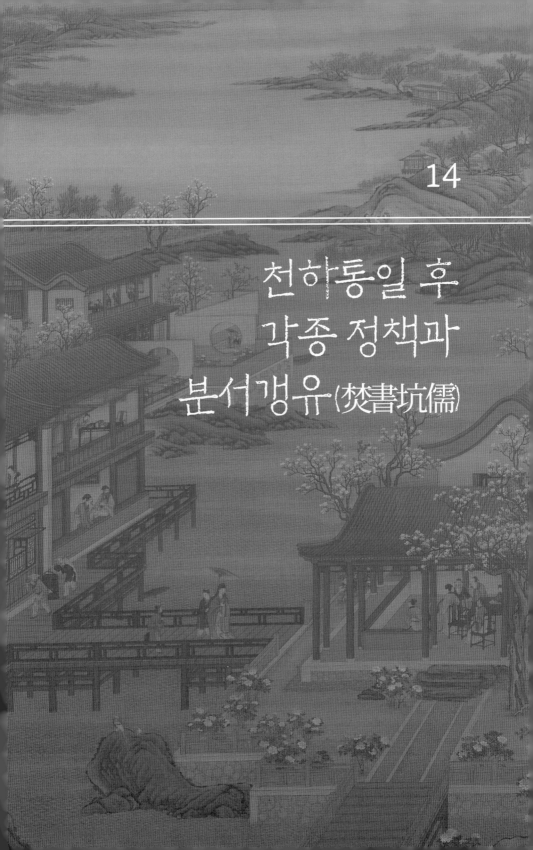

14

천하통일 후
각종 정책과
분서갱유(焚書坑儒)

왕의 호칭을
'始皇帝(시황제)'로

　진왕은 승상 王綰(왕관), 어사대부 馮劫(풍겁), 廷尉(정위) 李斯(이사) 등이 논의한 결과를 아룀에 따라서, 고대에는 천황, 지황, 泰皇(태황, 전설 속의 삼황)이 있었는데 그중에서 태황이 가장 존귀했다. 그래서 '태'자를 없애고 '황'자를 취하고, 상고시대의 '帝'라는 호칭을 채택하여 '皇帝'라고 칭하고, 명을 '制'라 하고, 슈을 '詔(조)'라 하며, 천자가 스스로를 칭할 때에는 '朕(짐)'이라고 하도록 하였다.

　부친인 장양왕을 태상황이라고 추존하고 또 죽은 후에 생애의 사적에 따라서 諡號(시호)를 정하는 시호법을 없애고, 후세는 수로 헤아려, 진왕 스스로는 '始皇帝'로 칭하고, 2世, 3世라 하며 만세에 이르기까지 길이 전해지도록 하였다.

각종 제도 개혁

오행 사상의 終始五德(종시오덕, 음양가 鄒衍(추연) 등이 오행설에 근거하여 역사의 발전과 왕조의 교체에 대하여 주장한 일종의 순환이론, 黃帝는 토덕이고 夏王朝(하왕조)는 목덕이고 商王朝(상왕조)는 금덕이고 周王朝(주왕조)는 화덕이므로 주 왕조를 대체할 덕은 반드시 수덕이라야 된다고 보았다)의 원리에 근거하여 주나라의 화덕을 진나라의 水德으로 대신한다고 선포했다.

한 해의 시작은 10월을 첫 달로 정했으며, 조정의 하례식도 10월 초하루에 거행하게 하였다. 의복, 깃발, 符節(부절) 등의 색을 검은색(오행설에 의하면 흑색은 물을 상징함)으로 통일했고, 각종 수치를 6으로 통일하여 부절과 법관(어사가 쓰는 관모)의 길이를 6寸으로 규정하고, 수레바퀴 사이의 폭을 6尺(척)으로, 6尺을 1步(보, 여섯 자)로, 수레 한 대를 끄는 말의 수를 여섯 마리로 정했다.

황하의 이름을 덕수로 바꾸어 水德의 시작임을 알렸다.

| 행정구역

정위 이사의 주장에 따라 봉건제를 버리고 군현제(郡縣制)를 채택
하여 천하를 36개(나중에 48군) 군으로 나누고 군에는 守(수, 군의 행정장
관), 尉(위, 군의 군사장관), 監(감, 군의 감찰장관)을 두었다(중앙집권제 확립).

| 각종 통일 정책

법률과 제도의 통일, 저울, 길이, 용량, 무게의 단위를 통일(도량
형의 통일), 7국 문자의 통일로 방대한 중국을 하나로 묶는 데에 중
요한 역할을 했으며, 서체도 각석은 小篆體(소전체), 공문은 隷書體
(예서체)로 통일했다. 화폐도 진나라의 半兩錢(반양전, 圓形方孔(원형방
공) : 동그라미에 네모 구멍) 화폐로 통일시켰다. 이는 경제권 통합이라
는 면에서 반드시 필요한 조치였다.

| 도로망 구축으로

馳道(치도)는 전국을 통하는 진 제국의 국도(황제가 순무할 때 다닐 목
적으로 수축)인데, 폭 50步(보, 주척으로 6자)에 3丈(장, 한 자의 열배로 약 3
미터에 해당)마다 청송 가로수를 심었다. 直道(직도)는 甘泉宮(감천궁,
진의 이궁으로 지금의 섬서성 건현)에서 九原郡(구원군, 지금의 내몽고 포두시

서쪽)에 이르는 직선 도로망으로, 대외적으로 흉노 방어를, 대내적으로 군사력 강화에 중점을 두었는데, 경제와 문화 발전을 촉진했다. 오척도는 불편했던 서남 변방으로의 통행을 위해 구축된 비교적 좁은 도로인데, 중원과의 정치, 경제, 문화 관계가 강화되었다. 甬道(용도)는 천정이 없는 터널 모양의 황제 전용도로로 진시황의 행차를 볼 수 없도록 하기 위하여 만들어졌다.

| 수로 개통으로는

  B.C 236년 함양 북쪽에 鄭國渠(정국거)를, B.C 219년에는 湘江(상강)과 漓江(이강)을 잇는 靈渠(영거, 지금의 광서성자치구 계림시 흥안현)를 파서, B.C 214년, 한수 – 장강 – 상강 – 이강 – 주강구에 이르는 수로를 완공하였다. 현존하는 세계 最古(최고)의 제방 및 수로 건축물 중의 한 곳이다.

|인구 이주책으로는

  수도권 경제 활성화와 지방세력 견제를 위하여, 전국의 부호 12만 호를 수도 함양으로 이주시키고, 3만 가구를 驛邑(역읍)으로, 5만 가구를 雲陽(운양, 지금의 섬서성 순화현 서북)으로 이주시키고 세금과 徭役(요역)을 면제해 주었다.

천하의 병기를 거두어 함양에 모은 다음 그것을 녹여서 鐘鐻(종거, 종과 비슷한 악기)와 하나의 무게가 1,000石(120근이 1석임)이나 되는 동인상 12개를 만들어 모두 궁정 안에 배치하였다.

여러 조묘를 비롯하여 章臺宮(장대궁, 섬서성 서북 미앙궁 구역)과 上林苑(상림원, 황가 사냥터)이 모두 渭水(위수, 감숙성에서 흘러와 서안시 북쪽을 경유해 황하로 들어감) 남쪽 언덕에 위치하였다. 이것들은 진나라가 제후들을 격파할 때마다 해당 제후국의 궁실을 모방하여 함양 북쪽(지금의 함양시 요점향과 정양향 일대로 추정) 산기슭에 지은 것인데, 남쪽으로는 위수가 흐르고 雍門(옹문, 지금의 섬서성 고릉현) 동쪽에서 涇水(경수, 녕하에서 흘러 함양성 북쪽을 지나 위수로 흘러간다)와 위수에까지 이르며, 궁전 사이의 구름다리와 周閣(주각, 사방으로 창과 난간이 있어 멀리 바라볼 수 있게 한 누각)이 서로 연이어져 있으며, 제후국에서 빼앗은 미녀들과 종과 북들로 이곳을 채우고 있었다.

통일 대업을 이룬 진시황이 위와 같이 각종 정책과 조치들을 단행했으나, 모든 일을 법에 따라 결정하고 인의나 은혜 그리고 너그러움 따위가 없이 각박하여야 오덕의 水(수덕인 물은 음이며 음은 형벌과 살육을 주관한다고 생각했다)에 부합한다고 여겼다. 그리하여 법을 가혹하게 집행하고 법을 어긴 자는 용서받지 못하였다. 이것이 결과적으로 진나라가 빠르게 몰락하는 원인으로 작용하였다.

거대한 토목공사

천하 통일 후 진나라 왕조의 통치 기간은 몇십 년도 안 되었는데, 수많은 토목공사를 벌렸다. 그중에서 만리장성은 이미 중국의 상징이 되었고, 진시황릉은 지금까지 가장 신비한 왕릉으로 알려지고 있다.

| 만리장성

진시황 32년(B.C 215년), 진시황은 蒙恬(몽염) 장군으로 하여금 30만 대군을 동원하여 북방의 胡(호, 匈奴)를 치게 한 뒤 榆中(유중, 섬서성 동북부, 내몽고 동승지구)에서 황하를 따라 陰山(음산, 내몽고 중부)까지 44개 縣(현)을 벽돌 등으로 쌓아 잇게 함으로써 그 위용을 드러냈다. 이 장성은 臨洮(임조)에서 시작해 요동까지 무려 1만여 리에 이르는 흉노에 대한 방어선이었다.

| 阿房宮(아방궁)

진시황 35년(B.C 212년, 진시황 48세), 위수의 남쪽 上林苑(상림원)에 궁전을 지었다. 먼저 阿房(아방, 땅 이름, 지금의 섬서성 서안시 서북쪽)에 前殿(전전)을 건축했는데, 동서의 넓이가 500步이며 남북의 길이가 50丈으로 위쪽에는 10,000명이 앉을 수 있으며, 남산 봉우리에 궐루를 세워서 표지로 삼았다. 또 사방으로 구름다리를 만들어 궁전 아래부터 남산에 이르기까지 통하게 했으며, 또 구름다리를 수축하여 아방에서 위수를 건너서 함양에까지 이르게 하였다.

궁형, 徒刑(도형 : 징역형)을 받은 70만여 명을 나누어 아방궁을 짓게 하거나 驪山(여산)의 시황의 능묘를 營造(영조)하는 데 이들이 동원되었다. 아방궁이 완성되지 않았으나, 아방에 궁전을 지었기 때문에 천하 사람들이 그것을 아방궁이라고 불렀다. 그 외에 관중에 궁전 300채를 지었으며 함곡관 동쪽에는 400여 채의 궁전을 지었다.

| 진시황릉 兵馬俑(병마용)

1974년에 진시황릉 동부에서 品(품)자 형태인 兵馬俑坑(병마용갱) 세 곳이 발견되었다. 면적은 2만 평방미터, 8천 점의 도용, 전차 100승, 수만 점의 보물과 병기 등 문물이 출토되었다.

| 진시황릉

　진시황릉은, 지금의 섬서성 서안시 동쪽의 驪山(여산) 북쪽 기슭
에 위치한다. 북쪽으로는 위수에 닿고, 37년 만에 완성되었다. 능
원은 총 56.25평방킬로미터다. 능묘 위의 봉토는 높이가 115미터
(지금은 76미터)에 달한다. 능원의 안과 밖에 이중 성이 있고, 내성의
둘레는 3,840미터, 외성의 둘레는 6,210미터에 이른다.

　진시황 37년(B.C 210년, 진시황 50세), 진시황이 7월 丙寅日(병인일)
에 沙丘 平臺(사구 평대)에서 죽었다. 시체가 함양에 이르자 상을 치
르고, 9월에 여산에 안장하였다. 무덤에는 엄청난 보물이 함께 묻
혔다. 진시황의 후궁으로 자식이 없는 자들은 모두 殉葬(순장)했고,
匠人(장인)들은 무덤 안에 가두고 나오지 못하게 했다.

| 진시황릉 지하궁

　『사기』기록에 의하면, 진시황릉 지하궁은 세 갈래의 샘을 판 후
구리를 부어 그곳을 막고 안에 棺槨(관곽)을 안치했다. 궁전과 백관
의 순서에 따라 진귀한 보물을 가득 채웠다고 한다. 또한 활과 화
살을 설치해 도굴을 방지했다. 수은을 부은 수많은 강을 만들어
기구를 통해 서로 통하게 했다. 윗벽에는 천문을 장식하고, 지하
에는 지리를 그려 넣었다.

고금 논쟁과 焚書(분서)
그리고 坑儒(갱유)

| 고금 논쟁과 분서

진시황 34년(B.C 213년, 진시황 47세), 시황제가 부정직한 관리들을 유배시켜서 장성을 수축하거나 南越(남월, 월족이 이 지역에 많이 거주하였는데, 계림, 상군, 남해 등의 군을 가리킨다) 지역을 지키도록 하였다.

시황제가 함양궁에서 주연을 베푸니 박사 70명이 앞에 나와서 축수를 올렸다. 僕射(복야 : 무관을 존중하여 활의 명수에게 붙여진 관직 이름) 周靑臣(주청신)이 나서 찬양하는 말을 올렸다.

"이전에 秦 땅은 사방 천리에 불과했으나, 폐하의 신명과 지덕에 의지하여 천하를 평정하고 蠻夷(만이, 고대에 남방과 동방의 각 부족에 대한 통칭)를 몰아내니, 해와 달이 비추는 곳이라면 복종하지 않는 자가 없게 되었습니다. 이제 제후국을 군현으로 삼으시니, 사람마다 안락함을 누리고 전쟁의 근심이 사라져, 그 공적이 만세에까지 전하게 되었습니다. 상고 이래의 군주들도 폐하의 위업과 덕망에는 미치지 못하였습니다."라고 하자, 시황제가 기뻐하였다.

그러자 제나라 사람 박사 淳于越(순우월, 고금 논쟁을 일으켜 이사로부
터 배척을 받음)이 나아가 말하기를,

"신이 듣건대 殷(商), 周의 왕조가 천여 년간 지속되면서 자제와
공신들을 봉하여 왕실을 보위하게 하였다고 합니다. 이제 폐하께
서 천하를 소유하셨지만 자제분들께서는 오히려 평민으로 계시는데,
만약 田常(전상, 제나라 대신, 제 簡公(간공)을 죽이고 제 평공을 옹립하고, 자신
은 재상이 되었다)이나 晉나라의 六卿(육경, 춘추시대 晉나라는 범씨, 중항씨,
지씨, 한씨, 조씨, 위씨를 경으로 삼았는데, 후에 이 육경이 싸워서 진나라를 멸망
시켰다) 같은 신하들이 갑자기 나타나면 황제를 보필할 자가 없으니
어떻게 구할 수 있겠습니까? 고인을 본받지 않고 오랫동안 유지
될 수 있는 일은 이제껏 들어본 적이 없습니다. 지금 주청신이 면
전에서 아부하며 폐하의 과실을 가중시키려고 하니 그는 충성스런
신하가 아닙니다."라고 하자, 시황제가 대신들에게 이 의견을 논
의하도록 했는데, 승상 이사가 이렇게 말하였다.

"오제가 나라를 다스리는 방도가 서로 달랐으며, 夏, 商, 周 三
代가 서로 이어받지 않고 각자의 방법으로 천하를 다스린 것은 서
로를 반대해서가 아니라 시대가 변하여 달라졌기 때문입니다. 이
제 폐하께서 대업을 창시하여 만세의 공덕을 세웠으니, 진실로 어
리석은 유생들은 이해할 수 없는 것입니다. 하물며 순우월이 말한
것은 삼대의 일이니 어찌 본받을 만한 것이겠습니까? 전에는 제후
들이 서로 다투었으므로 높은 관직과 후한 봉록으로 유사들을 초
치하였습니다. 이제 천하가 안정되어 법령이 통일되었고, 백성들
은 집안에서 농공에 힘쓰고, 선비들은 법령과 형법을 학습하고 있

거늘, 지금 모든 유생들은 지금의 것을 배우지 않고 옛것만을 배워 당세를 비난하며 백성들을 미혹시키고 있습니다. 승상인 신 이사가 황공하게도 아뢰옵니다.

옛날에는 천하가 혼란스러워서 어느 누구도 천하를 통일할 수가 없었습니다. 그러므로 제후들이 서로 군사를 일으키고 하는 말마다 모두 옛것을 말하며 지금을 비난하고 허망한 말을 늘어놓아 실질적인 것을 어지럽게 하고, 사람마다 자기가 개인적으로 배운 것을 찬양하여 조정에서 제정한 정책과 법령을 비난했던 것입니다. 이제 황제께서 천하를 통일하시어 흑백을 가리고 모든 것이 至尊(지존, 황제를 가리킴) 한 분에 의해서 결정되도록 하셨거늘, 개인적으로 학습하여 함께 조정의 법령과 교화를 비난하고, 새 법령이 나오면 각자 자기의 학문으로 그 법령을 의론하며, 조정에 들어와서는 마음속으로 비난하고 조정을 나와서는 길거리에서 의론하며, 군주에게 자신을 과시하여 명예를 구하고 기발한 주장을 내세워서 자신을 높이려고 하며, 백성들을 거느리어 비방하는 말을 조성할 뿐입니다. 만약 이러한 것들을 금지하지 않으신다면 위에서는 황제의 위세가 떨어지고 아래에서는 붕당이 형성될 것이오니, 그것을 금지시키는 것이 좋을 것입니다.

신이 청하옵건대 사관에게 명하여 진나라에 대한 기록이 아닌 것은 모두 태워버리고, 박사관에서 주관하는 서적이 아니면서 감히 수장하고 있는 『詩』, 『書』 및 제자백가의 저작들을 소장하고 있으면 모두 지방관에게 보내어 모두 태우게 하며, 감히 두 사람이 『詩』, 『書』를 이야기하는 자는 저잣거리에서 사형시켜 백성들에게 본보기를 보이며, 옛것으로 지금을 비난하는 자는 모두 멸족시키고, 이 같은 자들을 보고도 검거하지 않는 관리는 같은 죄로 다스리소서. 명령이 내려진 지 30일이 되어도 서적을 태우지 않는 자는 黥刑(경형)을 내리어 城旦刑(성단형. 낮에는 변경을 수비하고 밤에는 장성을 수축하는 노역)에 처하십시오. 다만 불태워 제거하지 않은 서적은 의약, 점복(占卜), 種樹(종수)에 관계된 서적뿐이며, 만약 법령을 배우고자 하는 자가 있다면 관리를 스승으로 삼게 하옵소서."라고 하였다.

이에 진시황이 영을 내려서 "그렇게 하라."라고 하였다.

| 坑儒(갱유)

진시황 35년(B.C 212년. 진시황 48세), 方士 侯生(후생)과 盧生(노생)이 서로 의논하여 다음과 같이 말하였다.

"진 시황의 사람됨은 천성이 고집 세고 사나워 남의 말을 듣지 않고 자기 마음대로 하며, 제후 출신으로서 천하를 통일하여 마음먹은 대로 일을 행하고, 옛날부터 지금까지 자기보다 나은 자가 없다고 여기고 있소. 그리고 오로지 獄吏(옥리)만을 신임하여 그들을 가까이하고 총애하며, 박사가 비록 70명이나 있지만 머릿수만 채우고 있을 뿐 그들을 중용하지 않소.

승상과 대신들은 모두 이미 결정한 명령을 받아들일 뿐이며 황제에 의해서 모든 일이 처리되고 있소. 황제는 무거운 형벌과 살육으로써 자신의 위엄을 세우기를 좋아하니, 천하가 두려워하며 자신의 봉록만을 유지하려고 할 뿐이며 감히 충성을 다하려고 하지 않소. 황제는 자신의 허물을 듣지 않고 날마다 驕慢(교만)해지며, 아랫사람은 해를 입을까 두려워하여 속이고 欺瞞(기만)하며 황제의 비위를 맞추고 있소.

진나라의 법률에는 두 가지 방술을 겸할 수 없게 하였으며, 만약 그 방술에 영험이 없으면 즉시 사형에 처하도록 되어 있소. 그러나 星象(성상)과 雲氣(운기)를 관측하는 자가 300명에 이르고 모두 뛰어난 선비들이지만 두려워하고 기피하여 감히 황제의 허물을 직언하지 못하고 있으며, 천하의 일이 크고 작은 것을 막론하고 모두 황제에 의해서 결정되니, 황제가 읽어야 할 문서의 중량을 저울질해야 할 지경이며 밤낮으로 처리해야 할 정량이 있어서 그 정량에 이르지 못하면 휴식도 할 수가 없소. 권세를 탐하는 것이 이 정도에 이르니 그를 위해서 仙藥(선약)을 구해주어서는 안 될 것이오." 그러고는 그들은 바로 도망쳐 버렸다.

진시황이 후생과 노생이 도망쳤다는 소식을 듣고 크게 노하여 이렇게 말하였다.

"내가 전에 천하의 쓸모없는 책들을 거두어 모두 불태우게 하고, 문학에 종사하는 선비들과 方術士(방술사 : 천문, 의학, 신선술, 점복, 상술 등을 연구하는 사람)들을 모두 불러 모아 천하를 태평케 하고자 방사들로 하여금 각지를 찾아다니며 仙藥(선약)을 구하게 하였거늘, 지금 들으니 韓衆(한중, 진의 방사 韓終을 가리킴)이 한 번 가더니 소식이 없다고 하고, 徐市(서불) 등은 막대한 금액을 낭비하고서도 결국 선약을 구하지 못한 채 불법으로 이익을 챙기며 서로 고발하고 있다는 소식만을 매일 듣고 있다. 내가 노생 등을 존중하여 그들에게 많은 것을 하사했으나 이제는 나를 비방하면서 내가 부덕하다고 지껄이고 있다. 내가 사람을 시켜서 함양에 있는 이런 자들을 조사해보니 어떤 자는 요망한 말로서 백성들을 미혹시키고 있었다."

이에 어사에게 명하여 유생과 방사들을 조사하자 그들은 서로가 서로를 고발하니, 始皇 자신이 친히 법령으로 금지한 것을 범한 자 460여 명을 사형죄로 판결하여 모두 함양에 生埋葬(생매장, 坑儒)하고 천하에 그것을 알려서 후세 사람들을 경계시켰다(유생들을 산 채로 파묻은 장소로 오늘날 섬서성 임동현 서남 홍경보에 갱유곡이 전한다).

진 시황의 장자 扶蘇(부소)가 간언하여 말하기를,

"이제 막 천하가 평정되었으나 먼 지방의 백성들은 귀속되지 않았으며 유생들은 모두 『詩』,『書』를 암송하며 공자를 본받고 있는데, 지금 황제께서 법을 엄하게 하여 그들을 얽어매시니, 소자는 천하가 불안해질까 두렵습니다. 황제께서는 이런 사실을 살펴주소서."라고 하자,

진 시황이 노하여 부소를 북쪽 상군에 머무르고 있는 장군 몽염을 감시하라는 명분을 내세워 내쫓다시피 북쪽으로 보냈다.

위에서 보는 바와 같이, 焚書(분서)와 坑儒(갱유)로 일컬어지는 진 시황의 사상·언론 탄압은 그 후 유학자들에 의해 지나치게 과장되어 공평하지 못한 비난을 받았지만, 이것이 통일제국을 경색된 방향으로 이끌었다는 사실은 부정할 수 없다고 하겠다.

15

진시황에 대한
암살 시도

연나라 태자 丹(단)이 형가(荊軻)에게
진시황 암살을 부탁하다

    형가는 衛나라 사람이다. 그의 선조는 제나라 사람이었는데, 위나라로 이주하였다. 위나라 사람들은 그를 慶卿(경경)이라고 불렀고, 그 후 연 나라로 옮겨가자 연나라 사람들은 그를 荊卿(형경)이라 불렀다(경과 형은 본래 한 음이었다. 卿은 남자에 대한 겸손한 호칭). 형가는 독서와 격투기와 검술을 좋아하였고, 자기의 재능과 책략을 가지고 衛나라 元君(원군, 주나라 제후국 군주, 재위 B.C.252년 – B.C.230년)에게 유세하였으나, 원군이 그를 쓰지 않았다. 그 뒤 진나라가 위나라를 공격하여 東郡(동군)을 두고 위나라 원군의 일족을 野王縣(야왕현, 지금의 하남성 초작시 지역)으로 옮겨 살게 하였다.

    형가가 일찍이 떠돌아다니다가 榆次(유차, 지금의 산서성 진중시 유차구 지역)라는 곳을 지나간 적이 있는데, 그곳에서 蓋聶(갑섭 : 성 갑으로 읽음, 전국시대 말 검술가)과 검술에 대해 토론을 하다가, 갑섭이 화를 내며 눈을 부릅떴다. 이에 형가가 밖으로 나가 버리자, 같이 있던 사람들 중에 어떤 이가 형가를 다시 부르라고 하였다. 그러나 형가는 이미 수레를 끌고 유차를 떠난 뒤였다.

형가가 邯鄲(한단, 조나라 도읍, 지금의 하북성 한단시 지역)을 돌아다닐 때, 魯句踐(노구천)이라는 사람이 형가와 六博(육박) 놀이를 하면서 행마를 두고 다투었다. 노구천이 화를 내며 叱咤(질타)하자, 형가는 말없이 자리를 피해 가 버렸다. 끝내 두 사람은 두 번 다시 만나지 못했다.

그 뒤 형가가 燕나라로 가서, 연나라의 개백정이나 筑(축, 거문고 비슷한 대로 만든 5줄의 현악기) 연주를 잘 하는 高漸離(고점리) 등과 친하게 지냈다. 형가는 술을 좋아하여, 날마다 개백정이나 고점리 등과 함께 어울려 연나라 시장 거리에서 술을 마셨다. 술이 거나해지면, 고점리가 축을 연주하고, 형가가 거기에 맞추어 시장 한복판에서 노래를 부르며 서로 즐겼다. 그러다가도 함께 울거나 하며, 마치 주변에 아무도 없는 것처럼 행동하였다.

형가가 비록 술꾼들과 어울려 다녔지만, 그 사람됨이 책을 무척 좋아하였으며, 그가 제후들의 나라를 떠돌면서도, 항상 그곳의 현인, 호걸, 덕망 있는 사람들과 서로 사귀었다. 그래서 연나라의 초야에 묻혀 살던 선비 田光(전광) 선생 또한 형가가 평범한 사람이 아니라는 것을 알았기에 잘 대우해 주었다.

얼마 후, 마침 연나라 태자 丹(단, 연나라 왕 희의 태자)이 진나라에 인질로 있다가 도망쳐 연나라로 돌아와 버린 일이 있었다. 연나라 태자 단은 일찍이 조나라에 인질로 있었다. 진나라 왕 嬴政(영정)이 조나라에서 태어났는데, 어렸을 때 태자 단과 사이좋게 지냈다. 영정이 진나라 왕위에 오르자, 연나라 태자 단이 진나라에 인질로 갔다. 진나라 왕 영정이 태자 단을 좋지 않게 대우해 주자, 태자 단이 원한을 품고 도망하여 돌아와 버린 것이다.

돌아온 뒤 진나라 왕에게 복수할 방도를 찾았으나, 나라가 작아 힘이 모자랐다. 그 후 진나라는 날이 갈수록 제후국들의 땅을 조금씩 잠식하더니, 거의 연나라 국경까지 다다르자, 연나라 군주와 신하들이 모두 무슨 화가 닥칠까 두려워하고 있었다. 태자 단도 걱정되어 태부 鞠武(국무, 태자 단의 스승)에게 물었으나, 국무가 "어찌 모욕을 당했다는 원한만 가지고, 진나라 왕의 逆鱗(역린)을 건드리려 하십니까? 하면서, 조금 더 방법을 생각해 보겠습니다."라고 하였다.

그 뒤, 진나라 장군 樊於期(번오기 : 진나라 장군, ? - B.C.227년)가 진나라 왕에게 죄를 짓고 연나라로 도망을 왔다. 태자 단이 그를 받아들여 숙소 등을 마련해 주었다. 그러자 태부 국무가 간언하기를 "굶주린 호랑이가 지나는 산길에 고깃덩어리를 던져 놓는 격."이라고 하며, 틀림없이 재앙을 피하지 못할 것이니 한시바삐 번오기 장군을 흉노 땅으로 보내 입막음을 하도록 하였다. 그러자 태자 단이 그런 일은 제 목숨이 끊어진 후에라야 가능할 것이라고 답하였다.

그러자 국무가 우리 연나라에 전광 선생이라고 지혜가 깊고 용기가 대단한 선비가 있다고 그를 소개하여, 태자 단이 그를 만나 뵙기를 희망하여 전광 선생이 태자 단을 찾아뵈러 갔다.

전광 선생,
형가를 태자 단에게 천거하다

    태자 단이 자리에서 일어나 예의를 표하며 가르침을 청하니, 전광 선생이 "저의 기력이 이미 쇠약해졌으니, 감히 나라의 큰일을 도모하지 못하지만, 제가 잘 아는 형가라는 사람이 쓸 만합니다."라고 하니, 태자 단이 형가를 소개하여 달라고 하여, 분부대로 하겠다고 하니, 태자 단이 전송하며 "이 일은 국가 대사이니 말이 새어 나가지 않도록 해 달라."고 하니, 전광 선생이 그리하겠다고 하며 물러나왔다.

    그래서 구부정한 몸을 이끌고 가서 형가를 만나 "나와 그대가 친하다는 것을 연나라에서는 모르는 사람이 없소, 태자께서 연나라와 진나라는 공존할 수 없으니 특별히 고려해 주시기 바랍니다."고 하시어, "나는 마음속으로 남의 일로 여길 수 없어서, 그대를 태자에게 천거하였으니 궁으로 가서 태자를 만나 뵙도록 하셨으면 하오."라고 하였다.

    그리고 태자가 말이 새어 나가지 않게 해달라고 하였는데, "이는 태자가 나를 의심하는 것이니, 무릇 일을 처리하면서 다른 사람으

로 하여금 자기를 의심하도록 한다면, 절개 있는 협객이라 할 수
없소."라고 하였다. 스스로 목숨을 끊어 형가의 투지를 돋우려고
"그대는 태자를 찾아뵙고, 나 전광이 이미 죽어, 말이 새어 나가지
않았음을 분명히 해 주시오."라고 말하였다. 그리고는 스스로 목
을 찔러 자결하였다.

형가가 마침내 태자 단을 알현하고, 전광 선생이 이미 죽었다고
하면서, 전광 선생의 말을 그대로 전하였다. 태자 단이 두 번 절하
고 나서 무릎을 꿇은 채, 무릎을 기면서 눈물을 흘렸다.

태자 단이 "지금 진나라는 이익을 탐하는 마음을 지닌 채 만족할
줄 모르고 천하의 모든 땅을 차지하고, 천하의 모든 왕들을 신하
로 삼지 않고서는 만족하지 않을 것입니다. 그래서 천하에서 가장
용감한 사람을 구하여 진나라에 사자로 보내 커다란 이익으로 유
혹하여 진나라 왕이 탐하게 되면, 그 형세는 틀림없이 우리가 원
하는 바대로 될 것이라 생각됩니다. 曹末(조말)이 제나라 환공에게
했던 것처럼, 만약 진나라 왕을 협박하여 빼앗은 땅들을 모두 제
후들에게 돌려주게 한다면 무엇보다 좋은 일이 될 것이지만, 그럴
수 없다면 내친김에 그를 찔러 죽여야 합니다."라고 하며, 형가에
게 특별히 고려해 달라고 하니,

형가가 "이는 나라의 큰일인데, 제가 우둔하여 임무를 맡기에 부
족할까 두렵습니다."라고 하였다. 그러자 태자 단이 앞으로 다가
가 머리가 땅에 닿도록 절을 하며, 한사코 부탁하며 물러서지 않
으니, 그때서야 형가가 허락하였다. 그러자 형가를 높여 상경으로
삼고, 상등의 館舍(관사)에 머물게 하였다. 그 후 태자 단은 날마다

그의 숙소를 방문하여, 太牢(퇴뢰, 제사나 빈객의 접대에 소, 돼지, 양 등 세 종류의 가축을 사용하는 의식)의 예절에 따른 음식을 바쳤다. 틈틈이 기이한 물건을 올리거나, 수레와 말 그리고 미녀 등을 형가가 원하는 대로 가지게 해 주면서 그의 비위를 맞추어 주었다.

형가, 樊於期(번오기) 장군의 목과
督亢(독항, 기름진 연나라 땅으로 지금의 하북성 보정시, 탁주시 동남부 지역) 땅의 지도 속에 匕首(비수)를 감추고

세월이 한참 흘렀는데도, 형가는 떠나려는 생각을 하지 않고 있었다. 그러는 사이에 秦나라는 趙나라를 무너뜨리고 조나라 왕을 사로잡았으며, 군사를 북쪽으로 진출시켜 조나라의 남은 지역을 공격하며 연나라의 남쪽 국경까지 이르렀다.

태자 단이 두려운 마음이 들어 형가를 만나 사정을 하니, 형가가 지금 진나라로 간다고 하더라도 진왕에게 접근할 수 없다고 하며, 그래서 여쭈어 보건대, 진나라 왕에게 가까이 가려면, 번오기 장군의 목(진 왕이 현상금으로 황금 천 근과 만 호의 식읍을 걸고 있었음)과 연나라 督亢(독항) 땅의 지도를 가져다, 진왕에게 바친다면, 틀림없이 진왕이 기꺼이 저를 만나 줄 것이라고 하였다. 그러자 태자 단이 번오기 장군이 궁지에 몰려 저에게 귀의하였는데, 차마 덕망있는 사람의 마음을 상하게 할 수 없다고 하며, 다시 한번 생각해 주시기 바란다고 하였다.

형가는 태자 단이 차마 그러지 못할 것을 미리 알고, 몰래 樊於

期(번오기, 까마귀 오) 장군을 만나 "지금 연나라의 걱정거리도 해결하고 장군의 복수도 할 수 있다."고 하며 그 방법은 "장군의 목을 얻어 진나라 왕에게 바치면, 진왕은 반드시 기뻐서 저를 만나 줄 것입니다. 저는 왼손으로 그의 소매를 움켜잡고, 오른손으로는 그의 가슴을 찌를 것입니다. 그렇게 되면 장군의 원수도 갚고, 연나라가 당하는 수치스러움도 씻어 버릴 수 있습니다."라고 하였다. 그러자 번오기가 윗옷을 벗어 한쪽 어깨를 드러내고 분격하며, "이 몸은 밤낮으로 切齒腐心(절치부심)하고 있었는데, 지금에야 가르침을 얻어 들었습니다."라고 하였다. 그리고는 스스로 목을 찔러 자결하였다. 태자 단이 그 소식을 듣고 달려가, 시체에 엎드려 소리 내어 울며 매우 슬퍼하였다. 마침내 번오기의 목을 상자에 담아 봉하였다.

그 당시 태자 단은 이 세상에서 가장 날카로운 匕首(비수)를 찾던 중에 조 나라 사람 徐夫人(서부인)이라는 사람이 가지고 있던 비수를 황금 일백 근을 주고 사들인 뒤, 匠人(장인)을 시켜 그 칼에 독을 발라 사람에게 시험하였더니, 한 방울의 피만 묻어나도 그 자리에서 죽지 않은 자가 없었다.

그리하여 행장을 꾸려 형가를 진나라로 보내기로 하였다. 또한 연나라에는 秦舞陽(진무양, 연나라 장군 진개의 손자임)이라는 용사가 있었다. 열세 살에 사람을 죽이는 등 사람들이 감히 그를 똑바로 쳐다보지 못하였다. 이에 진무양으로 하여금 형가를 보좌하게 하였다.

한편 형가는 함께 데리고 가고 싶었던 사람을 기다리고 있었는데, 그 사람이 사는 곳이 멀어 미처 도착하지 않고 있었다.

이에 태자가 떠나는 것이 늦어진다고 재촉을 하니, 함께 갈 친구를 기다리고 있기 때문이라고 하였다. 지금 태자께서 떠나는 것이 늦어진다고 하시니, 하직하고 떠나겠다고 하였다.

사나이 한 번 떠나면
돌아오지 못하니

마침내 형가가 출발하였다. 태자 단과 이 일을 알고 있는 빈객들이 모두 흰색 의관을 차려입고 그를 배웅하였다. 易水(역수, 조나라와 연나라의 경계를 이루던 강. 지금의 하북성 보정시 역현에서 발원) 강변에 이르러, 길의 신에게 안녕을 기원하며 송별연이 끝나고 출발하는데, 高漸離(고점리)가 筑(축)을 연주하고, 형가가 거기에 맞추어 노래를 불렀다. 처량하고 슬픈 음률이 흐르자, 사람들이 모두 눈물을 흘렸다.

형가가 앞으로 나아가며, "바람은 소슬하게 윙윙 불고 易水(역수)는 차가운데, 사나이 한 번 떠나면 다시는 돌아오지 못하리."라고 노래하였다. 그러다가 다시 비분강개한 음률인 羽聲(우성, 이 음을 위주로 이루어진 곡은 격앙된 감정을 표현한다고 함)으로 바뀌니, 사람들이 모두 눈을 부릅뜨고 머리카락은 전부 冠(관)을 찌르는 듯 솟아올랐다. 이어 형가가 수레에 올라 떠났다. 그는 끝까지 뒤를 돌아보지 않았다.

마침내 형가가 진나라에 도착하였다. 그는 천 금(황금 일천 斤)에 상당하는 재물을 들고 가, 진나라 왕이 총애하는 신하인 中庶子(중서자, 공족의 의식주에 관한 사무를 담당하는 관직) 蒙嘉(몽가)에게 주었다.

몽가가 진왕에게 "연나라 왕이 선대 왕들의 종묘를 계속 받들기를 원한다고 하면서, 樊於期(번오기)의 머리를 베고, 연나라 督亢(독항) 땅의 지도도 헌납하면서, 사자를 보내 이를 바치며 대왕께서 명을 내려 주시기를 바라고 있습니다."고 하니, 진왕 영정이 그 말을 듣고 크게 기뻐하며, 朝服(조복)을 입고 九賓(구빈, 최상의 예우로 9명의 관리가 영접함)의 예를 갖추어, 연나라 사자를 咸陽宮(함양궁, 지금의 섬서성 함양시 지역)에서 만났다.

형가는 번오기의 머리가 들어 있는 상자를 받들고, 秦舞陽(진무양)은 지도가 든 상자를 받든 채, 차례로 앞으로 나아갔다. 계단에 이르자 진무양의 안색이 변하면서 당황하여 두려워하는 모습을 보이니, 여러 신하들이 괴이하게 여겼다. 이에 형가가 진무양을 되돌아보고 씩 웃으며, 앞으로 나서 사과하기를, "북쪽을 지키는 오랑캐나라의 미천한 사람이, 천자를 뵌 적이 없어 덜덜 떨며 두려워하고 있습니다. 대왕께서 관용을 베푸시어 제가 대왕 앞에서 사명을 다하도록 해 주시기 바랍니다."라고 하였다.

그러자 진왕이 형가에게, "진무양이 들고 있는 지도를 가져오라."고 하였다. 형가가 지도를 받아서 바치자 진왕이 그 지도를 펼치는데, 지도가 다 펼쳐지니 비수가 나타났다. 그러자 형가가 왼손으로 진왕의 소매를 움켜쥐고, 오른손으로 비수를 잡아 그를 찔렀다. 그 비수가 몸에 채 닿기 전에, 진왕이 놀라서, 자신의 몸을 뒤로 빼며 일어났다. 소매가 찢겨 나갔다. 진왕이 검을 뽑으려 하였으나 검이 너무 길어 칼집채로 손에 잡혔다. 상황이 당황스럽고 급박하였지만, 검이 단단히 꽂혀 있어서 즉시 뽑을 수 없었다.

형가가 진왕을 쫓아가자, 진왕이 기둥을 돌며 도망 다녔다. 신하들이 모두 깜짝 놀랐으나, 졸지에 생긴 생각지도 못했던 일인지라, 다들 어찌할 바를 모르고 있었다. 그리고 진나라 법에 따르면, 御殿(어전) 안에서 왕을 모시는 신하들은 아주 짧은 무기도 지닐 수 없었으며, 무기를 든 모든 낭중들은 어전 밖에 늘어서서, 왕이 명령을 내려 부르기 전에는 어전 안으로 들어갈 수 없었다. 급한 나머지, 어전 밖의 병사들을 미처 부르지 못하였다. 그러는 사이 형가가 진왕을 뒤 쫓았다.

신하들은 갑자기 일어난 일이라 당황스럽고 급박한데, 형가를 공격할 무기가 아무것도 없자, 다들 맨손으로 형가에게 덤볐다. 이때 시의였던 夏無且(하무저, 사람 이름 저)가 들고 있던 약이 든 주머니를 형가에게 던졌다.

진왕이 기둥을 돌며 도망만 다닐 뿐, 어찌할 바를 모르고 있었다. 그때 주위에서 "대왕께서는 검을 등에 지십시오."라고 소리쳤다. 이에 진왕이 검을 등에 지고, 드디어 검을 뽑아 형가를 쳐서, 그의 왼쪽 허벅지를 잘랐다. 형가가 쓰러진 채, 비수를 들어 진왕을 향하여 던졌지만, 적중시키지 못하고 구리 기둥을 맞혔다. 그러자 진왕이 다시 형가를 내리쳤다. 형가는 여덟 군데에 상처를 입었다.

형가는 뜻했던 바를 이루지 못할 것임을 스스로 알고, 기둥에 기대어 앉은 채로 꾸짖어 말하기를, "뜻했던 바를 이루지 못한 까닭은, 진왕을 살려둔 채로 겁박하여, 반드시 약속을 얻어 내 태자에게 보답하고자 하였기 때문이다."라고 하였다.

그때 주위 신하들이 재빨리 나서 형가를 죽였다. 진왕이 상당히 오랫동안 불쾌해하였다(진왕 20년, B.C. 227년의 일임). 하무저에게 황금 이백 溢(일, 1일은 20냥 또는 24냥임)을 상으로 내렸다.

이 일로 진왕이 몹시 화가 나서, 더욱 더 많은 군사를 조나라에 보내면서, 장군 王翦(왕전)에게 조서를 보내 군사를 이끌고 연나라를 공격하게 하였다. 열달 만에 薊城(계성, 연나라의 도읍으로 지금의 북경시 서성구 남부 및 풍태구 지역)이 함락되었다. 연나라 왕 희와 태자 丹(단) 등은 정예 병사들을 모두 이끌고 동쪽으로 가서 요동 땅에서 진나라 군사에 대한 방어를 하였다.

진나라 장군 李信(이신)이 급히 연나라 왕 희를 추격하자, 대왕 嘉(가)가 이는 태자 丹(단) 때문이라고 하여 태자 단을 죽여 진나라에 바치면 사직은 다행히 후손의 제사를 받을 수 있을 것이라고 하였다. 그 후 이신이 태자 단을 추격하였다. 태자 단은 衍水(연수, 지금의 요녕성 태자하) 지역에 숨어 있었다.

연나라 왕 희가 사자를 보내 태자 단의 목을 벤 뒤, 그것을 진나라에 바치려고도 하였다. 하지만 진나라가 다시 장군 이신을 보내 연나라를 공격하였다.

高漸離(고점리)의
암살 시도

그로부터 5년 뒤인, 진왕 25년(B.C. 222년), 진나라는 마침내 연나라 왕 喜(희)를 사로잡았으며, 연나라는 멸망하였다.

그 이듬해(B.C. 221년), 진나라는 천하를 통일하고, 진왕은 황제라는 칭호를 쓰기 시작했다. 그리고 진나라가 연나라 태자 단의 식객과 형가의 친구들을 수색하였으므로 모두가 몸을 숨겼다.

형가의 친구인 高漸離(고점리)도 성과 이름을 바꾸고 松子縣(송자현, 지금의 하북성 석가장시 조현 일대)에 숨어 남의 집 머슴으로 살았다. 세월이 한참 흐른 뒤였다. 그는 오랜 동안 그런 생활을 하니 괴로웠다.

하루는 주인 집 마루 위에서 객이 筑(축)을 타는 소리를 듣고 주변을 서성거리며 떠날 줄 모르고 매번 "저긴 잘 했고, 저건 못 쳤군." 이렇게 중얼거렸다. 그 집 하인이 그 주인에게 말했다. "저 머슴은 축 타는 소리를 들으면, 잘 치고 못 치는 것을 제대로 평가합니다." 그러자 집주인이 고점리를 불러 축을 타며 연주하게 하였는데, 그 자리에 있던 사람들 모두가 축을 잘 탄다고 칭찬하며 술을 권하였다.

고점리가 이렇게 숨어서 두려움으로 주눅이 든 채 빈곤하게 살아봐야 그 끝이 없겠다고 생각했다. 그래서 자리에서 물러나 보따리에서 축과 좋은 옷을 꺼내 입고, 얼굴 모습을 단정히 고친 뒤 다시 사람들 앞에 나타났다. 손님들은 모두 놀라 자리에서 내려와 서로 대등한 예를 나누고 고점리를 상석으로 모셨다.

그가 다시 축을 타며 노래를 부르니, 손님들 가운데 눈물을 흘리지 않고 돌아간 자가 없었다. 그 후 송자 고을에서는 서로서로 돌아가며 그를 손님으로 모셨다.

시황에게도 그 소문이 전해졌다. 진시황이 그를 불러들여 만났는데, 주위 사람 중에 그를 알아보는 자가 있어 "이 사람이 고점리입니다."라고 하니, 진시황이 고점리의 뛰어난 축 타는 솜씨를 아까워하여 특별히 사면하는 대신 눈을 멀게 했다. 그러고 나서 고점리에게 축을 타게 했는데, 그 소리를 듣고 칭찬하지 않은 적이 없었다.

진시황이 그를 점점 더 가까이 하였다. 고점리가 축 속에 납덩어리를 넣어 두었다가, 다시 가까이 다가가게 되었을 때, 그 축을 들어 시황을 향해 내려쳤으나 맞히지 못했다. 이에 시황이 결국 고점리를 죽였다.

이 일로 해서 진시황은 죽을 때까지 다시는 다른 제후국에서 온 사람들을 가까이하지 않았다.

張良(장량)의 암살 시도
(진시황 29년, B.C.218년)

張良(선조가 본래 姬氏(희씨) 姓이었으나 장량이 진 시황을 암살하려다 실패하고 숨어 다니면서 성을 장씨로 바꾸었다)은, 그의 조상이 한나라에서 대대로 재상 등 고관을 지낸 명문가 출신이었을 뿐 아니라, 경전과 병서 등을 체계적으로 깊숙이 공부한 인물이다.

한나라 사람으로 그의 조부 姬開地(희개지)는, 한나라 군주 6대 昭侯(소후), 7대 宣惠王(선혜왕), 8대 襄哀王(양애왕)의 상국을 지냈고, 아버지 姬平(희평)은 9대 釐王(희왕, 리이나 여기서는 희로 읽음), 10대 悼惠王(도혜왕)의 상국을 지냈다. 도혜황 23년에 그의 아버지 희평이 죽었고, 그가 죽은 지 20년 만에 진나라가 한나라를 멸망시켰다(진왕 17년, B.C. 230년).

그 당시 장량은 나이가 어려서 한나라에서 벼슬을 하지는 않았으나, 한나라가 멸망하였음에도 불구하고 그의 집에는 奴僕(노복)이 300명이나 있었다.

이 무렵 그의 동생이 죽었는데도, 크게 장례를 치르기는커녕 오히려 모든 가산을 다 털어 진왕을 죽일 자객을 구해서 한나라의 원수를 갚고자 하였다. 조부와 아버지가 韓나라에서 5대에 걸쳐 상국을 지냈기 때문이다. 장량은 일찍이 淮陽(회양, 지금의 하남성 중동부에 있었던 군)에서 예법을 배웠고, 동쪽으로 가서 滄海君(창해군, 은 자로 이름을 알 수 없음)을 찾아 뵙고 대역사(大力士) 한 사람을 찾아내어 120斤의 철퇴 하나를 만들었다. 그리고 진시황이 동방을 순수할 때(진시황 29년, B.C. 218년), 장량과 大力士는 博浪沙(박랑사, 지금의 하남성 원양현 동남쪽)에서 매복하였다가 철퇴로 그를 저격하였으나, 잘못하여 副車(부거, 시종이 타는 수레)를 맞히고 말았다.

이에 진시황이 크게 노하여 열흘 동안 전국 각지를 대대적으로 수색하여 긴급히 암살 용의자들을 붙잡아 들였는데, 이는 완전히 장량 때문이었다.

장량은 이에 이름과 姓을 바꾸고 下邳(하비, 지금의 강서성 휴영현 동북쪽 지역)로 달아나 숨어 살았다. 후에 유방을 도와 진나라를 멸망시키고 이어 항우에게 승리하는 데 결정적인 공헌을 하였다(「留侯世家」에 내용이 자세함).

야밤에 강도를 만나다

진시황 31년(B.C. 216년) 12월, 진시황이 함양을 微行(미행)하려고 무사 네 명과 함께 한밤중에 궁궐을 나왔다가, 蘭池(난지, 지금의 섬서성 함양시 동북)에서 강도를 만나서 위험에 처하였으나 무사들이 강도를 물리쳐 죽였다. 이 일로 인해서 대규모로 關中(관중, 함곡관 서쪽, 섬서성과 감숙성, 사천성 일부)을 20여 일간이나 수색했다.

16

천하 순시 중
진시황 죽음과
진나라 멸망

진시황 천하 순시 중
병이 나서 갑자기 죽으니

진시황은 중국을 통일한 후 여러 차례 巡行(순행)을 통해 자신이 시행한 각종 통일정책을 점검했으며, 또 방사들의 부추김으로 끝없이 신선(神仙)과 불사약을 찾았으나 아무런 소득도 얻지 못했다. 결국 동쪽으로 순행을 나갔다가 돌아오는 도중에 沙丘 平臺(사구 평대, 지금의 하북성 광종현 서북쪽에 위치)에서 병이 나서 갑자기 죽고 말았다.

1차 천하 순시

진시황 27년(B.C. 220년), 진시황은 隴西(농서, 지금의 감숙성 임조현 남쪽)와 北地(북지, 지금의 감숙성 경양현 서남쪽)를 순시하고 鷄頭山(계두산, 지금의 감숙성 평량현 서쪽의 공동산을 가리킴)을 지나서 回中宮(회중궁, 지금의 섬서성 봉상현 남쪽에 위치)을 경유하였다. 渭水(위수, 감숙성 위원현에서 황하로 흐르는 강) 남쪽에 信宮(신궁, 장신궁을 말함)을 지었다. 얼마 후에 極廟(극묘)라고 개명하여 북극성을 상징하였다. 극묘에서 酈山(여산)

까지 길을 뚫고 감천궁의 前殿(전전)을 지었으며 양 옆으로 甬道(용도, 길 양쪽으로 벽을 쌓아올린 길)를 수축하여 함양까지 통하게 하였다. 이 해에 작위를 한 등급씩 올려 주었다. 황제가 순시할 때 다닐 목적으로 馳道(치도)를 닦았다.

| 2차 천하 순시

진시황 28년(B.C. 219년), 시황이 동쪽으로 군현을 순시하다가 鄒嶧山(추역산, 지금의 산동성 추현 동남쪽에 위치)에 올라 碑石(비석, 진시황은 순시하는 곳마다 자신의 공적비를 세웠는데 이를 刻石碑(각석비)라 부르는데, 추역산, 태산, 양보산, 지부산, 낭야산, 갈석산, 회계산까지 모두 일곱 개가 있다.)을 세우고, 魯(노, 지금의 산동성 태산 남쪽 지역) 지역의 유생들과 상의해서 비석에 진나라의 공덕을 노래하는 내용을 새겼다. 아울러 封禪(봉선)과 여러 산천에 제사를 지내는 望祭(망제, 여러 명산대천을 바라보며 그것에 제사 지내는 의식)에 대해 논의하였다.

마침내 泰山(태산, 지금의 산동성 태안시 북쪽에 위치)에 올라 비석을 세우고 제단을 쌓아 하늘에 제사를 지냈다. 제사를 마치고 산을 내려오던 중 갑자기 비바람이 몰아쳐서 한 나무 아래서 잠시 쉬었는데, 이 일로 인해서 그 나무를 五大夫(오대부, 소나무였다고 하며, 제9급에 속한 작위 이름)로 봉하였다.

이어서 梁父山(양보산)에서 땅에 제사를 지내고 비석을 세워서 글을 새겼다. 이어 渤海(발해)를 끼고 동쪽으로 향하여 黃縣(황현, 지금

의 산동성 황현 동쪽)과 腄縣(추현, 지금의 산동성 문등현 서쪽)을 지나 成山
(성산, 지금의 산동성에 위치)에 오른 다음 之罘山(지부산, 지금의 산동성 복
산현 동북쪽 바다 가운데 지부반도에 위치)에 올라 비석을 세워 진나라의
공덕을 노래하고 떠났다.

진시황이 남쪽으로 琅邪山(낭야산 : 여기서는 땅 이름 야, 지금의 산동
성 교남현에 위치)에 올라서 크게 기뻐하며 석 달을 머물렀다. 그리고
그곳 백성 3만 호를 낭야산 아래로 이주시키고 12년간의 부세와
요역을 면제해주었다. 瑯邪臺(낭야대)를 지어서 비석을 세우고 진의
공덕을 노래하면서 찬양하는 내용과 자기의 의기양양한 심정을 나
타내는 비문을 새겼다.

일이 끝나자 제나라 사람 徐市(서불 : 方士로서 낭야 사람) 등이 글을
올려 "바다에 봉래산, 方丈山(방장산), 瀛洲山(영주산)이라하여 신령
스러운 산이 있는데, 그곳에 신선이 살고 있습니다. 청하옵건데,
齋戒(재계)하고 나서 어린 남자 아이와 여자 아이를 데리고 신선을
찾아 나서게 해주십시오."라고 하자, 서불로 하여금 수천 명의 童
男童女(동남동녀)를 선발하여 바다로 들어가서 신선을 찾도록 하였다.

진시황이 돌아오면서 彭城(팽성, 지금의 강소성 서주시)을 지날 때, 재
계하고 사당에서 기도한 후 泗水(사수)에 빠진 周鼎(주정, 진 소양왕 때
에 주나라에서 九鼎(구정)을 빼앗아서 함양으로 옮기다가 한 정을 사수에 빠뜨렸다
고 한다)을 꺼내기 위해서, 천여 명을 보내 물 속에 들어가 정을 찾
도록 하였으나 찾지 못했다.

그러자 서남쪽으로 淮河(회하)를 건너 衡山(형산, 지금의 호북성 황강
서북)과 南郡(남군, 지금의 호북성 강릉 서북)으로 갔다. 장강에서 배를 타

278

고 湘山祠(상산사, 지금의 호남성 악양현 서쪽 동정호 가운데 위치하는 사당)에 이르렀을 때, 마침 큰 바람을 만나서 하마터면 강을 건너지 못할 뻔하였다.

진시황이 박사들에게 "湘君(상군)은 어떤 神인가?"하고 묻자, 박사들이 "요 임금의 여식(女息)으로서 순 임금의 아내가 되었는데, 죽어서 이곳에 묻혔다고 들었습니다."라고 대답했다. 그러자 진시황이 크게 노하여 죄수 3,000명을 보내 상산의 나무를 모두 베게 하여 그 산을 붉은 벌거숭이로 만들었다.

시황제가 남군으로부터 武關(무관, 지금의 섬서성 단봉현 동남쪽 단강에 위치)을 거쳐서 도성으로 돌아왔다.

| 3차 천하 순시

진시황 29년(B.C. 218년), 시황제가 동쪽으로 행차하였다. 陽武縣(양무현, 지금의 호남성 원양현 동남쪽)의 博狼沙(박랑사, 지금의 호남성 원양현 남쪽)에 이르렀을 때 강도를 만나 몹시 놀랐다(장량이 大力士와 함께 철퇴로 시황을 저격하였으나 실패한 사건으로 「留侯世家」에 자세함). 범인을 잡으려고 하였으나 잡지 못하자 열흘 동안 전국에 대대적인 수색령을 내렸다.

之罘(지부)에 올라 글을 새긴 비석을 세웠다. 東觀(동관)에도 또 비문을 새겨 비석을 세웠다. 그리고 나서 시황은 낭야로 갔다가 상당을 거쳐 함양으로 돌아왔다.

| 4차 천하 순시

진시황 32년(B.C. 215년), 시황이 碣石山(갈석산, 지금의 하북성 창려현 북쪽)에 가서 연나라 사람 盧生(노생)을 시켜서 羨文(선문)과 高誓(고서, 전설 속의 두 선인의 이름)를 찾도록 했다. 성곽을 허물고 제방을 팠으며 갈석산의 산문에 비문을 새겼다.

시황이 韓終, 侯公, 石生(한종, 후공, 석생, 갈석의 방사들로 신선과 불사약 따위로 진시황을 기만했다) 등을 시켜 신선들의 불사약을 구하도록 하였다. 시황이 북쪽 변방을 순시하고 상군을 지나 돌아왔다. 연나라 사람 노생이 바다에 나갔다가 돌아와서 귀신에 관한 일로 인하여 讖緯(참위, 진한 시대에 미래의 일을 예언한 글)의 글월을 상주하였다. 거기에는 "진을 망하게 할 자는 胡(호)이다."라고 쓰여 있었다(진을 멸망시킨 사람은 아들 胡亥(호해)인데, 진시황은 오히려 胡人(호인, 匈奴)이라고 여겼다. 이에 진시황은 장군 蒙恬(몽염)으로 하여금 군사 30만 명을 동원하여 북방의 호인을 공격하게 하여 河南(하남) 지역을 빼앗아 점령하였다.

진시황
沙丘 平臺에서 죽다

　　진시황 36년(B.C. 211년), 熒惑(형혹, 화성을 가리킨다)이 心星(심성, 별의 이름으로 28宿(수)의 하나로 商星(상성)을 기리킨다. 형혹은 妖星(요성)이며 심성은 천자, 태자, 서자를 상징한다)의 세 별을 침범하였다. 隕星(운성)이 동군에 떨어졌는데 땅에 닿자 돌이 되었다. 백성들 중에서 누군가 그 돌에 '진시황이 죽어 땅이 나뉜다.'라고 새겼다. 진시황이 그 소문을 듣고 어사를 파견하여 하나씩 신문했으나 실토하는 자가 없자, 그 돌 가까이 거주하던 사람 모두를 잡아 죽이고 그 돌을 불태워 없애버렸다.

　　가을에 사자가 關東(관동)으로부터 밤중에 華陰(화음, 지금의 섬서성 화음현), 平舒(평서, 지금의 섬서성 화음현 서북쪽 위수가에 위치한 성) 길을 지나는데 어떤 사람이 璧玉(벽옥)을 쥐고 사자를 막으며 말하기를 "나를 대신하여 滈池君(호지군, 수신의 이름, 여기에서는 수덕을 내세우며 천하를 통일한 진시황을 가리킨다)에게 갖다주게."라고 하더니, 이어서 "금년에 祖龍(조룡, 조는 시작의 뜻이 있고, 룡은 황제의 상징이다)이 죽을 걸세."라고 말했다. 사자가 그 까닭을 묻자, 그 벽옥을 놓고 갑자기 사라져버렸다. 사자가 벽옥을 받들고 진시황에게 그 일을 상세히 보고하자, 진시황은 오랫동안 묵묵히 있다가 "山鬼(산귀)는 불과 1년간의 일만을 알고 있을 뿐이다."라고 말하고, 또 퇴조하며 말하기를 "祖龍(조룡)이라는 것은 사람의 조상일 뿐이다."라고 했다.

마지막 5차 천하 순시 중, 진시황 붕어하다 : 진시황 37년(B.C. 210년), 10월 癸丑日(계축일)에 시황이 순행에 나섰다. 좌승상 이사가 수행하고, 우승상 馮去疾(풍거질)이 도성을 지켰다. 막내아들 胡亥(호해)가 함께 가기를 간청하니, 황제가 허락하였다. 11월, 雲夢(운몽, 호북성 무한 이서, 공안 이동, 잠강 이남, 장강 이북)에 이르러 九疑山(구의산, 지금의 호남성 영원현 남쪽)에 올라 우, 순 왕에게 제사를 지낸 후, 장강의 물줄기를 타고 아래로 내려가다가 강폭이 좁은 곳에서 강을 건넜다. 會稽山(회계산, 지금의 절강성 소흥시 남쪽에 위치)에 올라서 大禹(대우)에게 제사 지내고 남해를 바라보며 그곳에 비석을 세워서 진나라의 공덕을 노래하였다.

진시황이 돌아올 때 吳縣(오현, 지금의 강소성 소주시)을 지나서 江乘(강승, 지금의 강소성 구룡현 북쪽)에서 강을 건넜다. 그리고 해안을 따라서 북쪽으로 올라가서 琅邪(낭야)에 이르렀다. 계속 바다를 따라서 서쪽으로 갔다. 진시황이 꿈에 해신과 싸웠는데 그 모습이 마치 사람의 형상과 같았다.

진시황이 平原津(평원진, 지금의 산동성 평원현에 위치함)에 이르러서 병이 났다. 진시황이 죽는다는 말을 싫어했기 때문에 군신들도 감히 죽는 일에 대해서 말을 못했다. 황제의 병이 날로 심해지자, 장남인 공자 扶蘇(부소)에게 보내는 璽書(새서, 황제의 도장을 찍어서 봉인한 편지)를 써서 말하기를, "함양으로 돌아와서 상사에 참여하고, 함양에 안장하라."라고 한 뒤 봉인한 다음 황제의 聖旨(성지)를 집행하고 符節(부절)과 玉璽(옥새)를 관리하는 中車府令(중거부령) 趙高(조고)가 있는 관부에 놓아둔 채, 사자에게 주지는 않았다.

7월 丙寅日(병인일), 진시황이 沙丘 平臺(사구 평대, 지금의 하북성 광종현 서북쪽에 위치)에서 붕어하였다. 승상 이사는 황제가 외지에서 세상을 뜬 관계로 여러 공자와 천하에 변란이 발생할까 두려워서 이 사실을 비밀에 붙인 채 죽음을 알리지 않았다. 진시황의 관을 輼輬車(온량거, 창문을 열면 시원하고 닫으면 따뜻해지는 누울 수 있는 臥車(와차)를 말한다)에 싣고 전부터 총애를 받던 환관으로 하여금 함께 타게 하여, 이르는 곳마다 황제에게 음식을 올리게 하였다. 오직 아들 호해와 조고 그리고 총애를 받던 환관 대여섯 명 정도만 황제가 죽은 사실을 알고 있었다.

호해는 예전에 조고에게서 서법 및 獄律(옥률)과 법률을 배운 적이 있어 조고를 개인적으로 좋아하였다. 이에 조고는 공자 호해, 승상 이사와 은밀히 모의하여 시황이 공자 부소에게 보낸 璽書(새서)를 뜯어서 승상 이사가 사구에서 진시황의 遺詔(유조)를 받은 것처럼 거짓으로 꾸며서 호해를 太子로 삼았으며, 또 공자 부소와 장군 몽염에게 보내는 새서를 만들어 그들의 죄목을 열거하며 그들에게 죽을 것을 명하였다. 이러한 일은 모두 「李斯列傳」에 자세하게 기재되어 있다.

일행이 계속 가다가 마침내 井陘(정형)을 지나 구원에 이르렀다. 때가 무더운 여름이라 온량거에서 屍體(시체) 썩는 냄새가 났다. 이에 수행 관원에게 소금에 절여서 말린 고기 1石(석)을 수레에 싣게 하여 시신의 악취와 어물의 냄새를 구분하지 못하게 하였다. 直道 (직도, 북쪽의 구원에서 시작하여 운양까지 이르게 한 도로)를 따라서 함양에 도착한 후에야 죽음을 알리고 發喪(발상)하였다.

태자 호해가 제위를 계승하여 二世皇帝(이세황제)가 되었다(B.C. 209년). 그리고 그해 9월에 진시황을 驪山(여산)에 안장하였다. 시황은 즉위하자마자 여산에 무덤을 축조하는 공사를 시작하였으며, 천하를 통일하고, 이 공사에 전국 각지에서 노역을 위해 온 자만 70만 명이 넘었다.

이세황제가 "先帝(선제)의 後宮(후궁, 비빈과 궁녀) 가운데 자식이 없는 자들을 궁궐 밖으로 내쫓은 것은 옳지 않다."라고 하며 모두 따라 죽게 하니, 죽은 자가 아주 많았다. 장례가 모두 끝나자 누군가가 "匠人(장인)들은 기계를 만들었고 보물을 운반한 자들도 이를 다 알고 있으니, 많은 보물들이 새어 나갈지도 모른다."라고 하였다. 큰 일이 끝나고 보물들도 다 매장하자 묘도의 가운데 문을 폐쇄하고, 또 묘도의 바깥 문도 내려서 장인과 보물을 운반한 자들을 모두 가두어 나오지 못하게 폐쇄하니 다시는 나오는 자가 없었다. 무덤에 풀과 나무를 심어서 마치 산과 같았다.

이세황제 호해와
진나라 멸망

　이세황제 원년(B.C. 209년), 이세황제 호해의 나이는 스물한 살이었다. 조고를 郞中令(낭중령, 궁전의 문호와 백관의 출입을 맡아보는 관직)으로 삼아 조정의 대권을 관장하도록 하고 자신은 향락에 빠져 음탕한 생활을 즐겼다. 그러고는 은밀히 조고와 상의하기를 "대신들은 복종하지 않고 관리들은 여전히 강력한 대다 여러 공자들까지 기어코 나와 다투려 한다."고 하면서, 곧 이어 대신과 공자들을 처형하니 여러 가지 죄명이 近侍(근시)의 작은 관직인 三郞(삼랑, 중랑, 외랑, 산랑을 가리킴)에까지 미치어 벗어날 수 있는 자가 없었다.

　여섯 명의 공자는 杜縣(두현, 지금의 섬서성 서안 동남쪽)에서 살륙당했고, 공자 將閭(장려) 등 형제 세 사람은 내궁에 감금되었는데, 가장 나중에 논죄되었다. 장려는 하늘을 바라보며 큰 소리로 세 번이나, "하늘이시어! 나는 죄가 없습니다."라고 절규하였다. 형제 세 사람 모두 눈물을 흘리며 칼을 꺼내 자결을 하니, 황족들이 모두 두려움에 떨었다. 신하들의 바른 말은 비방이라 여겨졌으며, 고관들은 봉록과 작위를 지키기 위해서 몸을 사리고, 백성들은 두려움에 몸서리쳤다.

우승상 馮去疾(풍거질), 좌승상 李斯(이사), 장군 馮劫(풍겁)이 여러 차례 諫言(간언)을 하였으나, 듣지 않았을 뿐만 아니라 오히려 그들을 監獄(감옥)에 가두어 버렸다. 결국 풍거질과 풍겁은, "將相(장상)은 모욕을 당하지 않는다."라고 하며 자살하였고, 이사는 五刑(오형)을 받았다. 이세 3년(BC 207년) 겨울, 조고가 승상이 되어 이사를 판결하여 腰斬(요참)으로 처형하였으며, 三族(삼족)이 모두 처형당했다. 그후 조고가 승상에 올라 指鹿爲馬(지록위마)의 방식으로 자신의 반대세력을 제거해 나갔다. 또 이세황제 호해를 허수아비 황제로 만들고 모든 내외의 정사를 자신이 전횡하였다. 이세황제는 꼭두각시 황제에 지나지 않았던 것이다.

이 무렵 천하는 벌써 대란에 휩싸이기 시작했다. B.C. 209년 7월에 戌卒(무졸)에 나갔던 陳勝(진승)과 吳廣(오광)이 옛 荊(형) 땅에서 반란을 일으켜서 '張楚(장초)'라고 이름하였다(진의 공자 부소와 초의 장수 항연의 이름을 빌려서 '장초왕'이라 함). 이어 항우와 유방을 우두머리로 하는 抗秦(항진) 義軍(의군)들이 파죽지세로 함양을 포위해 왔다.

이때 조고가 정변을 일으켜 이세황제를 시해하고(재위 3년, B.C.209년–B.C.207년), 이세의 형 공자 부소의 아들인 子嬰(자영)을 진나라 왕으로 삼았다. 그리고 유방에게 사신을 보내서 관중을 분할하여 각자 왕이 될 것을 협약하자고 하였으나 유방이 이를 거짓이라고 생각하여 거절하였다. 자영은 조고가 해칠까 두려워서 두 아들과 공모해 병을 핑계로 조정에 나가지 않는 방법으로 조고를 재궁(齋宮)으로 유인하여 조고를 찔러 죽이고, 그 삼족을 처형한

다음 함양 저잣거리에서 조리를 돌렸다.

자영이 진왕이 된 지 46일이 되던 날, 초의 장수 沛公(패공) 유방이 진나라 군을 격파하고 武關(무관)으로 진입한 다음, 이윽고 覇上(패상, 함양 장안 부근의 군사 요충지로서, 지금의 섬서성 서안시 동쪽)에 당도해서는 사람을 보내 자영에게 투항을 약속받았다. 자영은 즉시 綏帶(수대, 천으로 만든 넓은 띠)를 목에 걸고(임금이나 장수가 목숨을 승자의 처분에 맡긴다는 의미), 백마가 끄는 흰 수레를 타고(전쟁의 패배자가 투항할 때의 차림), 천자의 옥새와 부절을 받들고 軹道(지도, 당시 장안성 동쪽의 첫 번째 驛亭(역정)) 부근에서 항복하였다. 이로써 진나라는 천하 통일 15년 만에 멸망했다(B.C. 207년).

패공이 드디어 함양에 입성하여 궁실의 부고를 봉하고, 패상으로 돌아와 주둔하였다. 그로부터 달포가 지난 다음 제후들의 군대가 당도했는데, 항우는 縱長(종장, 합종국의 맹장)이 되어 자영과 진나라 공자들 및 종족들을 죽이고 함양의 백성들을 살륙하고, 궁실을 불태우고 자녀들을 사로잡고, 진귀한 보물과 재물들은 거두어 제후들과 나누었다.

진나라 땅을 셋으로 나누어 雍王(옹왕, 진나라의 투항한 장수 章邯(장한)이 다스렸던 지역으로 지금의 섬서성 중부와 감숙성 동부지역), 塞王(새왕, 사마흔이 다스렸던 지역으로 지금의 섬서성 동부지역), 翟王(적왕, 董翳(동예)가 다스렸던 지역으로 지금의 섬서성 북부지역)이라 이름하고 이를 삼진(三秦)이라 불렀다.

항우가 西楚覇王(서초패왕)이 되어 정령을 주관하고 전횡하여 천하를 나누어 제후 왕(18명의 왕에 대한 분봉을 시행했는데, 당초의 약속을 어기고 패공 유방을 한왕으로 바꾸어 봉함)을 봉하니 진나라는 드디어 멸망하였다. 그로부터 5년이 지나서 천하는 漢王인 유방(劉邦)의 한나라에 의해서 통일되었다(B.C. 202년, 유방 55세).

사기 권6 「秦始皇 本紀」에, 진나라는 襄公(양공, 재위 B.C. 777년-B.C. 766년)에서 이세황제(B.C. 209년-B.C. 207년)에 이르기까지 610년간 총 33명의 군왕이 있었다고 하고, 권5 「秦 本紀」에 따르면 양공으로부터 이세까지의 기간은 577년이고, 권15 「六國年表」에 따르면 571년이라고 기록되어 있는데 「秦 本紀」에 보이는 네 명의 국군들이 즉위 후 이듬해부터 재위 년도를 표시하지 않았기 때문에 6년의 차이가 난다는 중국의 역사학자 錢穆(전목)의 설이 설득력이 있다고 하겠다.

사마천은 자신이 진나라의 흥망성쇠에 대해 직접 논평하는 대신 한나라 초기의 효문 황제 당시 학자이자 정치가였던 賈生(가생, 이름이 賈誼(B.C. 200년-B.C.168년)의 〈過秦論〉 全文을 引用하는 것으로 대신하였다.

가의는 '언로가 막히면 나라가 상한다'는 것을 모르고, '과거를 거울 삼지' 못하고 '얻은 것과 지키는 것의 방법이 다르다'는 것도 모르고, '일의 처음과 끝의 변화를 보고 존망의 낌새를 살필 줄' 몰랐기에, '그 멸망이 서서 기달릴 수 있을 정도로 빨리 찾아왔다'고 총평했다.

동한 효명황제(재위 A.D. 58년-A.D. 75년) 17년(A.D.74년) 10월 15일 乙丑日(을축일)에 다음과 같은 班固(반고)의 논평인 〈秦紀論〉이 있다.

진시황은 욕심 많고 鄙陋(비루)한 마음을 품고 자기 혼자만 옳다고 여겨 공신들을 믿지 않았고, 백성들과도 가까워지려 하지 않았다. 왕도를 버리고 사사로운 권위를 내세워 『詩』, 『書』 등 문서를 금하고, 형법을 가혹하게 세우고 집행하였다. 속임수를 앞장세우고 인의(仁義)를 뒷전으로 밀쳐 둔 채 포악함을 통치의 수단으로 삼았다.

17

진시황과
그의 생부
여불위(呂不韋)

여불위, "저 진기하고 보기 드문 재화는 사 둘 만하다."고 하다

여불위(呂不韋)는 원래 위(魏)나라 복양(濮陽, 지금의 호남성 복양 서남쪽) 사람이었는데, 나중에 한(韓)나라에서 장사를 하여 양책(陽翟, 고을이름 책, 지금의 하남성 허창시 우주시 지역) 땅의 큰 상인이 되었는데, 여기저기 여러 곳을 다니면서 물건을 싸게 사들여 비싸게 되팔아, 집안에 천 금(당시 일금은 황금 1근)의 재산을 모은 대부호가 되었다.

진나라 28대 소양왕(昭襄王) 40년(B.C 267년)에, 진나라 태자 '도(悼)'가 위나라에 인질로 가 있다가 세상을 떠났다. 그래서 소양왕 42년(B.C 265년), 둘째 아들 안국군(安國君) '주(柱)'를 태자로 삼았다. 안국군에게는 이십여 명의 아들이 있었다. 안국군이 몹시 사랑하던 여인이 있었는데, 그녀를 정부인(正夫人)으로 삼아 화양부인(華陽夫人)이라 불렀다. 화양부인에게는 아들이 없었다.

안국군에게는 이름이 자초(子楚)라는 둘째 아들이 있었다. 그의 어머니는 하희(夏姬)라는 여인으로, 안국군의 총애를 받지 못하고 있었다. 자초가 진나라를 위해 조나라에 질자(質子, 볼모)로 보내졌으나, 진나라가 조나라를 자주 공격하였기 때문에, 조나라는 자초

292

를 잘 대우해 주지 않았다.

자초는 진나라 왕의 많은 서출(庶出) 손자 중 한 명으로, 제후나라의 볼모로 보내졌으므로, 수레를 타고 다닐 만큼 재물이 넉넉하지 못하였고, 사는 곳도 누추(陋醜)하였으며, 실의에 빠져 있었다.

여불위가 한단(邯鄲, 당시 조나라의 도읍, 지금의 하북성 한단시 한단시구 지역)에 장사하러 갔다가 그를 보고 불쌍히 여기며 이렇게 말했다. "이 진기(珍奇)하고 보기드문 물품은 사 둘 만하다(此奇貨可居)."고 하였다.

여불위, 공자 자초를
왕이 되도록 해 주겠다고 하다

　그래서 여불위가 자초를 찾아가서 말했다. "내가 귀하의 집(가문) 대문을 아주 크게 해 줄 수 있소."하면서, "저의 가문은 당신의 가문에 기대어 커질 것입니다."하였다. 자초가 그 말뜻을 알아차리고, 들어오라 하여 함께 자리에 앉아 깊이 있는 대화를 나누었다.

　여불위가, "진나라 왕께서는 연로한데, 안국군이 태자가 되었습니다. 제가 듣기로는 안국군이 화양부인을 총애한답니다. 화양부인이 비록 아들이 없다지만, 후사(後嗣)를 세울 수 있는 사람은 오직 화양부인 뿐이라 합니다. 지금 귀하의 형제는 이십여 명인데, 귀하는 중간 서열인데다 총애도 별로 받지 못하면서, 오랜 동안 다른나라 제후의 볼모로 지내고 있습니다. 머지않아 대왕께서 돌아가시고, 안국군이 즉위하게 되면, 귀하는 당신 맏형이나 여러 형제들과 태자가 되기 위한 다툼에 나설 텐데, 성공할 가망이 거의 없습니다."고 하였다.

　이에 자초가 "그러면 어떻게 하면 좋겠습니까?" 하였다. 여불위가 "귀하는 가난한 데다 객지에 나와 있어, 부모를 위해 봉양하거

294

나 빈객들과 교류할 수 없습니다. 저는 비록 많이 가진 것은 없지만, 천 금의 재물을 써서, 귀하를 위해 서쪽으로 가서, 안국군과 화양부인을 섬겨, 귀하를 후사로 세우도록 하겠습니다."라고 하였다. 자초가 머리가 땅에 닿도록 절을 하며 말했다. "만약 당신의 계획대로 된다면, 진나라를 그대와 함께 나누어 가지도록 하겠소." 하였다.

여불위, 화양부인에게
자초를 아들로 삼도록 하다

여불위는 자초에게 오백 금(일급은 황금 1근)을 자초에게 주며, 그 돈으로 빈객(賓客)들과 사귀는 비용으로 쓰도록 하고, 또 오백 금으로는 진기한 물건과 노리개를 사서 직접 가지고 서쪽 진나라로 갔다.

화양부인의 언니를 만나 그녀를 통해 화양부인에게 가지고 간 물건들을 모두 바쳐 달라고 하였다. 그리고 말하기를 "자초는 어질고 지혜로우며 널리 천하 제후들의 빈객들과 두루 사귀고 있으며, 언제나 화양부인을 하늘처럼 여기고, 밤낮으로 태자와 부인을 흠모(欽慕)하며 눈물을 흘립니다."라는 말을 하고 다닌다고 하였다. 그 말을 듣고 화양부인이 크게 기뻐하였다.

이어 여불위가 언니를 통하여 화양부인을 설득하기를 "제가 듣기에. 미모로 남을 섬기는 자는, 그 미모가 사라지면 사랑도 시든다고 합니다. 지금 부인께서는 태자를 섬기며 총애를 받고 있지만, 아들이 없습니다. 한시라도 빨리 여러 아들들 중에서 어질고 효성스러운 자와 인연을 맺어 그를 후사로 발탁하여 양자로 삼으셔야 합니다. 그렇게 하면, 부군(夫君)께서 살아 계실 때도 존중받고, 부군께서 백세를 산 뒤에도 양자가 왕이 되므로 끝까지 권력을 잃지 않을 것입니다. 지금 자초는 현명하여 스스로 둘째 아들이기 때문에 후사가 될 수 없다는 것을 알고 있으며, 그를 낳아 준 어머니 또한 사랑을 받지 못하므로 자신을 부인게게 의탁하려는 것입니다. 부인께서 이때에 그를 택하여 후사로 세우시면, 부인께서는 죽을 때까지 진나라에서 존경받을 것입니다."라고 하였다.

화양부인은 그 말이 옳다고 생각하고, 태자에게 "조나라에 볼모로 가 있는 자초가 매우 현명하여, 그곳을 오가는 사람들이 모두 칭찬을 합니다. 소첩(小妾)은 다행히 후궁의 자리에 있지만, 불행하게 아들이 없습니다. 부디 자초를 후사로 세워 소첩의 몸을 맡길 수 있도록 해 주십시오." 하며 눈물을 떨구고 말했다.

안국군이 이를 허락하고, 그 내용을 옥부(玉符, 옥으로 만든 신물)에 새겨 주어 자초를 후사로 삼겠다는 약속을 하였다. 안국군과 화양부인은 자초에게 많은 선물을 보내고, 여불위에게 그를 잘 보살피도록 부탁하였다. 이로 인하여 자초는 제후들 사이에 그 명성이 한층 높아져 갔다.

진시황의
출생 비밀

여불위가 한단의 아름다운 여러 기녀들 가운데 가무(歌舞)에 능한 여자를 골라 함께 살고 있었는데, 그녀가 아이를 가진 것을 알고 있었다. 어느 날 자초가 여불위를 따라가 함께 술을 마시다가 그녀를 보고, 한눈에 반해서, 일어나 술잔을 들고 여불위에게 장수를 축원하면서 그녀를 달라고 하였다. 여불위는 화가 났지만, 기이하고 보기 드문 물건을 낚으려고, 이미 자초를 위해 가산(家産)을 모두 바치기로 하였음을 떠올리고는 결국 그 여자를 바쳤다. 그녀는 자신이 임신한 사실을 숨기고 있다가, 만삭이 되어, 영정(嬴政)이라는 아들을 낳았다(소양왕 48년, B.C 259년 정월). 그래서 자초가 마침내 그 여자를 부인으로 삼았다.

자초가, 진나라 30대
장양왕(蔣襄王)이 되다

진나라 소양왕 50년(B.C 257년)에, 장군 왕의(王齮)를 보내 한단을 포위하였다. 상황이 급박해지자, 조나라가 자초를 죽이려 하였다. 자초가 여불위와 모의하여, 금 육백 근을 감시하던 관리에게 주고 탈출하여, 진나라 군대 진영으로 도망한 뒤, 마침내 귀국하는 데 성공하였다.

조나라에서는 자초의 부인과 아들을 죽이려고 하였지만, 자초의 부인이 조나라 호족(豪族) 집안의 여자였기 때문에 몸을 숨길 수가 있었다. 그 결과 모자는 무사할 수 있었다.

진나라 소양왕이 재위 56년(B.C 251년) 가을에 세상을 떠났다. 태자 안국군(安國君)이 왕위에 올랐다(29대 孝文王, B.C 250년). 화양부인은 왕후가 되었고, 자초는 태자가 되었다. 이러자 조나라에서도 자초의 부인과 아들 정(政, 당시 9세)을 진나라로 돌려보냈다.

안국군이 나이 53세에 왕으로 즉위하여 1년간 재위하다가 죽자 시호(諡號)를 효문왕이라고 했다. 태자 자초가 대를 이어 왕위에 오르니, 그가 바로 30대 장양왕(將養王)이다(B.C 249년). 장양왕은 양어머니 화양후를 화양태후(華陽太后)라 하고, 친어머니 하희(夏姫)를 높여 하태후(夏太后)라 하였다.

　장양왕 원년에 여불위를 승상(丞相)으로 삼고 문신후(文信侯)에 봉하였으며, 하남(河南, 장양왕 원년에 세운 삼천군을 말하며, 지금의 하남성 황하 이남의 낙수와 이수 하류 지역) 지역 낙양(雒陽, 지금의 하남성 낙양시 낙양시구 지역) 땅의 십만 호를 식읍(食邑)으로 주었다.

장양왕이 죽자,
태자 영정이 진왕으로 즉위하다

　장양왕이 즉위한 지 3년 만에 세상을 떠나자, 13세인 태자 영정 **(嬴政)**이 왕위를 이어 진나라 왕이 되었다(B.C 247년 5월). 여불위를 높여 상국(相國, 재상의 관직명)으로 삼으면서, 그를 '중보(仲父)'라 불렀다. 진왕 영정이 나이가 어린데다, 막 즉위한 터라 국사를 여불위를 비롯한 대신들에게 맡겨서 처리하도록 하였으며, 태후는 때때로 사람들의 눈을 피해 여불위와 사사로이 정을 통하였다. 여불위의 집안에는 하인이 만 명이나 있었다. 여불위가 널리, 유사들을 초빙하여 천하를 도모하려고 하였다. 그래서 이사(李斯)가 여불위의 사인이 되었으며, 몽오(蒙鰲, 제나라 사람으로 몽염의 조부), 왕의(王齮), 표공(麃公) 등이 장군이 되었다.

여불위,
일자천금의 『여씨춘추』를 완성하다

　그 당시, 위나라에는 신릉군(信陵君 ? - B.C 243년), 초나라에는 춘
신군(春申君 ? - B.C 238년), 조나라에는 평원군(平原君), 제나라에는
맹상군(孟嘗君, 민왕 때 재상을 지냄)이 있었는데, 이들은 모두 경쟁적으
로 선비들 앞에서 자신들을 낮추고 빈객들을 아껴 주었다. 여불위
는 진나라가 강국이면서도 그렇게 하지 못함을 부끄럽게 생각하
고, 그들과 마찬가지로 선비들을 초청하여 후하게 대우하자, 식객
들의 수가 삼천 명에 이르렀다.

　이 시기에 제후들의 나라에는 변사(辯士, 설득에 능한 유세하는 선비)들
이 많았는데, 순경(荀卿, 荀子를 말함, B.C 313년? - B.C 238년?) 같은 사
람들은 책을 저술하여 천하에 알렸다. 이에 여불위도 빈객들을 시
켜서 각자가 보고 들은 바를 글로 쓰게 하여, 이를 모아 팔람(八覽),
육론(六論), 십이기(十二紀)로 구성하였는데, 모두 이십여 만 자였다.

　여불위는 천지만물(天地萬物)에 관한 고금의 일들을 모아 놓은 것
이라는 생각에서, 이를 여씨춘추(呂氏春秋)라 명명하였다(진왕 8년,
B.C 239년, 진왕 21세). 그리고 함양(咸陽, 당시 진나라의 도읍으로 지금의 섬

서성 함양시 함양시구 지역)에 있는 시장의 대문에 여씨춘추를 전시한 뒤, 그 위에 천 금을 걸어놓고, 제후들의 나라로부터 유세객들이나 빈객들을 불러들이면서, "이 책에서 한 글자라도 더하거나 뺄 수 있는 자에게 천 금을 주겠다고(增損一字者予千金)."고 하였다.

노애, 오동나무를
음경에 걸고 돌리다

　진왕 영정이 점차 장성해 가는데, 태후(太后, 진왕의 친어머니)의 음
란한 행위는 그치지 않았다. 여불위는 그것이 발각되어 자기에게
화(禍)가 미칠 것을 두려워했다. 그래서 음경(陰莖)이 큰 노애(嫪毒)
라는 사람을 찾아내서 몰래 사인(舍人)으로 삼고, 수시로 광대들이
음탕(淫湯)한 가무를 공연하도록 하면서, 노애에게 그의 음경에 오
동나무 수레바퀴를 매달아 돌리면서 걷게 하였다. 태후가 그 소문
을 듣게 하여 태후의 마음을 흔들어 놓으려고 한 것이다. 예상했
던 대로 태후가 그 소문을 듣고, 사람들 몰래 그를 얻고 싶어 하였
다. 그래서 여불위가 노애를 바쳤고, 사람을 시켜 그를 궁형(宮刑)
에 해당하는 죄를 지었다고 허위로 고발하게 하였다.

　여불위는 또 태후에게 은밀히 이렇게 말했다. "거짓으로 궁형을
받게 하여 부릴 수 있게 되면 급사중(給事中, 곁에서 모시며 보좌하는 업무)
으로 삼으십시오."라고 하였다. 이에 태후가 궁형을 담당하는 관
리에게 후하게 많은 상을 내리고, 궁형의 처벌을 받은 것처럼 거
짓으로 꾸미게 한 뒤, 그의 수염과 눈썹을 뽑아 환관(宦官)으로 만

들었다. 비로소 노애는 태후의 시중을 들 수 있게 되었다. 태후가 사사로이 노애와 정을 통하며 몹시 그를 사랑하였다. 그 후 아이를 갖게 되자, 태후는 사람들이 알게 될까 두려웠다. 그래서 점을 쳤더니 액운을 피해야 한다더라고 속이고, 옹(雍, 옹현으로 지금의 섬서성 보계시 봉상현 남쪽) 땅으로 거처를 옮겼다.

노애가 늘 곁에서 태후를 모셨으며, 태후는 그에게 후한 상을 내렸다.

노애가 장신후로 봉해졌다. 노애에게 산양(山陽) 땅을 주어 그곳에 살게 하고, 궁실, 거마, 의복, 원유(苑囿), 馳獵(치렵, 말을 타고 하는 사냥) 등을 노애가 마음대로 하게 했으며, 크고 작은 일이 모두 노애에 의해서 결정되었다. 또 하서(지금의 산서성, 섬서성 사이의 황하 남단 서쪽 지역)의 태원군을 노애의 봉국으로 변경하였다. 노애의 집안 하인은 수천 명이었으며, 벼슬을 얻으려고 노애의 사인이 된 빈객들이 천 명이 넘었다.

노애의
반란 음모

진왕 9년(B.C 238년, 22세), 혜성이 나타나서 하늘을 가로질렀다. 4월 진왕이 옹(雍)에 머물렀다. 기유일(己酉日, 진왕이 관례(冠禮))를 거행하고 검을 찼다.

그해 어떤 사람이 노애는 실제로 환관이 아니며, 항상 태후와 사사로이 정을 통하여 아들 둘을 낳아 모두 숨겨 놓았다고 하고, 그가 또한 고발하기를, 노애가 태후와 함께 모의하기를, "왕이 죽으면 우리 아들로 뒤를 잇게 하십시다,"라고 하였다고 하였다.

그래서 진왕이 법을 집행하는 관리를 보내 조사하도록 하여 전후 사실이 상세히 드러나고 말았으며, 상국 여불위도 연관이 있다는 것을 알게 되었다. 이에 장신후 노애가, 왕의 옥새(玉璽)와 태후의 인감(印鑑)을 위조하여 도성의 군사 및 호위군사, 관아의 기병, 융적(戎狄)의 우두머리, 가신들을 동원하여 기년궁(蘄年宮, 당시 시황이 기거하던 곳, 지금의 섬서성 봉상현 남쪽)을 공격하여 반란을 일으키려고 했다.

진왕이 상국 창평군(昌平君)과 창문군(昌文君)으로 하여금 군사를 동원하여 노애를 공격하게 하니, 함양에서 싸워 수백 명의 머리를 베었다. 노애 등이 패하여 달아나자 즉시 전국에 영을 내려 노애를 생포하는 자에게는 100만 전(錢)을 하사하고, 그를 죽이는 자에게는 50만 전을 하사한다고 하였다. 결국 노애 등이 모두 잡혔다. 위위(衛尉) 갈(竭), 내사(內史) 사(肆), 좌익(左弋) 갈(竭), 중대부령(中大夫令) 제(齊) 등 20여 명은 모두 머리가 잘려 높은 곳에 매달렸고, 노애를 호치(好畤, 지금의 섬서성 함양시 건현 부근)에서 거열형에 처하여 사람들에게 본보기로 보였으며, 그들의 일족은 다 주살되었다. 가신 및 죄가 가벼운 자는 귀신(鬼薪, 종묘에서 쓰는 땔나무를 하는 고역)의 형벌을 받았으며, 작위를 삭탈당하고 촉(蜀) 땅으로 쫓겨 간 것이 사천여 가구가 되는데, 모두 방릉(지금의 호북성 방현)에 옮겨 살게 했다. 그달에 한파가 심하여 얼어 죽은 자가 있었다.

　태후가 낳은 두 아들을 죽여 없애고, 태후를 옹(雍, 지금의 섬서성 봉상현 남쪽) 땅으로 내쫓아 살게 했다.

　진왕이 여불위도 죽이고자 하였으나, 선왕을 모신 공로가 큰 것과 그를 위해 변호하는 빈객과 변사가 많았기 때문에, 진왕이 차마 법대로 처벌할 수 없었다.

여불위의
최후

진왕 10년 (B.C 237년, 23세) 10월에, 상국 여불위를 파직(罷職)하였다. 그리고 제나라 사람 모초(茅焦)가 진왕을 설득하자, 진왕이 태후를 옹 땅에서 맞아들여, 함양으로 다시 돌아와 살게 했다가, 다시 감천궁(甘泉宮)으로 옮겨 살게 했다. 문신후 여불위는 도성에서 추방하여 하남(河南)에 있는 봉지에 살도록 하였다.

그 후 일 년이 넘었는데도, 제후들의 빈객이나 사자들이 끊임없이 길에 늘어서서 기다리다가, 여불위에게 문안 인사를 하곤 하였다. 시황이 여불위가 변란을 일으킬까 두려워, 그에게 서신을 보내 이르기를, "귀하가 진나라에 무슨 공을 세웠기에, 진나라가 그대를 하남의 땅에 봉하고 10만 호의 식읍을 내렸는가? 귀하가 진나라와 무슨 인척 관계가 된다고 중부(仲父)로 불리는가? 가족과 함께 촉(蜀, 지금의 사천성 성도를 중심으로 한 지역) 땅으로 가서 사는 것이 마땅할 것이오." 하였다.

여불위는 점점 압박이 심해진다는 느낌을 받고, 죽임을 당할까 두려워 독주를 마시고 죽었다(B.C 235년, 진왕 12년, 25세).

308

그를 몰래 매장했다. 그의 가신으로 장례식에 참가한 사람 중 진(晉)나라 사람은 국경으로 축출했고, 진나라 사람으로 봉록이 육백 섬 이상인 자는 관직을 삭탈하여 방릉으로 옮기게 했으며, 봉록이 오백 섬 이하로 장례식에 참가하지 않은 사람은 방릉으로 옮기게만 하고 관직은 삭탈하지 않았다.

시황이 자신을 분노하게 만든 여불위와 노애가 모두 죽었으므로 촉 땅으로 쫓겨 갔던 노애의 가신들을 전부 돌아오게 하였다.

시황 19년(B.C 228년, 32세), 태후가 세상을 뜨자, 시호를 제태후(帝太后)라 하고, 장양왕과 함께 지양현(芷陽縣, 지금의 섬서성 서안시구 동쪽)에 합장하였다.

태사공이, "공자가 말한 바 있는 명성만 좇고 언행이 일치하지 않는 사람이란, 바로 여불위 같은 사람이 아닐까?"라고 하였다. 논어 안연편(顏淵篇), 夫聞也者, 色取仁而行違, 居之不疑, 在邦必聞, 在家必聞(부문야자, 색취인이행위, 거지불의, 재방필문, 재가필문)이라는 구절에서 인용한 것인데, '명성이 있다는 것은, 안색은 인을 취하지만 행동은 인을 어기면서도 스스로는 어질다고 자처하여 의심치 않는 것이다. 이렇게 하면 나라에서 일을 해도 반드시 명성이 있고, 대부의 식읍에서 일을 해도 반드시 명성이 있다.'는 것이다.

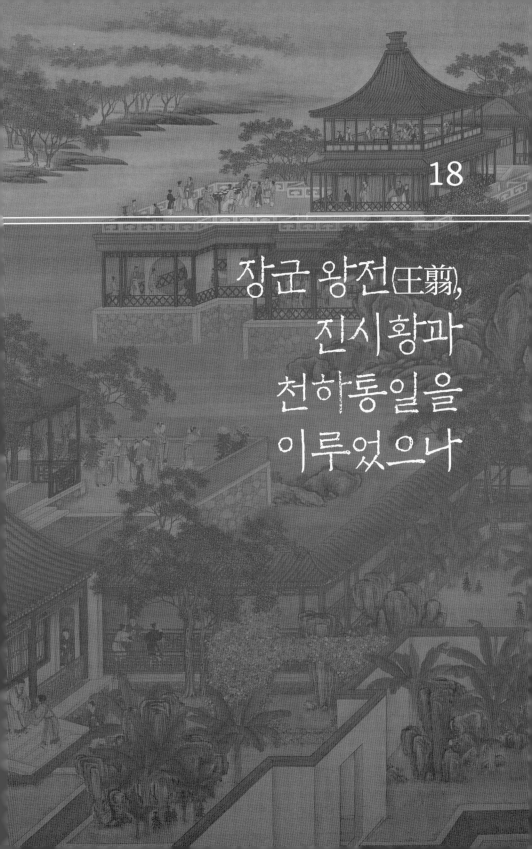

18

장군 왕전(王翦),
진시황과
천하통일을
이루었으나

장군 왕전
부자의 활약상

왕전(王翦)은 빈양현(頻陽縣, 지금의 섬서성 위남시 부평현 동북쪽) 동향(東鄉, 부평현 아래 향 이름) 사람이다. 어려서부터 병법을 좋아하였으며, 진나라 시황(始皇)을 섬겼다.

진시황 11년(B.C 236년), 왕전이 군사를 이끌고 조나라 알여(閼與, 지금의 산서성 진중시 화순현 서북쪽), 요양(橑楊, 지금의 산서성 좌근현)을 공격하여, 아홉 개의 성을 빼앗았다.

진시황 18년(B.C 229년), 왕전은 군사를 이끌고 조나라를 공격하였다. 한 해가 좀 넘어, 결국 조나라를 함락시키며, 조나라 왕 조천(趙遷, 조나라의 마지막 왕(재위 B.C 235년 - B.C 228년)의 항복을 받아내고, 조나라 땅을 모두 평정하고 군(郡)으로 만들었다(B.C 228년).

이듬해(B.C 227년), 연나라 태자 단(丹이) 형가(荊軻)를 진나라로 보내 진시황을 암살하려 하려다 실패하자, 시황이 왕전을 보내 연나라를 공격하게 하였다. 그러자 연나라 왕 희(喜, 연나라 마지막 왕, 재위 B.C 254년-B.C 222년) 가 요동(遼東)으로 달아났으며, 마침내 왕전이 연나라 도읍 계성(薊城, 지금의 북경시 서성구 남부 및 풍태구 지역)을 평정하고 돌아왔다(B.C 226년).

　또한 진나라는 왕전의 아들 왕분(王賁, 왕전의 아들이며, 왕리의 아버지임)을 보내 초나라를 공격하게 하였는데, 초나라 군사가 그에게 패배하였다. 그는 돌아오는 길에 하구(河溝)의 물을 끌어다가 위나라 대량(大梁)으로 흘러가게 하니, 대량성이 파괴되었다. 그래서 위나라 왕 가(假, 위나라 마지막 왕, 재위 B.C 227년 - B.C 225년)의 항복을 받고, 위나라 땅을 평정하였다(B.C 225년).

장군 이신의
패배

　진시황은 삼진(三晉, 한, 위, 조나라)을 멸망시킨 뒤, 연나라 왕 희(喜)를 패주시키고, 여러 차례 초나라 군사를 격파하였다. 진나라 장군 이신(李信)은 젊고 건장하며 용맹하였다. 일찍이 수천 명의 병사를 이끌고 연나라 태자 단((丹)을 추격하여 연수(衍水, 지금의 요녕성 태자하) 강가까지 이르러, 연나라 군사를 격파하고 끝끝내 태자 단을 붙잡은 적이 있었다.

　시황이 그를 현명하고 용감하다고 여겼다. 시황이 이신에게 묻기를, "내가 초나라를 쳐서 점령하려고 하는데, 장군에게 얼마나 많은 병력이 있으면 충분할 것 같소?"라고 하였다. 이신이, "이십만 명이 있으면 충분합니다."라고 하였다.

　다시 시황이 왕전에게 묻자, 왕전은, "육십만 명이 아니면 안 됩니다."라고 하였다. 진시황이, "왕장군은 늙었구려, 무엇을 그리 겁내시오? 이장군이 과감하고 용맹하다더니, 그 말이 맞소이다."라고 하였다.

　결국 이신과 몽염으로 하여금 이십만 명을 이끌고 남쪽으로 내

314

려가 초나라를 공격하게 하였다. 왕전은 자신의 말이 받아들여지지 않자, 병을 핑계로 관직에서 물러나, 고향인 빈양의 집으로 돌아갔다.

한편 이신은 평여(平與, 지금의 하남성 주마점시 평여현 북족 지역)를 공격하고, 몽염은 침(寢, 당시 초나라 지명으로 지금의 하남성 주구시 침구현과 신양시 고시현 사이 지역)을 공격하여, 초나라 군대를 대파하였다. 이신은 이어서 언영(鄢郢, 지금의 호북성 양양시와 형주시 일대)을 공격하여 격파하였다. 군사를 이끌고 서쪽으로 진군하여, 몽염과 성보(城父, 지금의 안휘성 박주시 초성구 성보진 지역)에서 만날 예정이었다. 그러나 초나라 군대가 몰래 뒤따르며 사흘 밤 사흘 낮을 쉬지 않고 쫓아가 이신의 군대를 대파하였다. 두 개의 군영(軍營)의 방어벽을 뚫고 들어가 도위(都尉, 장군 아래 직책) 일곱 명을 죽였다. 진나라 군대는 패주하였다.

진시황,
왕전에게 사과하다

　진시황이 그 소식을 듣고 몹시 화가 났다. 직접 빈양(頻陽)으로 달려가, 왕전을 만나 사과하며, "과인이 장군의 계책을 따르지 않았다가 이신이 결국 진나라 군대를 욕되게 하고 말았소, 지금 듣자 하니 초나라 군사가 나날이 서쪽으로 진군해 오고 있다는데, 장군께서 비록 몸이 병들었지만, 어찌 차마 과인을 버릴 수 있겠소?"라고 하였다.

　왕전이 사양하며, "이 늙은이는 지치고 병들어 정신이 혼미하오니, 부디 대왕께서는 다른 현명한 장군을 물색하십시오."라고 하였다. 시황이 다시 사과하면서, "결정되었소, 장군은 더 이상 말하지 마시오."라고 하였다.

　왕전이, "대왕께서 어쩔 수 없이 저를 꼭 쓰셔야 하신다면, 육십만 명이 아니면 안 됩니다."라고 하였다. 시황이, "장군의 계책을 따르도록 하겠소."라고 하였다. 그리하여 왕전은 육십만 명의 군사를 이끌게 되었다.

　진시황이 직접 파상(灞上, 지금의 섬서성 서안시 동남 20리 정도 떨어진 파하,

다른 설도 있음)까지 전송을 나갔다. 왕전이 떠나면서, 좋은 전답(田畓)과 가옥 그리고 연못이 딸린 동산 등을 지나치리만큼 여러 번 요청하였다. 그러자 시황이, "장군은 떠나기나 하시오, 어찌 가난 따위를 걱정하시오?"라고 하였다.

왕전이, "대왕의 장군이 되어 공을 세웠지만, 봉후(封侯)까지는 되지 못하였는데, 지금 대왕께서 저를 신임하고 계시므로, 저 또한 이때를 맞아 연못이 딸린 동산을 대왕께 청하여 자손들이 생계라도 잇게 하려고 합니다."라고 하였다. 시황이 크게 웃었다. 그러고도 왕전은 함곡관(函谷關)에 이를 때까지, 좋은 전답을 요청하는 사자를 다섯 차례나 보냈다.

어떤 사람이, "장군께서 가산을 요청하시는 모습이 너무 지나치십니다."라고 하였다. 왕전이 "그렇지 않소, 대왕은 성품이 거칠고 남을 믿지 않는 사람이오, 이번에 진나라 병사들을 모조리 동원하여 전부 나에게 맡겼습니다. 내가 자손들의 생계를 위한 많은 전답과 가옥을 요청하는 것으로 나 자신의 의지를 확고하게 보여주지 않는다면, 대왕께서 나를 아무런 근거도 없이 의심(疑心)하는 일이 없도록 할 수 있겠소?"라고 하였다.

왕전이, 진시황이 포악하고 의심이 많아서, 의심을 사지 않기 위해 좋은 집과 논밭을 여러 차례 달라고 요청을 하니, 이 일로 시황은 왕전을 의심하지 않았다.

장군 왕전의
원모심려(遠謀深慮)

　진시황 23년(B.C 224년), 왕전이 마침내 이신을 대신하여 초나라를 공격하였다. 한편 초나라는 왕전이 더 많은 군사로 쳐들어온다는 소식을 듣고, 나라 안의 모든 병력을 동원하여 진나라 군사에 맞섰다.

　그런데 왕전은 전지에 도착하여, 보루(堡壘)의 장벽을 견고히 쌓고 지키기만 할 뿐 싸우려 들지 않았다. 초나라 군사들이 나가 여러 차례 싸움을 걸어 보았으나, 끝내 보루에서 나오지 않았다. 그러면서 왕전은 날마다 병사들을 쉬게 하면서 목욕이나 시키고, 좋은 음식을 먹이며 어루만지고 위로하며, 자신도 병사들과 같이 먹고 마시고 하였다.

　한동안 그러다가, 왕전이 사람을 시켜 군영 안에서 무슨 놀이를 하고 있는지 알아보게 하였다. 그가, "투석(投石)이나 초거(超距, 일종의 장애물 넘기)를 하느라고 한창입니다."라고 하였다. 그러자 왕전이, "병사들을 싸움에 내보내도 될 만해졌다."라고 하였다. 한편 초나라는 여러 차례 싸움을 걸어 보았으나 진나라 군사가 싸우러

나오지 않자, 군사를 이끌고 동쪽으로 이동하였다. 왕전이 그 틈을 노려 전군을 동원하여 초나라 군사를 뒤쫓아 가서 병사들에게 공격하도록 명령하여, 초나라 군사를 대파하였다.

그 후 기(蘄, 지금의 안휘성 숙주시 숙주지구 남부 지역) 땅 남쪽에서, 초나라 장군 항연(項燕, 항량의 부친이자 항우의 조부이기도 함)을 죽이자, 초나라 군사는 마침내 패주하였다. 진나라는 승리의 여세를 몰아 초나라의 성이나 읍 등을 공격하여 평정하였다. 한 해가 좀 넘어 초의 수도 수춘(壽春)을 공격하여, 초나라 왕 부추(負芻, 초나라 마지막왕, 재위 B.C 227년-B.C 223년)를 사로잡고 결국 초나라 지역을 평정하여 군과 현을 설치하였다(진시황 24년, B.C 223년). 내친걸음에 남쪽으로 진격하여 백월(百越, 당시 장강 중류 및 하류의 남쪽 지역에 살던 중국고대 부족들을 통칭하여 백월이라 함) 지역의 군주들을 정벌하였다.

한편 왕전의 아들 왕분(王賁)은 이신과 함께 요동을 점령하고 연나라 왕 희(喜)를 사로잡았다. 이리하여 연나라는 완전히 멸망했다(B.C 222년). 진시황이 왕분으로 하여금 연나라 전선에서 곧바로 남하하여 제나라를 공격하도록 하여, 왕분이 전광석화(電光石火) 같은 기세로 제나라 수도 임치(臨淄)를 급습해 멸망시켰다(B.C 221년).

진시황 26년(B.C 221년), 천하를 모조리 평정하였는데, 왕씨(왕전에서 왕분을 거쳐 왕리(王離)에 이르는 3대에 걸친 장군)와 몽씨(蒙驁)에서 몽무(蒙武)를 거쳐 몽염(蒙恬)에 이르는 3대에 걸친 장군)들이 많은 공을 세웠으며, 그래서 그 명성이 후세에까지 널리 알려졌다.

3대에 걸쳐 장군이 된 자는
반드시 화를 입는다

진나라 이세황제(二世皇帝) 호해(胡亥) 때, 왕전과 그의 아들 왕분은 모두 세상을 떠났고, 몽씨들(몽염과 몽의 형제를 말함) 또한 죽음을 당하였다. 진승(陳勝, 이세황제 원년 즉 B.C 209년 오광과 함께 봉기하여 장초국을 세워 왕이 되었으나, 진나라의 장한에게 패하여 도주하다가 부하에게 피살됨)이 진나라에 대하여 반란을 일으켰을 때, 진나라는 왕전의 손자 왕리(王離)로 하여금 병사 이십만 명을 주어 조국을 공격하게 하여, 조왕(조헐, 조나라 왕족의 후예)과 장이(張耳)를 거록성(鉅鹿城, 당시 거록군 거록현으로, 지금의 하북성 형태시 평향현 서남쪽에 위치함)에서 포위하였다.

어떤 이가, "왕리는 진나라의 명장이다. 이제 강한 진나라 군사를 이끌고, 새로 생긴 조나라를 공격하고 있는데, 틀림없이 함락시킬 것이다."라고 하였다. 그러자 어떤 나그네가, "그럴 리가 없소, 무릇 3대째 대를 이어 장군이 된 자는 반드시 패하는 법이오, 패하는 이유가 무엇이겠소? 수많은 살육을 행하였기에, 그 후손들이 불행한 일을 당하게 되어 있기 때문이오, 왕리의 경우도 3대째 장군을 하고 있소."라고 하였다.

그로부터 얼마 되지 않아, 항우(項羽)가 조나라를 구원하면서 진나라 군사를 공격하여, 과연 왕리를 포로로 잡았으며, 왕리가 이끌던 군사는 제후들에게 투항하고 말았다(B.C 207년). 거록지전(鉅鹿之戰)은 항우가 명성을 얻게 되는 계기를 만들어 준 전투이다.

시류(時流)에 영합(迎合)하여
군주의 비위나 맞추었으니

사마천이 말하기를, "속담에, 자(尺)도 짧을 때가 있고, 치(寸)도 길 때가 있다(尺有所短, 寸有所長)."라고 하였다. 왕전은 진나라 장군의 자리에 올라, 육국(六國, 한나라, 위나라, 조나라, 제나라, 연나라, 초나라)을 멸하여, 그 당시 진나라의 숙장(宿將, 나이도 많고 공훈도 많은 원로 장군)이었고, 진시황도 그를 스승으로 받들었다. 하지만 진나라를 도와 올바른 덕(德)을 세우도록 하여 그 근본을 탄탄하게 해 줄 능력은 없었으며, 구차하게 시류에 영합하며 군주의 비위나 맞추다가 일생을 마쳤다. 그러니 그의 손자 왕리(王離)에 이르러 항우에게 포로(捕虜)로 잡히는 신세가 된 것이 어찌 당연한 귀결이 아니겠는가? 이들도 각자 그 부족한 점들이 있었던 것이다."라고 하였다.

왕전이 진시황에게 어진 행실을 하도록 간언하지 않았기 때문에, 그 손자가 재앙을 받았다는 것이다. 그러나 포악하고 다른 사람을 믿지 않는 진시황이 그의 간언(諫言)을 받아들였을까?

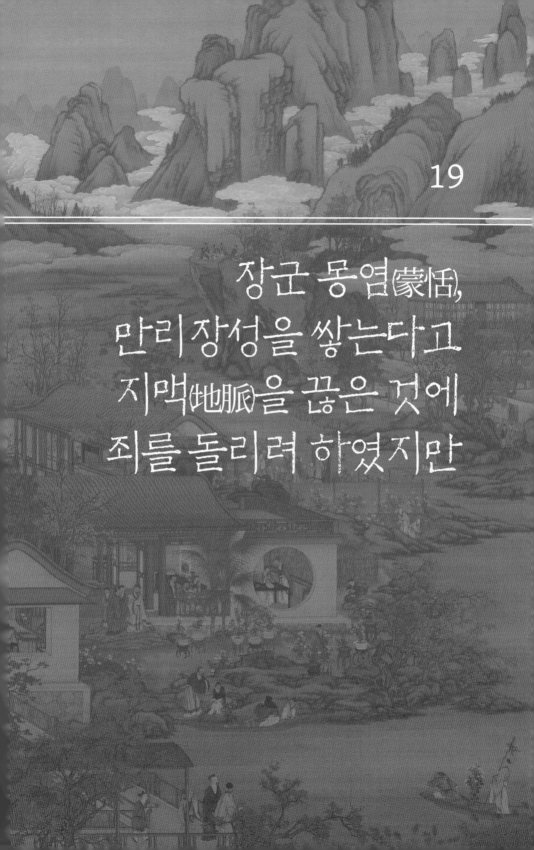

19

장군 몽염(蒙恬),
만리장성을 쌓는다고
지맥(地脈)을 끊은 것에
죄를 돌리려 하였지만

명문가의 후예인
몽씨 집안의 활약상

몽염(蒙恬)은 그의 선조가 제나라 사람이다. 몽염의 할아버지 몽오(夢驁,)는, 제나라로부터 와서 진나라 28대 소양왕(昭襄王, 재위 B.C 306년-B.C 251년)을 섬기며, 관직이 상경(上卿)에 이르렀다. 진나라 30대 장양왕(將養王) 원년(元年, B.C 249년)에, 몽오가 장군이 되어, 한나라를 공격하여 성고(成皐, 지금의 하남성 정주시 형양시 서북쪽 사수진 지역)와 형양(滎陽, 형양시 동북 지역) 땅을 빼앗아 삼천군(三川君, 이수, 낙수, 황하의 세 강을 끼는 지역으로 주로 지금의 하남성 서북부 지역을 지칭함)을 설치하였다. 장양왕 2년(B.C 248년)에는, 몽오가 조나라를 공격하여 37개의 성(城)을 빼앗았다.

진시황(재위 B.C 246년 - B.C210년) 3년(B.C 244년)에는, 몽오가 한나라를 공격하여 13개의 성을 빼앗았다. 시황 5년(B.C 242년), 몽오가 위나라를 공격하여 20개의 성을 빼앗고, 동군(東君, 지금의 하남성 동북부와 산동성 서부 일부 지역)을 설치하였다. 시황 7년(B.C 240년), 몽오가 세상을 떠났다.

몽오의 아들이 몽무(夢武)이고, 몽무의 아들이 몽염(蒙恬)이다. 몽염은 일찍이 판결문을 작성하는 등 소송 사건과 관련된 문건을 담당하였다.

　진시황 23년(B.C 224년), 몽무가 비장군(裨將軍, 장군 왕전을 보좌하는 장군)이 되어, 왕전(王翦, 시황 때의 명장으로 천하통일을 하는 데 크게 기여함) 장군과 함께 초나라를 공격하여 크게 쳐부수고 항연(項燕, 항량의 부친이고 항우의 조부이기도 함)을 죽였다. 시황 24년에 몽무가 초나라를 공격하여 초나라 왕 부추(負芻, 초나라의 마지막 왕, 이복동생을 죽이고 즉위함)를 사로잡았다(B.C 223년). 몽염에게는 몽의(夢毅)라는 동생이 있었다.

몽염, 집안의 직책을 이어받아 장군이 되고, 장성(長城)을 수축하다

　진시황 26년(B.C 221년), 몽염은 집안 대대로 장군이었던 연유로 장군에 임명된 뒤, 제나라를 공격하여 크게 쳐부수자, 내사(內史, 당시 도읍인 함양 지역을 맡아 다스리던 관직을 지칭)에 임명되었다. 진나라가 천하를 통일한(B.C 221년) 뒤, 진시황 32년(B.C 215년), 시황이 북쪽 변방(邊方)을 순시하고 상군(上郡)을 지나 도성으로 돌아왔다.

　연나라 사람 방사 노생(盧生)이 바다에 나갔다가 돌아와서 귀신에 관한 일을 보고 하였는데, '진을 망하게 한 자는 호(胡)다.'라는 구절이 있는 讖緯書(참위서, 미래의 일을 예언한 글)를 올렸다. 진시황은 '호'를 흉노로 보고 이를 흉노 공격에 대한 구실로 이용했다(후대 사람들은 진나라가 이세 호해(胡亥) 때 사실상 망했다고 보고 '호'를 '호해'로 풀기도 한다).

　진나라가 천하통일(B.C 221년)을 한 뒤, 시황이 바로 몽염으로 하여금 군사 삼십만 명을 이끌고 서융(西戎, 고대 중국의 서쪽에 거주하던 부족)과 북적(北狄, 고대 중국의 북쪽에 거주하던 부족)을 북쪽으로 몰아내게 하고, 하남(河南, 지금의 하투지역으로 황하 이남의 땅으로 내몽고자치구 악이다시시 일대를 가리킴) 지역을 빼앗았다. 서북쪽으로 흉노를 쫓아 버리고 유중(楡中, 지금의 섬서성 동북부, 내몽고 동승지구)에서 황하 동쪽 음산(陰山)에 이르기까지 44개 현을 설치하고, 황하를 건너, 고궐(高闕, 지금의 내몽고 조격기 동남), 양산(陽山, 지금의 내몽고자치구 파언뇨이시 오가하 서북쪽이자 낭산과 음산의 남쪽 지역), 북가중(北假中, 지금의 낭산 동남 오원, 오양소해 일대)을 빼앗고 요새를 쌓아 흉노를 몰아내고, 구불구불 북쪽으로 진출하였다. 그리고 몽염으로 하여금, 황하 가장자리를 따라 장성을 쌓도록 하였다.

몽염이 장성(長城)을 쌓으면서 지형을 잘 이용하고, 험준한 요새를 적절히 건설해 나갔는데, 임조(臨洮, 지금의 감숙성 정서시 민현 지역)에서부터 시작하여 요동군(遼東郡, 지금의 요녕성 대릉하 동쪽 지역) 지역까지에 이르는 일만여 리(里)가 이어진 것이었다.

이 장성은 처음부터 시황제 때 모두 쌓은 것이 아니다. 전국시대에 이미 여러 제후국에서 자국의 국방을 튼튼히 하기 위하여, 그 국경선에 장성을 쌓은 것이었다. 제나라의 장성은 산동반도를 둘러싸도록 낭야산에서 태산 방향으로 쌓았으며, 초나라의 장성은 여수(汝水)와 한수에 걸쳐 쌓았다. 특히 진나라, 조나라, 연나라 등 세나라는 북쪽 흉노의 침입을 막기 위해 각각 장성을 쌓았다. 황하 중류의 중원에 가까운 위나라도 장성을 쌓았다. 천하가 통일되었으나, 당시 북쪽에는 여전히 흉노(匈奴) 세력이 강성하여 국경을 위협하고 있었기 때문에, 시황제로서는 흉노를 저지하기 위해서 북쪽에 있는 장성을 보강하지 않으면 안 될 형편이었다.

이 공사를 위하여 군사는 노숙(露宿)을 해야 했고, 공사에 동원된 병사와 인부들의 고통은 이루 말할 수 없을 정도로 많은 비극적 전설을 낳았다. 몽염도 십여 년을 외지에서 군사들을 이끌고 비바람을 맞아가며 상군(上郡, 지금의 섬서성 연안시 및 유림시 일대)에 머물렀다.

이리하여 그 당시 몽염의 위세는 흉노를 두려움으로 떨게 하였다.

진시황,
몽염, 몽의 형제를 총애하다

진시황은 몽염(蒙恬)과 몽의(蒙毅) 형제들을 지극히 존중하고 아꼈으며, 그들을 신임하며 현명하다고 여겼다. 그리하여 몽의를 가까이에 두고 아끼며, 상경의 지위를 내린 뒤, 밖에 나갈 때는 참승(驂乘, 마부 오른쪽에 타는 호위병을 참승이라고 함)으로, 수레에 함께 타게 하고, 궁에 들어오면 곁에 두었다. 몽염은 밖에서 하는 일을 담당하고, 몽의는 안에서 정사를 도맡아 하면서, 충성과 신의로 이름이 널리 알려져, 장군이나 대신들 누구도 감히 그들과 총애를 다투지 못하였다.

진시황 35년(B.C 212년), 함양에 있는 방사 부류들이, 요망한 말로 백성들의 마음을 어지럽게 한 자들을 어사에게 심문하게 하여, 시황이 몸소 법을 어긴 자들 사백육십여 명을 골라내서 모조리 함양에 파묻었다(坑儒).

이에 시황의 맏아들 부소(扶蘇)가 이렇게 직언하였다. "이제 겨우 천하가 평정되었으나, 먼 지방의 백성들은 아직 안정되지 않았습니다. 유생들은 모두 『시』·『서』를 암송하며 공자를 본받고 있는데, 지금 황제께서 법을 엄하게 하여 그들을 얽어매시니, 소자는 천하가 불안해질까 두렵습니다. 황제께서는 이런 사실을 살펴주십시오."라고 하자, 시황이 노하여 부소를 몽염 장군이 있는 북쪽 상군으로 보내 버렸다.

몽염, 몽의 형제와
조고의 악연

　조고(趙高, ?- B.C 207년)는 조나라 왕실의 먼 일족이었다. 조고에게는 형과 아우가 여러 명이 있었는데, 모두 태어나자마자 거세되어 환관이 되었다. 그의 어머니는 형벌을 받아 처형당하였으며, 대대로 비천(卑賤)한 신분이었다. 진시황이 조고가 부지런하며, 형벌에 관한 법령에 능통하다는 말을 듣고 중거부령(中車府令, 황제의 수레를 관리하는 직책)으로 등용하였다. 그러자 조고가 공자 호해(胡亥)를 사사로이 섬기며, 그에게 죄를 판결하는 절차를 가르쳤다.

　조고가 큰 죄를 지은 적이 있었는데, 시황이 몽의에게 명령하여 그를 법에 따라 다스리게 하였다. 몽의는 감히 법을 불공평하게 적용할 수 없어, 조고의 죄가 사형에 해당한다고 판결하고, 그를 환관의 명부에서 제적하였다. 그러나 시황이 조고가 일을 열심히 잘한다고 여겨, 그를 사면(赦免)하고 그의 관직과 작위를 회복시켜 주었다.

몽염,
(直道)를 닦다

    진시황 35년(B.C 212년)에, 진시황이 천하를 돌아볼 때, 구원(九原, 지금의 내몽고자치구 포두시 구원구 지역)에서 곧은 길을 통해 감천궁(甘泉宮, 당시 궁전으로 지금의 섬서성 함양시 순하현 서북쪽 감천산 지역)에 다다르기를 바라는 마음에서, 몽염으로 하여금 길을 내도록 하였다. 구원에서 감천궁에 이르기까지, 산을 허물고 계곡을 메운 것이 천팔백 리나 되었다. 하지만 그 길은 완성되지 못하였다.

조고와 승상 이사,
공자 호해가 음모를 꾸미다

진시황 37년(B.C 210년) 겨울, 시황이 순수(巡狩)를 나가, 회계산 (會稽山, 지금의 절강성 소흥시 소흥지구 동남쪽에 위치함)을 돌아보고, 해안을 따라 올라가 북쪽 낭야산(瑯琊山, 지금의 산동성 청도시 교남시 남쪽 해안가에 있는 산)으로 향하였다. 그러던 도중에 시황이 병이 나자, 몽의를 함양으로 돌려보내 산천에 기도를 드리게 하였는데, 아직 돌아오지 않고 있었다. 시황이 사구(沙丘, 지금의 하북성 형태시 광종현 서북지역) 땅에 이르러, 7월 병인일(丙寅日)에 세상을 떠났다. 그러나 이를 숨기는 바람에 신하들 중 아무도 아는 자가 없었다. 당시 승상 이사(李斯, 여불위의 식객이었다가 진시황에게 발탁되어 승상의 자리에 있었음), 공자 호해(胡亥), 중거부령(中車府令) 조고(趙高)가 항상 시중을 들고 있었다.

조고가 늘 공자 호해의 총애를 받았으므로, 그를 황제로 옹립하려는 마음을 갖고 있었던 데다가, 몽의가 자기를 법으로 다스리며 위해 주지 않았던 일을 원망하여, 또 사악(邪惡)한 마음도 가지고 있었기 때문에, 승상 이사 및 공자 호해와 함께 음모를 꾸미며, 호해를 태자(太子)로 세웠다(시황의 조서(詔書)를 위조하여, 승상 이사가 받은 것으로 꾸며, 공자 호해를 태자로 세운 것임).

공자 호해가 태자가 된 뒤, 사자를 보내 죄를 씌워 공자 부소(扶蘇)와 장군 몽염(蒙恬)에게 죽음을 내렸다. 부소는 자살하였으나, 몽염은 의심하며 다시 한번 명령을 내려달라 요청하였다. 사자가 몽염을 법을 집행하는 관리에게 넘기고, 몽염의 관직을 비장 왕리에게 넘기도록 하였다. 그러면서 호해는 이사의 사인(舍人, 측근에서 수행하는 일을 담당하는 관직)을 호군(護軍, 장수들 사이의 관계를 조절하는 임무를 담당)으로 임명하였다.

사자가 돌아와 보고하자, 태자 호해는 부소가 이미 죽었다는 말을 듣고, 즉시 몽염을 석방하려 하였다. 그러나 조고는 몽씨들이 다시 높은 지위를 차지하고 권력을 장악하게 되면, 자기를 미워할까 두려웠다.

조고가 몽염,
몽의 형제를 헐뜯어 탄핵하다

　몽의가 기도를 마치고 돌아오자, 조고가 태자 호해를 위한 충성
스러운 계책을 올리는 척하면서, 몽씨들을 없애려는 의도로, "제
가 듣기로 선제(先帝)께서, 태자께서 현명하셔서 태자로 삼으려 하
신 지 오래되었으나, 몽의가 간하기를, '아니 됩니다.'라고 하였다
합니다. 만약 태자께서 현명하심을 알면서도 태자로 세우지 못하게
하였다면, 이는 불충이며 군주를 현혹(眩惑)시킨 것입니다. 저의 어
리석은 생각으로는, 그를 죽여 버리는 것이 낫습니다."라고 하였다.
　호해가 그 말을 받아들여 몽의를 대현(代縣, 당시 대군의 치소로 지금
의 하북성 장가구시 울현 지역)에 있는 감옥에 가두었다. 그보다 앞서 몽
염은 이미 양주현(陽周縣, 지금의 섬서성 연안시 자장현 북쪽)의 감옥에 갇
혀 있었다.
　진시황의 시신(屍身)이 함양(咸陽)에 도착하여, 장례를 치르고 난
뒤, 태자 호해가 이세황제(二世皇帝)의 자리에 올랐으며, 조고는 가
까이 모시면서 밤낮으로 몽씨 형제들을 헐뜯었다. 그들의 죄나 허
물을 찾아내, 이들을 열거해 가며 탄핵하였다.

자영이
간언하였으나

자영(子嬰, 호해의 형의 아들임)이 앞으로 나서 간언(諫言)하기를, "제가 들은 바로는 조나라 왕 천(遷)은 자기의 훌륭한 신하였던 이목(李牧)을 죽이고 안취(顔聚)를 등용하였으며, 연나라 왕 희(喜)는 몰래 형가(荊軻)를 기용하는 계책을 채택하여 진나라와의 약속을 저버렸으며, 제나라 왕 건(建)은 대대로 충성하던 신하들을 죽이고 후승(后勝)의 건의를 받아들였다고 합니다. 이 세 명의 군주들은 모두 옛것을 바꿈으로써 그들의 나라를 잃어버리고, 재앙(災殃)은 그들 자신에게도 미쳤던 것입니다. 오늘날 몽씨들은 진나라의 대신이자 계책에 능한 인물들입니다. 폐하께서 하루 아침에 그들을 버리려 하심은, 저는 아니 되는 일이라고 생각합니다. 또한 제가 들기로는 경솔(輕率)한 생각을 가지고는 나라를 다스리지 못하며, 독단적인 지혜로는 군주의 자리를 보존하지 못한다고 합니다. 충신을 주살(誅殺)하고 절개 없는 사람을 내세운다면, 이는 안으로는 여러 신하들이 서로 믿지 못하게 만들고 밖으로는 전쟁에서 나가 싸우는 사람들의 마음을 떠나게 만들기 때문에, 저는 해서는 아니

되는 일이라고 생각합니다."라고 하였다. 그러나 이세 황제는 그
말을 듣지 않았다.

몽의를 죽이다

이세황제(二世皇帝) 호해(胡亥)는 어사 곡궁(曲宮)으로 하여금 역참(驛站)의 수레를 타고 대현(代縣)으로 가서, 몽의에게 명령을 전하게 하면서, "돌아가신 황제께서 짐을 태자로 세우려 하셨으나 경이 반대하였다. 지금 승상 조고는 경이 불충하여 그 죄가 일족에게 미친다고 한다. 짐(朕)은 차마 그렇게 하지 못하고 경에게 죽음을 내리니, 이 또한 지극히 다행으로 생각하라, 경은 이를 실행하라."라고 하였다.

몽의가 대답하기를, "제가 돌아가신 황제의 뜻을 잘 몰랐다고 하시지만, 저는 어려서부터 섬기며 돌아가실 때까지 늘 총애를 받았으므로, 돌아가신 황제의 뜻을 잘 알고 있었다 해야 할 것입니다. 제가 태자의 유능함을 몰랐다고 하시지만, 오직 태자께서만 돌아가신 황제를 따라 천하를 두루 돌아보시면서 다른 여러 공자들은 멀리 떨어져 있게 하셨으므로, 저는 태자의 유능함을 의심하지 않았습니다. 무릇 돌아가신 황제께서 태자를 세우려는 생각을 여러 해 동안 마음에 담고 계셨는데, 제가 무슨 말로 감히 다른 간언을 하며, 무슨 생각으로 감히 다른 모의를 하겠습니까? 말을 꾸며대며 감히 죽음을 피하려는 것이 아니라, 돌아가신 황제의 명성(名聲)에 누를 끼침이 부끄럽습니다.

대부(大夫, 어사 곡궁을 높여서 호칭한 것임)께서는 이 점을 생각해 주시어, 저로 하여금 사실이 아닌 일로 죽지는 않도록 해 주시기 바랍니다. 무릇 순리에 따라 목표를 이루도록 돕는 것은 도의의 최상이며, 벌을 내려 죽이는 것은 도의(道義) 중에서도 맨 마지막입니다.

예전에 진나라 목공(穆公)께서 자차(子車)씨의 세 아들인(엄식, 중항, 침호) 어진 신하들을 순장시켰으며, 백리해에게 죄를 물었으나 백리혜(百里傒)의 죄가 아니었기에, "목(穆)이라고 칭호가 쓰이는 것입니다. 소양왕께서는 무안군 장군 백기(白起)를 죽였습니다. 초나라 평왕은 오사(伍奢)를 죽였습니다. 오나라 왕 부차(夫差)는 오자서(伍子胥)를 죽였습니다. 이 네 명의 군주들은, 모두 커다란 잘못을 저질렀기에, 천하가 그들을 비난하며, 자신들의 군주가 현명하지 못하다고 여겼으며, 또한 제후들 사이에서도 그렇게 알려졌습니다.

그래서 도의로 다스리는 자는 죄 없는 사람을 죽이지 않으며, 무고(誣告)한 사람에게 벌을 내리지 않는다고 합니다. 아무쪼록 대부께서 깊이 생각해 주시기 바랍니다."라고 하였다.

사자로 간 어사 곡궁은 이세황제의 의도를 알았기에 몽의(蒙毅)의 말을 듣지 않고 결국 그를 죽이고 말았다.

몽염이 자살하다

이세황제는 또한 사자를 양주(陽周)현으로 보내, 몽염에게 명령을 전하게 하면서, "귀하의 잘못도 많은데, 귀하의 동생 몽의가 큰 죄를 지었으니, 법에 따르면 내사(內史)인 귀하에게도 그 죄가 미친다."라고 하였다.

몽염이, "저의 선조 때부터 그 자손인 저희들에 이르기까지, 진나라에 공을 세우며 신의를 쌓아 온 것이 삼대(三代)에 이르고 있습니다. 지금 저는 삼십여만 명의 군사를 이끌고 있습니다. 비록 몸은 옥에 갇혀 있으나, 그 세력은 모반(謀反)하기에 충분합니다. 그러나 제 자신이 반드시 죽게 되리라는 것을 알면서도 의리를 지키는 것은, 감히 선조의 가르침을 욕되게 할 수 없고, 돌아가신 황제를 잊지 못하기 때문입니다.

옛날 주나라 성왕(成王)이 처음 왕위에 올랐을 때, 미처 강보(襁褓)도 벗어나지 못하였지만, 주공(周公) 단(丹)이 왕을 등에 업고 조정에 나가, 결국 천하를 안정시켰습니다. 또한 성왕이 병이 나서 목숨이 위태롭게 되자, 주공은 자신의 손톱을 잘라 황하에 던지며, '왕이 아직 어려 분별력이 없기에 제가 정사를 도맡았습니다. 잘못한 일이 있어 재앙을 내리신다면, 제가 그 재앙을 받겠습니다.'라고 하였습니다. 그리고는 글로 써서 문서 보관소에 보관하였기에, 그는 신의가 있었다고 할 만 합니다. 성왕이 나라를 직접 다스릴 수 있게 되었을 때, 어떤 불충한 신하가 주공이 오래전부터 반란을 일으키려 하였으므로, 대왕께서 대비하지 않으면, 반드시 큰일이 벌어질 것입니다.'라고 하였습니다. 성왕이 대로하니, 주공이 초나라로 도망갔습니다.

성왕이 문서보관소를 돌아보다가, 주공이 손톱을 잘라 황하에 던지며 말했던 내용을 담은 글을 찾아내고는 눈물을 흘리며, '누가 주공이 난을 일으키려 한다고 말했는가?'라고 하였습니다. 그 말을 했던 자를 죽인 뒤 주공을 돌아오게 하였습니다. 그래서『주서(周書)』에도, '반드시 몇 번이고 거듭하여 살펴보라.'고 한 것입니다.

지금까지 우리 집안은 대대로 다른 마음을 먹지 않았는데, 일이 이처럼 되어 버렸습니다. 이는 틀림없이 간악(奸惡)한 신하가 반역을 꾀하고 있는 것으로, 몰락(沒落)을 자초하는 길인 것입니다. 저 성왕은 잘못을 범하였으나 다시 바로잡아 마침내 번영(繁榮)을 누렸는 데 반하여, 하나라 걸왕(桀王)은 관용봉(關龍逢, 걸왕의 충신으로 간언을 하다가 노여움을 사서 죽음을 당함)을 죽이고, 은나라 주왕(紂王)은 숙부 비간(比干)을 죽이고 뉘우치지 않아, 자신들은 죽음을 당하고 나라는 망하였습니다. 그래서 제가 말씀 드리는 것입니다. 잘못은 고칠 수 있어야 하며, 간언은 깨달을 수 있어야 합니다. 몇 번이고 거듭하여 살피는 것이 예전의 성스러운 군주의 규범입니다.

무릇 제가 지금까지 드린 말씀은 과오(過誤)를 면하기 위한 것이 아니라, 간언을 올리고 죽고자 함입니다. 부디 폐하께서는 만민을 위해서는 정당한 도리를 따라야 함을 유념하여 주시기 바랍니다."라고 하였다.

사자가, "저는 폐하의 명령을 받고 장군에게 법을 집행할 뿐, 장군의 말을 감히 폐하께 보고할 수는 없소."라고 하였다.

몽염이 크게 한숨을 쉬고는, "내가 하늘에 무슨 죄를 지었기에, 아무런 잘못도 없이 죽어야 하는가(我何罪於天, 無過而死乎)?"라고 하였다. 한참을 생각하고 있다가, "나의 죄는 정말로 죽어 마땅하다. 임조현(臨洮縣)에서 요동군(遼東郡) 지역에 이르기까지 성을 쌓고 땅을 파낸 것이 만여 리인데, 그로 인해 도중에 지맥(地脈)이 끊어지지 않을 수가 있었겠는가? 이것이 바로 나의 죄이다."라고 하였다. 그리고는 독약을 마시고 스스로 목숨을 끊었다.

어찌 지맥(地脈)을 끊은 탓으로
죄를 돌리려 하는가?

　사마천이, "몽염이 진나라를 위해 장성(長城)과 보루(堡壘)를 건설하고, 산을 깎고 계곡을 메워 직도(直道)를 닦아 놓은 것은, 참으로 백성들의 노역(勞役)을 가볍게 여긴 것이었다. 진나라가 제후들을 멸망시킨 초기에, 천하의 민심(民心)은 여전히 불안정하고 부상당한 사람들의 상처도 아직 아물지 않았는데도, 몽염은 명장으로서, 이와 같은 상황을 강력하게 건의하여, 백성들의 절박(切迫)함을 구제하고, 늙은이를 보살피고 고아를 돌보며, 수많은 백성들을 평화롭게 살도록 하는 데 힘쓰지 아니하고, 군주의 뜻에만 영합(迎合)하여 토목공사를 일으켰으니, 그처럼 그들 형제가 죽음을 당함이 어찌 당연한 일이 아니겠는가? 어찌 지맥(地脈)을 끊은 탓으로 돌리려 하는가?"라고 혹평하였다.

　그러나 사마천의 말처럼 되기가 쉽지는 않았을 것이니, 그 당시 흉노의 남침이 잦아 진시황이 장성을 수축하게 한 것을 어떻게 멈추도록 간언할 수 있었겠으며, 잔혹(殘酷)한 진시황에게 감히 간언할 신하가 누가 있었겠는가?

오늘날 중국이 자랑하는 만리장성(萬里長城)은, 1987년, 유네스코 세계유산(世界遺産)으로 등재되고, 세계적인 관광지가 되어 있다. 그러나 만리장성 건설과정에서 셀 수 없을 정도로 많은 병사와 인부들이 고통을 받았고, 목숨을 잃었으며, 수많은 비극적 전설을 낳았다는 사실도 기억(記憶)하여야 할 것이다.

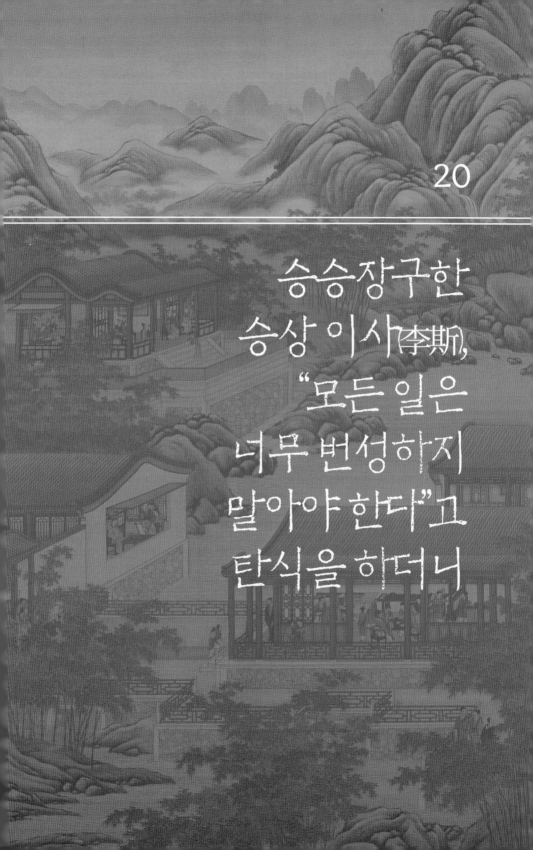

20

승승장구한
승상 이사(李斯),
"모든 일은
너무 번성하지
말아야 한다"고
탄식을 하더니

사람이 어질거나 어리석기는,
자신이 처해 있는 환경에 달렸을 뿐이다.

　이사(李斯)는 초나라 상채(上蔡, 지금의 하남성 주마점시 상채현) 사람이
다. 그가 젊은 시절에 군(郡)의 하급 관리로 있었는데, 관청의 측간
(厠間)에서 쥐들이 불결한 것을 먹다가, 사람이나 개가 가까이 가
면, 번번이 깜짝 놀라며 두려워하는 모습을 보았다. 반면에 이사
가 창고에 들어가 창고 안에 쥐를 살펴보니, 쌓아 놓은 곡식을 먹
고 큰 집에서 살면서, 사람이나 개를 보고도 겁내지 않는 모습을
보았다.

　이에 이사가 탄식을 하며, "사람이 어질고 아니고는, 비유하자면
쥐의 경우와 같이, 자신이 처해 있는 환경에 달렸을 뿐이다(人之賢
不肖譬如鼠矣, 在所自處耳)."라고 하였다.

　그리고는 순자(荀子, B.C 313년?~B.C 238년?)를 섬기며 천하를 다스
리는 제왕의 통치술을 배웠다(帝王之術). 학업을 마치고 나서, 초나
라의 고열왕(考烈王, 재위 B.C 262년~B.C 238년)은 섬길 만한 인물이
못되며, 육국(六國) 모두 힘이 약하여, 가 봐야 공을 세울만한 나라
가 없다고 생각하고, 서쪽 진나라로 가야겠다고 판단했다.

순자에게 작별인사를 하면서, "지금 진나라 왕은 천하를 삼켜, 제(帝)라고 칭하며 천하를 다스리려고 하고 있습니다. 비천(卑賤)한 지위에 있으면서 아무런 대책도 세우지 않고 있음은, 짐승이 고기를 보고서, 사람이 쳐다본다고 억지로 그냥 지나침과 같을 뿐입니다. 원래 비천함보다 더 큰 부끄러움은 없으며, 곤궁(困窮)함보다 더 큰 슬픔은 없습니다. 비천한 지위와 곤궁한 처지로 오랫동안 지내면서, 세상을 비난하고 이익을 싫어하며, 자신을 무위에 맡기는 것은, 선비의 모습이 아닐 것입니다. 따라서 저는 서쪽으로 가 진나라 왕에게 유세하려고 합니다."라고 하였다.

이사, 진나라 왕에게
여섯 나라를 합병하라고 유세하다

진나라에 이르렀을 때, 마침 진나라 장양왕(壯襄王)이 세상을 떠났다(재위 B.C 249년-B.C 247년). 이사는 진나라 재상 문신후 여불위(呂不韋)에게 청을 넣어, 그의 사인(舍人, 원래 귀족의 식객을 지칭하였으나 후에 관직으로 발전하여, 주로 측근에서 수행하는 일을 담당함)이 되었다. 그 후 여불위가 이사를 어질고 현명한 사람으로 여겨, 보증을 서 주어 낭관(郎官, 군주를 곁에서 모시는 직책 등)이 되었다.

그러자 이사는 유세를 할 수 있는 기회를 얻었는데, 진왕(재위 B.C 246년-B.C 210년, 황제로 칭한 것은 B.C 221년부터임)에게 유세하기를, "소인배는 자기에게 찾아온 기회를 그냥 보내 버립니다. 허나 큰 공을 이루는 사람은, 기회가 생기면 끝까지 마음을 단단히 먹는 법입니다. 옛날 진나라 목공(穆公, 재위 B.C 659년-B.C 621년)이 패자였을 때, 끝내 동쪽의 여섯 나라들을 병합하지 못하였습니다. 무슨 까닭이었겠습니까? 제후들의 수가 아직 많고(제후국이 많게는 148개 국이나 되었고, 중도에 합병하여 병립하였던 제후국도 12개 국이었음), 주나라의 위세가 아직 쇠퇴하지 않았기 때문에, 오패(五霸, 제 환공, 晉 문공, 송 양공, 秦 목공, 초 장왕)가 번갈아 흥기하여 주나라 왕실을 받들었기 때문입니다.

진나라 효공(孝公, 재위 B.C 361년 - B.C 338년) 이래로 주나라 왕실의 영향력이 미약해져서 제후들이 서로 병합하였고, 함곡관(函谷關) 동쪽이 여섯 나라(한, 조, 위, 제, 초, 연)로 이루어졌으며, 진나라가 계속 승세를 잡고 제후들을 통제한 지가, 모두 여섯 대(효공, 혜문왕, 무왕, 소양왕, 효문왕, 장양왕)가 되었습니다. 그러므로 지금 제후들이 진나라에게 복종하는 것은, 진나라의 군이나 현 정도에 비유될 만합니다.

무릇 진나라의 강대함과 대왕의 현명하심이라면, 부뚜막 위의 먼지를 털어내듯이 제후국들을 멸망시키고, 제왕의 대업을 성취하면서 천하를 통일할 수 있습니다. 이것은 만년 만에 한 번 있을 기회입니다. 지금 게을리 하시어 빨리 성취하지 않으시면, 제후들이 다시 강해져서 서로 모여 합종(合從)하는 맹약을 한다면, 비록 황제(黃帝)와 같이 현명함을 가졌을지라도, 병합할 수가 없을 것입니다."라고 하였다.

그러자 진왕이, 이사를 장사(長史, 관직명)에 임명하고, 그의 계책에 따라 모사(謀士)들에게 황금과 옥을 지니고 제후국에 가서 유세하도록 은밀히 보냈다. 제후국의 이름난 선비들 중에 재물로서 매수할 수 있는 자는, 후하게 재물을 주고 그들과 인연을 맺도록 하였으며, 그렇지 못한 자들은 날카로운 칼로 그들을 찌르게 하였다. 제후국의 군주와 신하 사이를 이간(離間)하는 계책을 쓰면서, 진나라 왕은 뛰어난 장수를 뒤따라 보냈다. 진왕은 이사를 객경(客卿, 전국시대 때 다른 나라의 인사를 등용하여 공경에 해당하는 지위로 임명함)으로 임명하였다.

진왕, 유세객들에게
축객령(逐客令)을 내리다

   마침 한나라의 정국(鄭國, 한나라 수로공사 전문가)이라는 사람이 진나라를 교란시키고자, 논밭에 물을 대는 수로를 만들다가 얼마 후 발각되었다. 그러자 진나라 왕실과 대신들이 모두 진왕에게, "제후국 사람들로서 진나라에 들어와서 진나라를 섬긴다는 자들은 대부분 자기 나라 왕을 위해 유세를 하여 진나라를 교란(攪亂)시키려 할 뿐입니다. 유세객들을 모두 쫓아내시기 바랍니다."라고 하였다.

   이사(李斯) 역시 축출 대상으로 논의되었다. 그러자 "간 축객서(諫逐客書)"라는 글을 올려 말하기를, "신은 관리들이 유세객들을 축출하는 논의를 한다고 들었는데, 저는 그것이 잘못된 것이라고 생각합니다."

   그러면서, 목공, 효공, 혜문왕, 소양왕 등의 예를 들면서, "네 분의 군주께서는, 모두 유세객의 공로에 의존하였다고 하고, 만약 네 분의 군주께서 유세객들을 배척하여 나라 안에 들어오지 못하게 하고, 선비들을 멀리하여 등용하지 않았더라면, 이는 나라가 부유해지는 실리를 얻지 못하게 하였을 뿐 아니라, 진나라가 강대하다는 명성도 얻지 못하게 만들었을 것입니다.

오제(황제, 전욱, 제곡, 요임금, 순임금)와 삼왕(하나라 우임금, 은나라 탕왕, 주나라 무왕(문왕을 포함하기도 함))에게는 적이 없었습니다. 지금 진나라 는 진나라 백성으로 만들 수 있는 사람들을 포기하여 적국의 백성 을 늘려 주고, 빈객을 멀리하여 제후들을 위해 일하게 하고, 천하 의 선비들로 하여금 뒤로 물러나 감히 서쪽으로 향하지 못하게 만 들어 발길을 멈추고 진나라로 들어오지 못하게 하려 합니다. 이를 두고 이른바, '원수에게 군사를 빌려 주고, 도둑에게 식량을 보내 준다.'고 하는 것입니다.

무릇 진나라에서 나지 않는 물건이지만 보배로운 것이 많고, 진 나라에서 태어나지 않은 선비이지만 충성을 바치고자 하는 사람 또한 많습니다. 지금 유세객들을 내쫓아 적국으로 보내 버리고, 백성들을 줄여 원수를 늘이는 등, 안으로 스스로를 허약하게 하면 서, 밖으로 제후들과 원한을 맺게 되면, 나라에 위태로움이 없기 를 바라더라도 불가능할 것입니다."라고 하였다.

이에 진왕은 유세객에 대한 축출 명령을 취소하고, 축출되어 돌 아가는 이사를 여읍에서 돌아오게 하고, 이사의 관직을 회복시킨 뒤, 그의 계책을 받아들여 썼다.

그 후 이사의 관직은 정위(廷尉, 사법을 관장하는 최고의 직위)에까지 이르렀다.

진나라의 천하통일과
승상 이사

이십여 년이 지나, 결국 진나라는 천하를 통일하였으며(B.C 221년), 왕을 높여 황제라 높여 부르고, 이사를 승상으로 임명하였다. 그러자 이사는 군과 현의 성벽을 허물고, 병기를 녹여 다시 사용하지 않을 것임을 보여 주었다. 또한 이사는 진나라가 한 치의 땅도 봉하지 못하도록 하였으며, 황제의 아들이나 형제들을 왕으로 봉하지 못하게 하고, 공신들을 제후로 봉하지 못하게 하였다. 이는 후세에 내란의 우환을 없애기 위함이었다.

분서를 단행하여
학문 활동을 금지하다

진시황 34년(B.C 213년), 함양궁(咸陽宮)에서 연회를 베풀었을 때, 박사복야(博士僕射) 주청신(周靑臣) 등이 진시황의 위엄과 덕망을 칭송하였다. 제나라 순우월(淳于越)이 앞으로 나아가 간언하였다.

"신이 듣기로, 은나라나 주나라의 통치가 천여 년을 이어 온 것은, 자식과 형제 및 공신들을 봉하여 자기를 위해 곁에서 돕도록 하였기 때문이라 합니다. 지금 폐하께서는 천하를 차지하고 계시지만, 자식과 형제들이 필부(匹夫)가 되어 있으니, 갑자기 전상(田常)이나 晉나라 육경(六卿)의 환란이라도 생기면, 보필할 수 있는 신하가 없는데, 어떻게 나라를 구할 수 있겠습니까? 무릇 어떤 일이든, 옛것을 본받지 않은 일이 오래갔다는 것을 들어 본 적이 없습니다. 지금 주청신 등이 또다시 폐하의 앞에서 아첨(阿諂)함으로써 폐하의 잘못을 더욱 무겁게 하고 있으니, 충신이라 할 수 없습니다."고 하니,

시황이 승상 이사에게 문제를 논의해 보도록 하였다. 그러자 승상 이사가 그 같은 주장이 이치에 어긋난다고 여겨 배척하면서,

글을 올리기를,

"옛날에 천하가 혼란하였을 때, 아무도 통일할 수 없었습니다. 때문에 제후들이 여기저기서 들고 일어났습니다. 그런데도 사람들은 옛날을 예로 들며 지금을 해롭게 하고, 허황된 말을 꾸며 내 현실을 어지럽히며, 자기의 사사로운 학문이 옳다고 여겨, 폐하께서 세운 제도들을 비난하고 있습니다. 지금 폐하께서는 천하를 병합하여 차지하시고, 흑백을 가리신 뒤, 단 한 분의 황제만이 계심을 정하셨습니다. 그럼에도 불구하고 개인적인 견해를 주장하는 자들은 서로 모여 조정에서 정한 법제나 교화의 규정을 비판하고 있습니다.

명령이 내려졌다는 소식을 들을 때마다, 사사로운 학문을 빌어 그것이 옳고 그름을 따집니다. 입조하여서는 비방을 마음속에 담고 있다가, 궁궐 밖으로 나가면 길거리에서 왈가왈부합니다. 군주를 비방함을 명예로 생각하고, 상이한 주장을 높게 평가하면서, 무리들을 이끌고 헐뜯는 일을 일삼고 있습니다.

이 같은 일을 금지하지 않으면, 군주의 높은 위엄이 떨어지고, 붕당이 밑에서 생겨나게 됩니다. 금하는 편이 이롭습니다. 저는 유가 학설, 『시경』·『서경』, 제자백가(諸子百家)의 글이 담긴 서적들을 깨끗이 없애 버리시기를 청하옵니다. 명령이 내린 지 삼십 일이 지나도록 없애지 않으면, 경형(黥刑, 이마에 먹물을 들이는 형)과 더불어 성단형(城旦刑, 4년 동안 낮에는 적을 방어하고 밤에는 성을 쌓는 노역을 하는 형)을 내리십시오. 없애지 말아야 될 서적으로는 의술, 약제, 복서(卜筮), 농사에 관한 서적들입니다. 배우려는 자가 있으면, 관리들로 하여금 가르치게 하면 됩니다."라고 하였다.

　진시황은 그 주장이 옳다고 여겨,『시경』·『서경』, 제자백가의 글들을 거두어들여 없앰으로써 백성들을 우매하게 만드는 동시에, 천하의 모든 사람들로 하여금 옛것을 가지고 현재를 비방하지 못하도록 하였다. 그리고 도량형(度量衡)을 명확히 하고, 법령을 새로 정했는데, 이는 모두 진시황 때 시작되었다. 또한 문자와 도적(圖籍)을 통일하였다. 그리고 이궁(離宮)이나 별관(別館) 등을 나라 안 곳곳에 설치하였다.

　다음 해, 진시황 37년(B.C 210년), 또다시 시황이 천하를 순수하면서 사방의 오랑캐를 내쫓았는데, 이러한 일은 모두 승상 이사도 함께 힘을 다하였다.

모든 일은 극에 이르면 쇠퇴하는 법이니, 모든 일은 너무 번성하지 말아야 한다

　이사의 장남 이유(李由)는 삼천군(三川郡, 이수, 낙수, 황하의 세 강을 끼고 있는 지역으로, 지금의 하남성 서북부 지역을 지칭)의 군수가 되었으며, 다른 아들들은 모두 진나라 공주와 혼인하였으며, 딸들은 모두 진나라 공자들에게 시집을 갔다. 이유가 휴가를 얻어 함양으로 돌아왔을 때, 이사가 집에서 주연을 베풀었다. 백관의 고관들이 모두 참석하여 이사에게 장수를 빌었으며, 대문과 뜰에 수레와 말이 수천이나 되었다.

　이사가 한숨을 쉬며 탄식하기를, "아! 나는 순자께서, '모든 일은 너무 번성하지 말아야 한다(物禁大盛)'고 하시는 말씀을 들었다. 나 이사는 상채 땅의 벼슬 없는 선비로, 한낱 시골 마을의 백성일 뿐이었으나, 폐하께서 이 몸이 재능 없고, 미련한지도 모르시고 발탁해 주셔서 오늘에 이르렀다. 지금 다른 사람의 신하 된 자로서 나보다 높은 이가 없으며, 부귀함은 극에 달하였다고 할 수 있다. 모든 일은 극에 이르면 반드시 쇠퇴하는 법인데, 내 이 명예를 어디서 내려놓을 수 있을지 아직 모르겠구나."라고 하였다.

진시황의
죽음

　진시황 37년(B.C 210년) 10월, 시황이 순수를 떠나 회계산(會稽山, 지금의 절강성 소흥시 소흥시구 동남쪽에 위치함)을 돌아보고 해안을 따라 북상하여 낭야산(琅琊山, 지금의 산동성 청도시 교남시 남쪽 해안가에 위치함)에 이르렀다. 승상 이사와 중거부령(中車府令, 황제의 수레를 관리하는 직책) 조고(趙高)가 임시 부새령(府璽令, 옥새를 임시로 관리하는 직책)의 직책을 겸하면서 수행하였다.

　시황에게는 이십여 명의 아들이 있었다. 맏아들 부소(扶蘇)가 여러 차례 시황에게 직간을 하자, 그를 상군(上郡, 지금의 섬서성 연안시 및 유림시 일대)의 군사감독관으로 보냈는데, 몽염이 그 군대의 장군이었다.

　시황이 어린 아들 호해(胡亥)를 무척 사랑하였는데, 그가 따라가기를 청하자, 시황이 허락하였다. 다른 아들들은 아무도 따라가지 못하였다.

　그해 7월, 시황이 사구(沙丘, 지금의 하북성 형태시 광종현 서북 지역) 땅에 이르렀을 때, 병이 심해지자 조고(趙高)에게 명하여, "병사들을 장군 몽염(蒙恬)에게 맡기고, 상여(喪輿)를 함양에서 맞아들여 장례를 치르라,"는 조서(詔書)를 작성해서 공자 부소(扶蘇)에게 보내게 하였다. 그 조서를 봉하기까지는 하였으나, 미처 사자에게 건네기 전에, 진시황이 붕어(崩御)하였다.

그 조서와 옥새(玉璽)는 모두 조고의 처소에 있었다. 그리고 아들 호해, 승상 이사, 조고와 총애하던 환관 대여섯 명만이 시황의 붕어 사실을 알고 있었을 뿐, 나머지 군신들은 아무도 그 사실을 알지 못하였다. 이사는 황제가 외지에서 붕어한 데다. 태자(太子)도 정식으로 정해져 있지 않았으므로, 시황의 붕어를 비밀에 부쳤다.

시황의 시신을 온량거(輼輬車, 진시황이 타던 침상이 달린 수레) 안에 안치하였다. 여러 신하들은 정무를 상주하거나 식사를 올리는 일을 전과 다름없이 하였다. 시황을 항상 모시던 환관들이 온량거 안에서 상주(上奏)되는 정무를 처리하였다.

조고가 공자 호해,
승상 이사와 음모를 꾸미다

　조고가 장자 부소(扶蘇)에게 내려진 옥새가 찍힌 조서를 가지고 있으면서, 공자 호해에게, "폐하께서 돌아가시면서 여러 아들들에게 왕으로 누구를 봉한다는 아무런 칙령도 없이, 오직 장자(長子)에게만 조서를 내리셨습니다. 장자가 당도하면, 곧바로 황제로 즉위할 터인데, 공자께서는 한 치의 땅도 없으니, 이를 어찌해야 합니까? 공자께서는 결단을 내리시기 바랍니다."라고 하는 등 여러 가지 예를 들어 호해를 유혹하였다.

　결국 호해가 탄식을 하며, 조고의 말에 동의하자, 조고가 승상과 의논하지 않으면, 이 일이 성공하지 못할까 염려된다고 하면서, 조고가 승상 이사에게, "폐하께서 돌아가시면서, 장자에게 조서를 내려 함양에서 상여를 맞아들이고, 대를 이어 즉위하라 하셨는데, 조서는 아직 보내지 않았습니다. 장자 부소에게 보낼 조서와 옥새 모두 호해의 처소에 있습니다. 태자를 결정하는 일이 승상과 저의 입에 달려 있을 따름입니다. 이 일을 장차 어떻게 하시겠습니까?"라고 하였다. 이사가 대답하기를, "어찌 나라가 망할 소리를 할 수 있습니까? 그것은 신하된 자로서 논의할 수 있는 일이 아닙니다."
라고 하였다.

　그러자 조고는, 승상 이사와 장군 몽염을 비교하면서, 장자 부소는 강직하고 결단력이 있으며 용맹스러운 데다, 성실하게 사람들을 대하고, 용사들을 떨쳐 일어나게 하는데, 그가 즉위하면 반드시 몽염을 승상으로 삼을 것이며, 그리되면 승상께서는 결국 통후(通侯, 20등급 중 가장 높은 등급)의 관인을 내놓고 고향으로 돌아가게 될 것이 분명하다며, 진나라에서 파면당한 승상이나 공신들 중에 봉토가 다음 대까지 이어지는 것을 보지 못하였다고 하면서, 승상 이사를 끈질기게 설득을 하니, 이사가 하늘을 우러러 탄식하고는, 눈물을 흘리며 크게 한숨을 쉬면서, "아! 어쩌다 난세를 만나, 이제는 죽을 수도 없게 되었으니, 어디에 목숨을 맡겨야 할 것인가?"라고 하였다. 결국 이사가 조고의 말을 따르기로 하였다. 조고가 곧바로 호해에게 보고하기를, "제가 태자의 현명하신 명령을 받들어 승상에게 전하였습니다. 승상이 어찌 감히 그 명령을 받들지 않을 수 있겠습니까?"라고 하였다.

조서를 위조하여, 공자 호해를 태자로 세우고, 장자 부소를 자결하도록 하다

　그리하여 이 세 사람이 모의한 결과, 진시황의 조서를 승상 이사가 받은 것으로 날조(捏造)하여, 아들 호해를 태자로 세웠다. 또한 장자 부소에게 내리는 조서를 고쳐서, "짐이 천하를 순수하면서, 이름난 산의 여러 신들에게 수명을 연장해 달라고 제사를 지내며 빌고 있다. 지금 부소는 장군 몽염과 함께 수십만의 군사를 이끌고 변경에 주둔한 지 십여 년이 되었으나, 앞으로 나아가지 못하고, 병사만 많이 잃었지 한 치의 공도 없으면서, 오히려 여러 차례 글을 올려 내가 하는 일을 대놓고 비방하면서, 그만두고 돌아와 태자가 될 수 없음을 밤낮으로 원망하고 있다. 부소는 자식으로서 불효하므로 검을 내리니 자결하도록 하라. 장군 몽염은 부소와 함께 외지에 있으면서, 그를 바로 잡지 못하였다. 또한 응당 부소가 의도하는 바를 알고 있었을 것이다. 신하 된 자로서 불충하여 죽음을 내리니, 군사를 비장(裨將) 왕리(王離)에게 넘기도록 하라."고 하였다.

　그 조서에 황제의 옥새를 찍어 봉하여, 호해의 빈객으로 하여금 조서를 받들고 상군(上郡)으로 가서 부소에게 전하게 하였다.

사자가 당도하여 전해주는 조서를 펼쳐 보더니 부소가 눈물을 흘리며 내실로 들어가서 자살하려고 하였다. 몽염이 부소를 말리며, "폐하께서 외지에 계십니다. 태자도 아직 세우지 않으신 상태에서, 저로 하여금 삼십만 군사를 이끌고 변방을 지키게 하시고 공자로 하여금 감독케 하셨습니다. 이는 천하에 중대한 임무인 것입니다. 지금 사자 한 명이 왔다고 곧바로 스스로 목숨을 끊는다면 무슨 수로 그 조서가 가짜가 아님을 분간해 내겠습니까? 부디 다시 한번 여쭈어 보시고 나서 죽어도 늦지 않습니다."라고 하였다.

한편 사자는 여러 차례 자결을 독촉하였고, 부소는 사람됨이 어질어서, 몽염에게, "아버지가 아들에게 죽음을 내렸는데, 어찌 다시 한번 여쭈어 보겠는가?"라고 하였다. 그리고는 곧바로 스스로 목숨을 끊었다.

몽염이 죽기를 거부하자, 사자가 즉각 그를 법을 집행하는 관리에게 넘겨, 양주현(陽周縣, 지금의 섬서성 연안시 자장현 북쪽)에 있는 옥에 가두었다.

사자가 돌아와 보고하자, 호해와 이사와 조고가 크게 기뻐하였다. 함양에 당도하여, 황제의 죽음을 알리고, 9월 시황을 여산(酈山)에 안장하였다. 태자 호해가 즉위하여 이세황제(二世皇帝)가 되었다. 조고는 낭중령(郎中令, 궁궐의 경비와 황제의 신변 보호를 총괄하는 업무를 담당)으로 임명되어, 늘 이세황제를 곁에서 모시며 권력을 휘둘렀다 (B.C 210년).

이세황제 호해와
조고의 폭정

이세황제가 한가할 적마다 조고를 불러 함께 상의하였다. 그 결과 조고의 말이라면 무조건 옳다고 여겨 곧바로 법률을 바꾸었다. 그러고는 신하들이나 공자들 중에 죄를 지은 자는 모두 조고에게 보내 심문하고 처벌하게 하였다.

대신 몽의(蒙毅, 장군 몽염의 동생) 등을 죽이고, 공자 열두 명을 함양의 시장 거리에서 처형하였으며, 열 명의 공주를 두현(杜縣, 지금의 서안시 안탑구 동남쪽 지역)에서 사지를 찢어 죽였다. 재산은 모두 관청에 몰수되었고, 연좌(連坐)된 자들은 그 수가 헤아릴 수 없을 정도로 많았다.

법령에 따른 처벌이 날로 극심해지자, 신하들마다 신변의 위험을 느낀 나머지 반란을 일으키고자 하는 사람들이 많아졌다. 또한 이세는 아방궁(阿房宮, 지금의 섬서성 서안시 미앙구 서남쪽에 유적지가 있음)을 짓고, 직도(直道)와 치도(馳道)를 수축하느라 조세를 점점 더 많이 거두었다. 변방 수비병 징발과 부역 동원도 끝이 없었다.

그러자 옛 초나라 출신 수비병 진승(陳勝)과 오광(吳廣) 등이 난을 일으켜 산동지역(山東地域, 효산과 함곡관을 경계로 그 동쪽을 지칭)에서 일어났다. 그러자 재주와 슬기가 뛰어난 사람들이 서로 일어나, 스스로 제후가 되어 진나라에 반기를 들었다. 그들의 군사들이 홍문(鴻門, 지금의 섬서성 임동구 신풍가도 지역)까지 이르렀다가 퇴각하였다.

승상 이사가 여러 차례 이세황제에게 틈을 내 달라고 요청하며 간언(諫言)하려 하였지만, 이세황제는 허락하지 않고 오히려 이사를 힐책하며 추궁하였다.

당시 이사의 아들 이유(李由)가 삼천군 군수였는데, 오광 등의 도적 무리가 서쪽으로 쳐들어왔을 때, 그곳을 지나가도 막아 내지 못하였다. 장군 장한(章邯)이 오광 등의 군사를 쳐부수어 쫓아낸 뒤, 사자들이 연이어 삼천군을 세밀히 조사하기 위해 보내졌다. 그리고 이사를 힐책하며, 삼공의 지위에 있으면서 어찌해서 도적들이 그와 같이 하도록 하였는가를 추궁하였다.

이사는 두려운 나머지, 작위와 녹봉 또한 소중하기에 어찌할 바를 모르다가, 결국 이세황제의 비위를 맞추어 주고 용서를 구하려는 생각에서 글을 써서 올렸다. 이사의 글이 올라오자, 이세황제가 기뻐하였다.

그리하여 신하들의 죄를 살피고 처벌하는 일을 더욱 엄하게 시행하였으며, 백성들로부터 세금을 많이 거두어들이는 자가 현명한 관리로 여겨졌다. 그러자 이세황제는, "이와 같이 하면 신하들의 죄를 살피고 처벌하는 일을 잘한다고 할 만할 것이다."라고 하였다. 길거리에는 형벌을 받은 자가 반이나 되었고, 죽은 사람들은 날마다 저잣거리에 쌓여 갔다. 많은 사람을 죽인 자가 충신으로 여겨졌다.

어리석은 이세황제
호해

처음 조고가 낭중령이 되었을 때, 사사로운 원한으로 죽이거나 보복한 자가 많았다. 대신들이 조정에 들어가, 이세에게 정사를 아뢰며 자기를 비방할까 두려워, 조고가 이세를 설득하여 조정에 나와 대신들을 만나지 않고, 궁중 깊숙한 곳에만 기거하게 하였다. 조고가 늘 곁에서 이세를 모시면서 권력을 휘둘렀다. 그래서 모든 일이 조고에 의해 결정되었다.

조고는 이사가 이에 대해 무슨 말을 하려 한다는 소식을 듣고, 조고가 이사에게, "승상께서 진실로 간언하려 하신다면, 승상을 위해서 폐하께서 한가한 틈이 나시면 알려 드리도록 하겠습니다." 라고 하였다. 그리고는 조고는 이세황제가 한창 연희를 즐기며, 미녀들이 면전에 있을 때를 기다렸다가, 사람을 보내 승상 이사에게 알려 주기를, "폐하께서 마침 한가하시니, 아뢸 일이 있으면 아뢸 수 있습니다."라고 하였다.

이에 이사가 궁문에 이르러 알현을 청하였다. 이 같은 일이 세 번이나 반복되었다. 이세가 화를 내며, "나는 한가한 날이 늘 많은

데도 승상은 찾아오지 않았다. 내가 막 여유롭게 쉬려고 하면, 승상이 갑자기 찾아와 일을 의논하기를 청하니, 승상은 어째서 나를 얕잡아 보는 것인가? 또 어째서 나를 천박하게 여기는 것인가?"라고 하였다.

그러자 조고가 "승상의 속마음은 땅을 떼어 받아 왕이 되기를 바란다고 하고, 승상의 장남 이유는 삼천군 군수로 있는데, 초나라 도적 진승의 무리는 모두 승상의 고향 근처 현의 출신들이었기에, 초나라 도적들이 드러내 놓고 활보하며, 삼천군을 통과하여도, 성을 지키기만 하고 공격하려 하지 않습니다. 제가 듣기로는 그들 사이에 문서가 오고 갔다고 합니다만, 사실인지는 아직 알 수 없어서 여태까지 감히 말씀드리지 못했습니다. 또한 승상은 궁궐 밖에 있는데다, 권력도 폐하보다 견고합니다."라고 하였다.

이세황제도 맞는 말이라고 생각하였다. 승상을 조사하고자 하였으나 혹시 사실이 아닐 것이 염려되어, 사람을 시켜 삼천군 군수와 도적들 사이에 내통한 정황 증거를 조사하게 하였다.

조고의 악행을
알고나 계십니까?

 승상 이사가 그 소식을 전해 들었다. 그때 황제 호해는 감천궁(甘泉宮, 지금의 섬서성 순화현 서북쪽 감천산 지역)에 있었는데, 한창 씨름과 광대놀이를 관람하고 있었다. 이사가 이세를 만날 수 없게 되자, 글을 올려 조고의 나쁜 점을 들추어서, "폐하께서 대책을 세우지 않으시면, 그가 반란을 일으킬까 염려됩니다."라고 하였다.

 이에 이세황제가, "무슨 말인가? 조고는 사람됨이 청렴하고 부지런한 데다, 아래로는 백성들의 사정을 잘 알고, 위로는 짐의 뜻을 맞출 줄 아니, 귀하는 그를 의심하지 마시오."라고 하였다.

 이사가, "그렇지 않습니다. 조고는 원래 출신이 미천(微賤)한 자로서, 올바른 도리를 알지 못하며, 탐욕스럽기 짝이 없고, 이익을 추구함에 끝이 없습니다. 권세는 군주 다음가며, 욕심을 부리기가 끝이 없으므로, 제가 위험하다 하는 것입니다."라고 하였다.

 이세가 이미 전부터 조고를 신임하고 있었으므로, 이사가 그를 죽일까 염려되어, 곧바로 조고에게 몰래 알려주었다. 이에 조고가, "승상이 골칫거리로 여기는 자는 오직 저 한 사람뿐입니다. 제가 죽고 나면 승상은 즉시 전상(田常)이 했던 일을 하려 할 것입니다.”라고 하였다.

　그러자 이세황제가, “이사를 낭중령 조고에게 넘기도록 하라.”고 하였다.

내 너와 토끼 사냥을 하던 시절이 그립구나

  조고가 이사를 심문하고 죄를 묻게 되었다. 이사는 잡혀가 꽁꽁 묶여 감옥에 갇히게 되자, 하늘을 우러러 탄식하며, "아, 슬프구나! 도리를 모르는 군주에게 무슨 계책을 세워 줄 수 있겠는가? 지금 반역자들이 이미 천하의 절반을 차지하였는데도, 아직도 깨닫지 못하고, 조고로 하여금 보좌하게 하고 있다. 내 필시 도적들이 함양에 들이닥치고 미록(麋鹿, 큰사슴들)이 조정의 뜰에서 노니는 것을 보게 될 것이다."라고 하였다.

  그리하여 이세가 조고를 시켜 승상의 죄를 조사하여 처벌하게 하였다. 이사와 그의 아들 이유의 모반 정황을 추궁하도록 하면서, 이사의 일족과 빈객들을 모두 잡아들이게 하였다.

  조고가 이사의 죄를 문초하였다. 천여 번 매질하며 고문하니, 이사는 고통을 이기지 못하고, 없는 죄를 스스로 인정하였다. 그러면서도 이사가 목숨을 끊지 않은 까닭은, 자기의 말재주를 자신하였고, 공도 세웠으며, 실제로 반역하려는 마음이 없었기에, 요행히 황제에게 글을 올려 자기를 설명하면, 이세가 뉘우치고 사면해 줄 수도 있다고 여겼기 때문이었다.

그래서 이사가 옥중에서 황제에게 글을 올리기를, "제가 승상이 되어 백성들을 다스린 지가 삼십여 년이 되었습니다. 처음 왔을 때, 진나라의 땅은 좁고 험했습니다. 선왕의 시대에는 진나라의 땅이 사방 천 리에 지나지 않았으며, 병사의 수는 수십만 명 정도였습니다. 저는 변변치 못한 재주이지만 모두 쏟아부어, 몰래 모신들을 시켜 금과 옥을 대주어 제후들을 설득하게 하였으며, 은밀히 군사를 준비하고, 법으로 다스려야 할 일들을 정비하였으며, 투사들에게 벼슬을 주고, 공신들을 존중하여 그들의 작위와 녹봉을 풍성하게 주었습니다.

그 결과 마침내 한나라를 위협하고, 위나라를 약화시켰으며, 연나라와 조나라를 쳐부수고, 제나라와 초나라를 정벌함으로써, 여섯 나라를 합병하고, 그들의 왕을 사로잡은 뒤 진나라 왕을 세워 천자가 되게 하였습니다. 이것이 저의 첫 번째 죄입니다. 강토가 광대하지 않은 것이 아니었으나, 북쪽으로 호(胡, 흉노)와 맥(貉, 동북 지역에 살던 고대 부족)을 쫓아 버리고, 남쪽으로 백월(百越, 장강 중류 및 하류의 남쪽 지역에 살던 고대 부족 등을 통칭함)을 평정하여, 진나라의 강대함을 보였습니다. 이것이 저의 두 번째 죄입니다. 대신들을 존중하고, 그들의 작위를 높여 주어 그들과 군주 간의 친밀함을 공고히 하였습니다. 이것이 저의 세 번째 죄입니다. 사직(社稷)을 건립하고, 종묘(宗廟)를 중수하여 군주의 현명함을 드러나게 하였습니다. 이것이 저의 네 번째 죄입니다. 눈금을 고치고 도량형(度量衡) 단위와 문자(文字)를 통일하고, 그것이 천하에 퍼지게 하여, 진나라 명성을 높였습니다. 이것이 저의 다섯 번째 죄입니다. 치도(馳道)를 건설하고, 유람하는 시설을 조성하여 군주의 자신만만함이 드러나도록 하였습니다. 이것이 저의 여섯 번째 죄입니다. 형벌을 완화하고, 세금을 줄여 군주가 백성들의 마음을 얻도록 하여 만민이 군주를 받들며 죽어도 잊지 못하게 하였습니다. 이것이 저의 일곱 번째 죄입니다.

저 이사(李斯)와 같은 신하는 그 죄로 보아 참으로 오래전에 죽었어야 마땅합니다. 다행히도 제 능력을 다 발휘할 수 있게 해 주셔서, 지금에 이를 수가 있었습니다. 폐하께서 이러한 점들을 잘 살펴 주시기 바랍니다."라고 하였다.

그 글이 올라오자, 조고가 담당 관리로 하여금, 없애 버리고 황제에게 올리지 못하게 하면서, "죄인이 어찌 폐하에게 글을 올릴 수 있는가?"라고 하였다.

조고가 자기의 빈객 십여 명으로 하여금, 어사(御史), 알자(謁者), 시중(侍中) 등으로 위장시켜, 번갈아 가며 이사를 심문하게 하였다. 이사가 마음을 바꾸어 사실 그대로 대답하면, 그때마다 사람을 시켜 그를 매질하였다. 그리고 얼마 후 이세가 사람을 보내 이사를 조사하게 하였다. 이사는 종전과 마찬가지라 여겼다. 결국 감히 말을 바꾸지 못하고 자신의 죄를 인정하였다.

이사에 대한 판결이 황제에게 보고되자, 이세가 기뻐하였다. "조고가 아니었으면, 자칫 승상에게 당할 뻔하였다."라고 하였다.

한편 이세가 삼천군 군수 이유를 조사하도록 보낸 사자가 삼천군에 당도하였더니, 항량이 이미 그를 격살한 뒤였다. 사자가 돌아왔으나, 마침 승상이 감옥에 보내져 있었기에, 조고가 모반에 관한 진술들을 모두 거짓으로 꾸몄다.

이세황제 2년(B.C 208년) 7월, 이사에게 오형(五刑)을 내리는 것으로 판결하고, 함양의 저잣거리에서, 요참(腰斬)을 하도록 결정했다.

이사가 감옥을 나올 때, 같이 잡혀 온 그의 작은아들을 돌아보며, "내 너와 함께 다시 한번 황구를 데리고 상채(上蔡) 땅 동문 밖으로 나가 꾀 많은 토끼를 잡고 싶었는데, 어찌 그것이 가능하겠느냐."라고 하며 서로 붙들고 痛哭(통곡)을 하였으며, 三族(삼족)이 모두 처형당했다.

조고가 이세에게 사슴을 바치면서,
그것이 말이라고 하다(指鹿爲馬)

　마침내 부자는 서로 통곡을 하였다. 삼족이 모두 처형되었다. 이사가 죽은 뒤, 이세황제는 조고를 중승상(中丞相)으로 임명하였다. 그때부터 크고 작은 일들이 모조리 조고에 의해 결정되었다. 조고는 자신의 권력이 막중함을 알고, 사슴을 바치면서, 그것을 말이라고 하면서(指鹿爲馬), 이세를 허수아비 황제로 만들고, 모든 내외의 정사를 자신이 전횡(專橫)하였으며, 자신의 반대 세력을 제거해 나갔다. 이세황제는 꼭두각시 황제에 지나지 않았던 것이다.

　이 무렵 천하는 벌써 대란에 휩싸여 있었으니, 진승과 오광에 이어, 항우와 유방을 우두머리로 하는, 초나라 항진 의군들이 파죽지세로 함양을 포위해 왔다. 이때 조고는 유방과 내통하고 있었으며, 사람을 보내 이세황제를 자살하게 하고, 이세황제 형의 아들인 공자 자영(子嬰)을 진나라 황제로 삼았다. 자영은 조고가 자신을 해칠까 두려운 나머지, 자신을 모시러 온 조고를 재궁(齋宮)에서 척살한 뒤, 그의 삼족을 멸하여 함양의 백성들에게 본보기로 보여 주었다.

자영이 왕위에 오른 지 46일이 되던 날, 패공 유방(沛公 劉邦)이 진나라 군사를 격파하고 무관(武關)으로 진입했다. 진나라 신하들은 모두 등을 돌려 버리고 맞서 싸우는 자가 아무도 없었다. 이어 패상(霸上)에 이른 뒤, 사람을 보내 자영에게 항복을 요구했다. 자영은 처자와 함께 스스로 자신들의 목을 비단 끈으로 묶고 지도정(軹道亭, 지금의 섬서성 서안시 패교구 지역) 근처에서 투항하였다. 그러자 패공 유방이 그들을 관리에게 넘겼다.

그로부터 한 달여 뒤, 항우를 맹주로 한 제후들의 군대가 당도하였다. 항우가 자영과 진의 공자들 및 종족들을 죽이고, 함양성을 도륙하고, 궁궐에 불을 지르고, 자녀들은 포로로 잡았으며. 진기한 보물과 재물들을 거두어 제후들과 나누었다. 마침내 진나라가 멸망하였다(B.C 207년).

태사공이 말하기를, "이사는 평민 출신으로, 진나라 시황을 보좌하여 천하통일의 황제의 위업을 이루게 하고, 이사 자신은, 삼공의 지위에 올라 중용되었으니, 육경의 바른 길을 알면서도, 깨끗하고 투명한 정치로 군주의 부족한 점을 보좌하는 일에는 진력하지 않고, 높은 작위를 차지하고 많은 녹봉을 받으면서, 아첨하며 순종하고 도리에 어긋나도 비위를 맞추며, 형벌을 엄격하고 가혹하게 하였으며, 조고의 사악한 말을 듣고, 적자(嫡子)를 폐하고 서자(庶子)를 황제의 자리에 오르게 하였다. 제후들이 반란을 일으킨 뒤에야, 비로소 이사가 간언을 하려 하였으니, 어찌 천박한 짓이 아니겠는가?

사람들이 이사가 모든 충성을 다하였다 하지만, 오형을 당하여 죽었다고 하는데, 그 근본을 살펴보면, 일반 사람들이 말하는 것과는 다르다. 그렇지만 않았더라면, 이사의 공적은 주공(周公)이나 소공(召公, 주공의 아우로 연나라 시조임)과 어깨를 나란히 할 만하였을 것이다."라고 하였다.

21

진나라를 보다 빠르게 멸망하게 한, 간신 조고(趙高)

진시황의
마지막 천하 순시

　진시황 37년(B.C 210년) 10월 계축일(癸丑日)에, 시황이 순행(巡行)에 나섰다. 좌승상 이사(李斯)가 수행하고, 중거부령(中車府令) 조고가 부새령(符璽令, 시황의 옥새를 임시로 관리하던 직책)의 일을 겸하면서 따라갔다. 우승상 풍거질(馮去疾)이 도성을 지켰다.

　시황제에게는 아들이 이십여 명 있었는데, 맏아들 부소(扶蘇)가 솔직하게 직간(直諫)하는 일이 많았으므로, 상군(上郡, 지금의 섬서성 연안시 및 유림시 일대)의 군대를 감독하도록 하여 밖으로 내보냈다. 몽염(蒙恬)이 그 군대의 장군으로 있었다. 막내아들 호해(胡亥)가 황제의 남다른 사랑을 받고 있었는데, 그가 따라갈 것을 청하자 시황제가 허락했다. 나머지 아들들은 아무도 따라가지 못했다.

　11월에, 운몽(雲夢, 지금의 호북성 무한 이서, 장강 이북, 공안 이동, 잠강 이남)에 이르러 구의산(九疑山, 지금의 호남성 영원현 남쪽에 위치함)에 올라 우(虞)와 순(舜)에게 제사를 지냈다. 장강에서 배를 타고 물줄기를 타고 아래로 내려가며 적가(籍柯, 여산 폭포?)를 바라보며, 해저(海渚, 지금의 안휘성 마안산시의 서남에 있는 채석기 지역)를 건너서 단양(丹陽, 지금의 안휘성 당도현 동북쪽)을 지나 전당(錢唐, 지금의 절강성 항주시 서쪽)에 이르렀다. 절강(浙江, 지금의 전당강 상류의 신안강)에 이르니 물결이 거세져, 서쪽으로 백이십여 리 가서 강폭이 좁은 곳에서 건넜다.

회계산(會稽山, 지금의 절강성 소흥시 남쪽에 위치)에 올라서 대우(大禹)에게 제사를 지내고, 남해(南海, 지금의 중국 동해)를 바라보며 그곳에 비석을 세워서 진나라의 공덕을 노래하고, 그 비문을 새겼다.

시황이 돌아올 때는, 오현(吳縣, 지금의 절강성 소주시)을 지나서 강승(江乘, 지금의 강소성 구용현 북쪽)에서 강을 건넜다. 그리고 해안을 따라서 북쪽으로 올라가서 낭야(琅琊)에 이르렀다. 방사(方士) 서불(徐市) 등이 바다로 들어가 선약(仙藥)을 구했으나 몇 년 동안 얻지 못하고 비용만 많이 허비하자, 그는 문책을 받을 것이 두려워서 거짓으로 말하기를, "봉래(蓬萊)의 선약은 구할 수는 있으나, 항상 커다란 상어로 인해서 어려움을 당하는 까닭에 그곳에 도달할 수 없으니, 원하옵건대 활을 잘 쏘는 사람을 청하여 함께 보내 주시면 상어를 즉시 연노(連弩, 연속으로 화살을 쏠 수 있는 화살)로써 쏠 수 있을 것입니다."라고 말했다.

시황이 꿈에 해신(海神)과 싸웠는데, 그 모습이 마치 사람의 형상과 같았다. 점몽가(占夢家)에게 물어보니, 박사가 말하기를, "수신은 원래 볼 수 없는 것이지만, 대어(大漁)나 교룡(蛟龍)의 모습으로 징후를 나타냅니다. 지금 황제께서 완전히 갖추어 정중하게 제사를 지냈지만, 이러한 악신(惡神)이 나타났으니, 이 악신을 마땅히 제거해야 선신(善神)한 신이 올 수 있습니다."라고 말했다.

이에 바다에 들어가는 사람들에게 대어를 잡는 도구를 휴대하게 하고, 친히 연노를 가지고 대어를 기다렸다가 쏘려고 하였다. 낭야에서 북쪽으로 영성산(榮成山, 지금의 산동성 영성현)에 이르렀지만 대어는 보이지 않았다. 지부에 이르러 커다란 물고기가 나타나자, 화살을 쏘아 한 마리를 죽였다. 마침내 바다를 따라서 서쪽으로 갔다.

진시황,
병이 나서 사구 평대에서 죽다

진시황이 평원진(平原津, 지금의 산동성 평원현 서남)에 이르러서 병이 났다. 시황이 죽음이라는 말을 싫어했기 때문에, 신하들도 감히 죽는 문제를 입 밖에 꺼내지 못하였다.

황제의 병이 날로 심각해지자, 공자 부소(扶蘇)에게, "병사들을 몽염에게 맡기고, 함양으로 돌아와 상여를 맞아 장례를 치르라."고 하는 새서(璽書, 황제의 도장을 찍어서 봉인한 편지)를 써서 봉인하여, 성지(聖旨)를 집행하는 중거부령 조고의 관부(官府)에 놓아둔 채, 사자에게 건네지는 않았다.

밀봉한 편지가 사자에게 전해지기 전에, 7월 병인일(丙寅日), 진시황이 사구 평대(平臺, 지금의 하북성 광종현 서북)에서 세상을 떠났고, 그 편지와 옥새는 모두 조고가 가지고 있었다.

막내아들 공자 호해, 승상 이사, 조고 및 시황이 아끼던 환관 대여섯 명만이 시황이 죽은 사실을 알 뿐, 다른 신하들은 몰랐다.

승상 이사는 황제가 외지에서 붕어한 데다가, 아직 태자가 세워지지 않았기 때문에, 여러 공자와 천하가 변란(變亂)을 일으키지나 않을까 두려워서, 이 사실을 비밀로 하고 죽음을 알리지 않았다.

진시황의 관을 온양거(轀輬車, 시황이 타던 침상이 달린 수레)에 안치하고 예전에 총애하던 환관으로 하여금 함께 타게 하여, 이르는 곳마다 황제에게 음식을 올렸으며, 신하들이 예전과 다름없이 국사를 상주(上奏)하면, 환관이 수레 안에서 상주된 일을 처리하였다.

조고의 유혹으로
공자 호해와 승상 이사가 음모를 꾸미다

조고는 조나라 왕실의 먼 친족이다. 조고에게는 형과 아우가 여러 명이 있었는데, 모두 태어나자 거세되어 환관이 되었다. 그의 어머니는 형벌을 받아 처형당하였으며, 대대로 비천한 신분이었다.

시황이 조고가 부지런하며 형벌에 관한 법령에 능통하다는 말을 듣고, 중거부령(中車府令, 황제의 수레를 관리하는 직책)으로 등용하였다. 그러자 조고가 공자 호해를 사사로이 섬기며, 서법 및 옥률(獄律)과 법령을 가르친 적이 있어서 호해가 그를 개인적으로 좋아하였다.

조고가 큰 죄를 지은 적이 있었는데, 시황이 몽의(蒙毅. 장군 몽염의 동생)에게 명령하여 그를 법에 따라 다스리게 하였다. 몽의는 감히 법을 불공평하게 적용할 수 없어, 조고의 죄가 사형에 해당한다고 판결하고, 그를 환관의 명부에서 제적하였다.

시황이 조고가 일을 열심히 잘한다고 여겨, 그를 사면(赦免)하고 그의 관직과 작위를 회복시켜 주었다.

조고가 새서(璽書)를 보관하고 있음을 기화로, 음험한 속셈을 가지고, 공자 부소에게 내린 옥새가 찍힌 새서를 가지고 있으면서, 공자 호해와 승상 이사를 음모에 끌어들여 은밀히 모의한 결과, 진시황이 공자 부소에게 보내는 새서를 뜯어서, 승상 이사가 사구 (沙丘)에서 시황의 유조(遺詔)를 받은 것처럼 거짓으로 꾸며서, 호해 를 태자로 삼았으며, 또 공자 부소와 장군 몽염에게 보내는 새서 를 고쳐서 그들의 죄목을 열거하며 그들에게 죽을 것을 명하였다.

그 편지 내용은, "짐이 천하를 순행하며 이름 있는 신들에게 제 사 지내고 기도드려 수명을 연장하려 한다. 지금 부소는 장군 몽 염과 함께 군사 수십만 명을 이끌고 국경 지방에 주둔한 지 십여 년이 지났으나, 앞으로 나가지 못하고 병졸을 많이 잃었을 뿐, 한 치의 공로도 세운 바 없다. 그럼에도 불구하고 자주 글을 올려 직 언하여 비방하고, 지금의 직분을 그만두고 돌아와서 태자의 지위 에 되돌아갈 수 없음을 원망하고 있다. 부소는 아들 된 자로서 불 효하여, 칼을 내리니 스스로 목숨을 끊어라. 장군 몽염은 부소와 함께 밖에 있으면서, 부소를 바로잡지 못했으며, 마땅히 부소가 꾀하는 바를 알았을 것이다. 황제인 짐의 신하로서 충성하지 못하 였기에 스스로 목숨을 끊도록 명하며, 군사를 비장(裨將) 왕이(王離) 에게 맡기도록 하라."고 하였다.

그 조서에 황제의 옥새를 날인하여 봉하고, 호해의 식객으로 하 여금 받들고 가서, 상군에 있는 부소에게 전해 주도록 했다. 사자 가 도착하여 전해 주는 조서를 펼쳐 보더니, 부소가 울면서 집안 으로 들어가 스스로 목숨을 끊으려고 했다.

몽염이 부소를 말리며 말했다. "폐하께서는 궁궐 밖에 계시며,

아직 태자를 세우지 않았습니다. 저에게 군사 삼십만 명을 이끌고 변경을 지키게 하고, 공자를 시켜 군을 감독하도록 했습니다. 이것은 천하의 중대한 임무입니다. 지금 사자 한 명이 왔다고 해서 스스로 목숨을 끊으려 하시면, 어찌 이 편지가 거짓이 아니라는 것을 알겠습니까? 청컨대 다시 한번 용서를 빌어 보십시오. 다시 용서를 구한 뒤에 목숨을 끊어도 늦지 않습니다."라고 하였다.

그러나 사자가 여러 차례 스스로 목숨을 끊을 것을 재촉했으므로, 사람됨이 어진 부소는 몽염에게 이렇게 말했다. "아버지가 자식에게 죽음을 내렸는데, 어떻게 다시 용서를 청할 수 있겠소?" 그리고는 스스로 목숨을 끊었다.

몽염이 스스로 죽으려 하지 않자, 사자는 그를 옥리에게 넘겨 양주현(陽周縣)의 옥에 가두었다.

태자 호해가 이세황제로
즉위하다(B.C 209년)

사자가 돌아와 아뢰니, 호해와 승상 이사와 조고가 매우 기뻐하였다. 일행이 계속 가다가 마침내 정경(井陘)으로부터 구원에 도착하였다. 때마침 여름철이라 황제의 온량거에서 시신이 썩는 악취(惡臭)가 나자, 수행관원에게 소금을 절여서 말린 고기 1석을 수레에 싣게 하여 시신의 악취와 어물의 냄새를 구분하지 못하게 하였다. 결국 직도(直道)를 따라서 함양(咸陽)에 돌아와서 황제의 죽음을 널리 알리고 발상(發喪)하였다. 태자 호해가 제위를 계승하여 이세황제가 되었다. 황제의 나이는 스물한 살이었다. 그리고 그해 9월에 여산(酈山)에 진 시황을 안장하였다.

조고는 낭중령(郎中令, 궁궐의 경비와 황제의 신변 보호를 총괄하는 직책)으로 임명되어, 늘 이세황제 곁에서 모시며 권력을 마음대로 휘둘렀다. 하루는 이세황제가 한가한 틈을 타 조고와 의논하여 말하기를, "짐이 나이가 어리고 이제 막 즉위한 터라, 백성들이 따르지 않는구려, 선제(先帝)께서는 군현을 순무함으로써, 국력의 장대함을 과시하여 위엄으로 온 천하를 복종시켰는데, 이제 짐이 한가로

이 지내면서 순무하지 않는다면, 약해 보여서 천하를 통치할 도리가 없을 것이오."라고 하고, 봄철에 이세황제가 동쪽지방의 군현을 순무하니, 이사가 수행하였다. 갈석산(碣石山)에 이른 다음, 바다를 끼고 남쪽으로 행차하여 회계산(會稽山)에 도착하여, 시황제가 세운 비석에 글자를 새기고, 비석의 옆면에 수행한 신하들의 이름을 새겨 넣어, 선제의 업적과 성덕(盛德)을 밝혀 놓았다. 그리고는 요동(遼東)으로 갔다가 돌아왔다.

이 무렵 이세는 조고를 더욱 중용하고 그의 말에 따라 법령을 제정하고 공포하였다. 그리고 은밀히 조고와 상의하기를, "대신들은 복종하지 않고, 관리들은 아직도 세력이 강력한 데다, 공자들까지 기어코 나와 다투려 하니, 어찌해야 좋겠소?" 라고 말하였다.

조고가, "지금은 문치를 받들 때가 아니라 무력으로 다스려야 합니다. 법을 준엄하게 하고 형벌을 가혹하게 하며, 죄가 있는 자는 연좌제를 실시하여 죄를 지으면 그 일족을 모조리 죽이고, 선제 때의 대신들을 물러나게 하고, 폐하의 형제들을 멀리하며, 가난한 자를 부유하게 하며, 천한 자를 높여주고, 선제의 옛 신하들을 모두 제거하고 폐하께서 믿을 수 있는 자를 새로 두어 가까이 하십시오. 이렇게 하신다면, 숨어 있던 덕이 폐하에게로 모이고 해로운 것이 제거되며, 간사한 음모는 막히게 되고, 신하들은 폐하의 은덕을 입고 두터운 덕을 입지 않은 자가 없을 것이며, 폐하께서는 베개를 높이 베고 마음껏 즐길 수 있을 것입니다. 이보다 더 좋은 계책은 없습니다."

이세는 조고의 말이 옳다고 여겨, 법률을 다시 제정했다. 그래서 신하들과 공자들 중에 죄를 짓는 자가 있으면, 조고에게 맡겨 조사하도록 했다. 이렇게 해서 대신 몽의 등을 물러나게 하고, 공자 열두 명을 함양의 시장 거리에서 처형하였으며, 공주 열 명을 두현(杜縣, 지금의 섬서성 서안시 안탑구 동남쪽 지역)에서 기둥에 묶어 놓고 창으로 찔러 죽였으며, 그들의 재산은 모두 몰수하였다. 여기에 연루된 자가 이루 헤아릴 수 없을 만큼 많았다.

황족들이 모두 두려움에 떨었다. 대신들의 간언(諫言)은 비방이라고 여겨졌으며, 고관들은 녹위(祿位)를 지키기 위해서 몸을 사리고, 백성들은 두려움에 몸서리쳤다.

법령에 따른 처벌이 날로 극심해지자, 신하들이 신변의 위험을 느낀 나머지, 반란을 일으키고자 하는 사람들이 많아졌다.

게다가 황제를 위하여 아방궁(阿房宮)을 짓고, 직도(直道)와 치도(馳道)를 수축하느라 조세를 점점 더 많이 거두었다. 변방 수비병 징발과 부역 동원도 그치지 않았다. 그래서 초나라 출신 변방 수비병 수졸 진승(陳勝)과 오광(吳廣) 등이 반란을 일으켜, 산동에서 일어나니 호걸과 날랜 사람들이 다 일어나 스스로 제후가 되고 왕이 되어 반기를 들었다. 그 반란군이 홍문(鴻門)에까지 진격했다가 장군 장함이 물리치자, 물러날 정도로 그 세력이 거셌다.

승상 이사가 여러 번
이세황제에게 간언하려고 했으나

승상 이사가 여러 번 이세황제가 한가한 틈을 타서 간언하려 했지만, 이세는 허락하지 않고 도리어 이사를 힐책하였다.

이사의 아들 이유(李由)는 삼천군의 태수였으나, 오광 등 도적의 무리가 삼천군의 서쪽을 침략하여 지나가도, 이것을 막지 못하였다. 진나라 장수 장함이 오광 등의 무리를 물리쳤다. 그래서 삼천군의 일을 조사하는 사자가 잇달아 오가면서 이사를 문책했다.

"당신은 삼공의 지위에 있으면서, 도적들이 이처럼 날뛰게 하니 어찌된 일이오?" 이사는 두려웠으나 벼슬과 봉록을 소중하게 여겨 어찌할 바를 몰랐다.

결국 이세황제의 비위를 맞추어 주고, 용서를 구하려는 생각에, 글을 써서 대답하였다. 이사의 글이 올려지자, 이세는 기뻐했다. 이리하여, 신하들의 죄를 살피고 처벌하는 일을 더욱 엄하게 시행하였으며, 백성들로부터 많은 세금을 걷는 자가 현명한 관리라고 여겨졌다.

그 뒤 길에 다니는 사람의 절반은 형벌을 받은 자들이고, 형벌을 받아 죽는 자가 날마다 시장 바닥에 쌓여만 갔다. 많은 사람을 죽인 관리가 충신으로 여겨졌다.

이세가 말하기를, "이와 같이 하는 것이 신하들의 죄를 살피고 처벌하는 일을 잘한다고 할 만할 것이다."라고 하였다.

조고, 이세황제를 궁중 깊은 곳에 거처하게 하고, 모든 국사를 전횡하다

처음 조고가 낭중령이 되었을 때, 그가 사사로운 원한으로 사람을 죽이거나 보복한 자가 많았다. 대신들이 조정에 들어가 정사를 아뢰며, 자기를 비방할까 두려워, 이세황제를 설득하기를,

"천자가 존귀한 까닭은, 단지 목소리만 들을 뿐, 신하들 중에서 어느 누구도 그의 얼굴을 보지 못하기 때문입니다. 그래서 천자는 스스로 '짐'이라 부르는 것입니다. 또 폐하께서는 아직 나이 어려 반드시 모든 일에 두루 능통할 수는 없습니다. 지금 조정에 앉아, 상벌을 결정하시면서 부당함이라도 있어, 신하들에게 단점이라도 보이게 되면, 이것은 천하에 신성하고 영명하심을 보여 주지 못하게 됩니다. 그러니 당분간 폐하께서는 궁중 깊숙한 곳에서 팔짱을 끼고 계시면서, 신과 법률에 밝은 시중(侍中)이 일을 기다렸다가 안건이 생기면 그것을 상의해서 처리하게 하십시오. 이렇게 하면 대신들은 감히 의심스러운 일을 말하지 못할 것이며, 온 천하가 훌륭한 군주라고 칭찬할 것입니다."라고 하니,

이세가 조고의 건의를 받아들여, 조정으로 나아가 대신들을 만

나지 않고 궁궐 깊숙한 곳에 머물렀다. 조고가 늘 곁에서 이세를 모시면서 권력을 휘두르고, 모든 일이 조고에 의해서 결정되었다.

조고가, 승상 이사가 이 일에 관하여 말하려고 한다는 것을 듣고, 승상 이사를 만나 "만일 승상께서 참으로 간언하고 싶다면, 승상을 위해서 황제께서 한가한 틈을 엿보아 알려드리겠습니다."라고 하였다.

그리고는 조고는, 이세가 한창 연회를 베풀어 즐기며, 미녀들이 앞에 있을 때를 기다렸다가, 사람을 보내 승상 이사에게 이렇게 말했다. "황제께서 지금 한가하시니 말씀을 올릴 수 있습니다."라고 하였다. 승상이 궁문에 이르러, 뵙기를 청했다. 이런 일이 세 번이나 되풀이되자, 이세가 화를 내며 말했다.

"나는 언제나 한가한 날이 많은데, 승상은 그런 때에는 오지 않고 내가 연회를 열어 즐기고 있으면, 언제나 와서 안건을 말하려 하오, 승상은 감히 나를 어리다고 얕잡아 보는 것이오, 아니면 나를 편벽되다고 깔보는 것이오."라고 하였다.

조고가 이틈을 타서 이렇게 말했다. "지금 폐하께서는 황제가 되셨지만, 승상의 지위는 더 존귀해진 것이 없습니다. 그는 땅을 떼어 받아 왕이 되기를 바랄 것입니다. 또 승상의 맏아들 이유는 삼천군 태수로 있는데, 초나라의 반란군 진승 등이 모두 승상의 고향에서 가까운 고을 출신들입니다. 그래서 초나라 반란군이 공공연히 돌아다니면서 삼천군을 지나가도, 이유는 성만 지킬 뿐, 나가 싸우려고 들지 않았습니다. 저는 그들 사이에 편지가 오가고 있다고 들었습니다만, 아직 확실한 증거를 얻지 못했기 때문에 감히 말씀드리지 못했습니다. 또 승상의 권세는 궁중 밖에서는 폐하보다도 견고합니다."라고 하였다.

이세도 그렇다고 생각했다. 승상을 조사하고자 했으나, 그 사실이 아닐 것이 염려되어, 사람을 시켜, 삼천군 태수가 반란군과 내통한 정황 증거를 조사하게 하였다.

이사도 이런 움직임을 들어서 알았지만, 그때 이세가 감천궁(甘泉宮)에 있으면서 곡저(觳抵, 씨름임)라는 유희와 우배(優俳, 광대놀이) 연극을 구경하고 있어 뵐 수가 없었다. 그래서 글을 올려 조고의 나쁜 점을 들어, "지금 조고가 사악한 뜻을 품고 위험한 반역을 꾀하고 있으니, 폐하께서 지금 그에 대한 대책을 세우지 않는다면 그가 변을 일으키지 않을까 두렵습니다."라고 하였다.

이세가 대답하였다. "무슨 소리요? 그대는 그를 의심하지 마시오."

이사가 다시 글을 올렸다. "그렇지 않습니다. 조고라는 자는 본래 비천한 출신으로, 도리를 알지 못하며 탐욕스런 마음은 끝이 없고, 이익을 추구함이 그칠 줄 모르며, 위세는 군주의 다음가며, 욕심을 끝없이 부립니다. 그래서 저는 위험한 인물이라고 말씀드린 것입니다."라고 하였다.

이세는 전부터 조고를 신임하고 있었으므로, 이사가 조고를 죽이지나 않을까 걱정이 되어, 조고에게 이 일을 조용히 말해 주었다. 그러자 조고가 이렇게 말했다. "승상의 두통거리는 오직 이 조고뿐입니다. 저만 죽으면, 승상은 곧 전상(田常)과 같은 행동을 할 것입니다."라고 하였다.

그러자 이세가 "이사를 낭중령 조고에게 넘겨 조사하도록 하라."

고 하였다.

조고가 이사를 심문했다. 이사가 붙잡혀가 묶인 채 감옥에 갇혀 하늘을 우러러 보며 탄식했다.

이세는 조고를 시켜 승상 이사의 죄상을 밝혀 벌을 내리도록 하였다. 조고는 이사가 아들 이유와 함께 모반을 꾀한 죄상을 추궁하고, 그의 일족과 빈객들을 모두 체포했다. 조고가 이사를 심문하면서, 천 번이나 넘는 채찍질로 고문하였으므로, 이사는 고통을 이기지 못하여 스스로 없는 죄를 자백하였다.

그러면서도 이사가 목숨을 끊지 않은 까닭은, 자신이 변설에 능하고 공로가 있으며, 실제로 모반할 마음이 없었다는 것을 믿고, 다행히도 글을 올려 진정하면, 이세가 깨닫고 용서해 줄 것을 바랐기 때문이다. 그래서 이사는 옥중에서 글을 올렸다. 그러나 이 글이 올라오자, 조고는 관리를 시켜 버리도록 하고 아뢰지 않았다. 그리고는 이렇게 말했다.

"죄수가 어떻게 군주에게 글을 올릴 수 있는가?"라고 하였다. 그리고는 조고는 자기의 식객 십여 명을 시켜 거짓으로 어사(御史), 알자(謁者), 시중(侍中)으로 꾸며 번갈아 가며 이사를 심문하게 했다. 이사가 사실대로 대답을 하니, 사람을 시켜 다시 매질을 했다. 그리고 얼마 후, 이세가 사람을 시켜 이사를 조사하도록 하자, 이사는 전과 같이 하리라고 생각하여 더 말하지 않고, 죄를 인정하였다.

판결이 아뢰어지자, 이세는 기뻐서 말했다. "조고가 아니었다면 승상에게 속을 뻔했소."라고 하였다. 이어서 이세는 사람을 보내 삼천군 태수 이유를 조사하도록 했지만, 사자가 도착했을 때는, 항량(項梁)이 이미 그를 격살(擊殺)한 뒤였다.

그 사자가 돌아왔으나, 마침 승상이 감옥에 보내져 있었기에, 조고는 이사와 이유의 모반에 관한 진술들을 모두 거짓으로 꾸몄다.

이세 2년(B.C 208년) 7월에, 이사에게 오형(五刑)을 내리는 것으로 판결하고, 함양의 저잣거리에서 요참(腰斬)을 하도록 결정하였다. 이사가 감옥을 나올 때, 같이 잡혀 온 그의 작은아들과 함께 있었는데, 작은아들을 돌아보며, "내 너와 함께 다시 한 번 누런 개를 데리고, 상채 동문 밖으로 나가 토끼 사냥을 하려고 했었는데, 이제는 그렇게 할 수 없게 되었구나."라고 하였다. 마침내 아버지와 아들이 서로 통곡을 하였다. 삼족이 모두 죽음을 당했다.

우승상 풍거질, 장군 풍겁이 간언하였으나, 이세는 짐에게 충성을 다하지 않는 것이라고 하며, 옥리에게 보내 그들의 죄를 심문하게 하니, 풍거질과 풍겁이, "장상은 모욕을 당하지 않는다."라고 하며 자살하였다.

이세 3년(B.C 207년), 장함 등이 군사를 이끌고 거록(鉅鹿)을 포위하자, 초의 상장군 항우(項羽)가 초의 병졸들을 거느리고 거록으로 달려가 구원하였다. 여름에 장함 등이 싸움에서 여러 차례 패퇴하자, 이세는 사신을 보내어 장함을 질책하였다. 장함은 두려움에, 장사(長史) 사마흔(司馬欣)을 보내, 전황을 보고하고 지시를 받고자 청하였으나, 조고가 만나주지도 않고 또 믿어주지도 않으므로, 사마흔이 두려워서 달아나 와 버렸다. 조고가 사람을 시켜서 체포하도록 하였으나, 추격이 미치지 못하였다.

사마흔이 장함을 만나, "조고가 조정에서 정권을 장악하고 있으므로 장군께서 세운 공이 있어도 죽임을 당할 것이며, 공이 없어도 죽임을 당할 것입니다."라고 말하였다. 항우가 진나라 군사를 거록에서 기습하여, 장군 왕리(王離)를 사로잡고 계속 진격하자, 장함 등의 군대는 패퇴를 거듭하다가, 장함 등이 마침내 병졸을 이끌고 항우에게 투항하였다.

조고, 사슴을 말이라고
이세황제를 농락하다

　이사가 죽은 뒤, 이세는 조고를 중승상(中丞上)으로 임명하였다. 그때부터 크고 작은 일들이 모두 조고에 의해 결정되었다.

　8월 기해일(己亥日), 조고가 반란을 일으키고자 했으나, 군신들이 듣지 않을까 염려되자. 먼저 시험해 보기 위해서 이세에게 사슴을 바치며 말하기를, "이것은 말입니다."라고 하였다. 이세가 빙그레 웃으며. "승상이 틀렸을 게요, 사슴을 말이라고 하는구려."라고 말하고는 주변의 군신들에게 물으니, 어떤 사람은 묵묵히 있으면서 대꾸를 하지 않았고, 어떤 사람은 말이라고 대답하며, 조고에게 아부했으며, 또 어떤 사람은 사슴이라고 말하였다.

　조고는 은밀하게 사슴이라고 말한 사람을 법을 빙자하여 모함하여 처벌하였다. 군신들이 모두 조고를 두려워하였다.

조고의
발호

  조고는 과거 여러 차례, "관동(關東, 함곡관의 동쪽 지방)의 도적(반란군)들은 아무 일도 할 수 없다."라고 호언하였다. 그러나 연(燕), 조(趙), 제(齊), 초(楚), 한(韓), 위(魏)가 모두 다시 자립하여 왕이 되었다.

  함곡관 동쪽은 대부분이 진나라를 배반하고, 제후들에게 호응했으며, 제후들은 모두 자신들의 군사를 이끌고 서쪽으로 향해서 진격하였다. 패공(沛公) 유방이 수만 명의 군사를 이끌고, 무관(武關)을 함락시킨 후, 사람을 보내 조고와 은밀히 접촉하였다. 조고는 이세가 노하여 자신을 죽이지 않을까 두려워서 병을 핑계로 조회에 나가지 않았다.

  이세가 자신의 좌참마(左驂馬, 수레의 왼쪽 바깥쪽에서 수레를 끄는 말)를 물어뜯는 백호(白虎)를 죽이는 꿈을 꾸고 나서, 마음이 언짢고 괴이하게 여겨져서, 점쟁이에게 해몽하게 하였는데, "경수(涇水)의 수신(水神)이 재앙을 일으킨다."라는 점괘가 나왔다. 이에 이세는 망이궁(望夷宮, 지금의 섬서성 경양현 동남쪽에 옛터가 남아 있음)에서 재계하고, 경수의 신에게 제사를 드리고자 백마 네 마리를 경수에 빠뜨

398

렸다.

사람을 보내어 반란군의 일에 대하여 문책하자, 겁이 난 조고는 은밀히 사위 함양현(咸陽縣) 현령 염락(閻樂), 아우 조성(趙成)과 음모를 꾸미며, 천자를 폐위시키고 공자 자영을 세우고자 하였다.

그리하여 낭중령으로 하여금 궁내에서 호응하게 하고, 거짓으로 큰 도적이 있다고 하여 염락에게 관리들을 불러 모으고 군사를 일으키도록 하는 한편, 곧바로 염락의 모친을 위협하여 조고의 부중(府中)에 연금하였다(염락이 변심할 것을 두려워하여 그의 모친을 인질로 삼은 것임).

조고는 또한 염락에게 관리와 군사 천여 명을 이끌고 망이궁의 전문(殿門)으로 보내서 위령(衛令, 수위의 장)과 복야(僕射)를 포박하고는, "도적이 여기까지 들어왔거늘 어찌하여 막지 않았는가."라고 하니, 위령은, "궁전을 빙 둘러 병졸들을 배치하여 대단히 삼엄한데 어떻게 도적이 감히 궁내에 침입할 수 있겠습니까?"라고 대답하였다.

염락이 결국 위령을 베어 죽이고는, 곧장 장졸들을 거느리고 궁궐로 들어가서 돌아다니면서 활을 쏘아 대니, 낭관과 환관들이 크게 놀라서 맞서 싸웠다. 대항하는 자들이 속속 죽임을 당하니, 죽은 자가 수십 명에 달하였다.

낭중령과 염락이 함께 안으로 들어가서, 악좌(幄座, 사방으로 휘장을 둘러친 천자의 자리)의 휘장에 활을 쏘았다. 화가 난 이세가 좌우의 시신(侍臣)을 불렀으나, 측근들이 모두 두려워서 나서서 대항하는 자가 없었다. 이세 곁에는 환관 한 사람이 이세를 시종하며 감히 달

아나지 못했다. 이세가 안으로 들어가서 그에게 이르기를, "그대
는 어찌하여 진작 나에게 고하지 않았는가? 결국 이런 지경에 이
르다니."라고 하자. 환관이, "신이 감히 아뢰지 못했기에 목숨을
보전한 것입니다. 만약 신이 일찍이 아뢰었더라면, 벌써 주살당했
을 터이니, 어떻게 지금까지 살아 있겠습니까?"라고 대답하였다.

염락이 이세 앞으로 나아가서, 그의 죄상을 다음과 같이 말하였다.
"족하(足下)는 교만하고 방자하며, 사람을 살육함이 잔악무도하여,
천하의 백성들이 함께 족하를 배반하였으니, 족하 스스로가 어떻
게 해야 할 것인지 생각해 보시오!"라고 하였다. 그러자 이세가,
"승상을 만나볼 수 있겠소?"라고 물으니, 염락은, "안 됩니다."라
고 대답하였다. 이세가, "나는 일개 군(郡)을 얻어 그곳의 왕이 되
길 바라오."라고 하였으나 허락되지 않았다. 또 "만호후(萬戶侯)가
되길 바라오."라고 하였으나 그것 역시 허락되지 않으니, 이세는,
"처자를 거느리고 백성이 되어 여러 공자들같이 되고 싶소."라고
하였다.

염락이 말하기를, "신은 승상에게서 명을 받아, 천하를 위하여
그대를 주벌(誅罰)하는 것이오. 그대가 비록 이런저런 말을 하더라
도, 나는 보고를 올릴 수가 없소."라고 하고는, 그의 병졸들을 나
가도록 지시하자, 이세는 자살하였다.

염락이 돌아가서 조고에게 보고하니, 조고는 여러 대신과 공자
들을 모두 불러 이세를 주벌한 상황을 알리고는, 이세 형의 아들
인 자영(子嬰)을 진왕으로 삼았으며, 평민의 예로써 이세를 두현(杜
縣) 남쪽의 의춘원(宜春苑, 의춘궁의 동쪽, 지금의 섬서성 장안현 남쪽)에 장

사지냈다.

자영으로 하여금, 재계하고, 묘현(廟見, 황제 즉위 후 처음으로 종묘에서 조상에게 제배하고 인새(印璽)를 받는 의식)의 예를 행하면서, 옥새를 인수 하도록 하였다. 재계한 지 닷새 째 되던 날, 자영이 그의 아들 두 사람과 의논하기를, "승상 조고가 이세를 망이궁에서 시해하고는, 군신들이 자기를 죽일까 두려워하여 거짓으로, 의(義)를 빙자하여 나를 왕으로 삼으려고 한다. 내가 들으니 조고가 초나라와 약속하 여 진나라의 종실을 멸망시키고, 관중(關中)의 왕이 되려 한다는구 나, 이제 나로 하여금 재계하여 종묘에 제배(祭拜)하게 하니, 이는 묘당(廟堂) 안에서 나를 죽이려고 하는 것이다. 내가 병을 핑계 삼 아 가지 않으면, 승상 자신이 반드시 오리니, 오거든 그를 없애 버 려라."라고 하였다.

조고가 사람을 시켜서 몇 차례 자영을 불렀으나 자영이 가지 않 으니, 과연 조고가 몸소 자신이 직접 와서는, "종묘의 일은 중대한 일이거늘, 왕께서는 어찌하여 행하지 않으십니까?"라고 말하였다.

자영이 마침내 환관 한담 및 그의 두 아들과 조고를 재궁(齋宮)에 서 척살(刺殺)하고, 조고의 삼족을 함양에서 처형하여 백성들에게 본보기로 보였다.

진나라 멸망

자영이 진왕이 된 지 사십육 일이 되던 날, 초나라 장수 패공 유방이 진나라 군을 격파하고, 무관으로 진입한 다음, 이윽고 패상(霸上, 장안 부근의 군사 요충지로서, 지금의 섬서성 서안시 동쪽)에 당도해서는, 사람을 보내서, 자영의 항복을 약속받았다.

자영이 죄인처럼 목에 수대(綬帶, 천으로 만든 넓은 띠)를 걸고, 백마가 끄는 흰 수레를 타고(전쟁의 패배자가 투항할 때의 차림), 천자의 옥새와 부절(符節)을 받들고, 지도(軹道) 부근에서 항복하였다.

패공 유방이 드디어 함양에 입성하여 궁실의 부고(府庫)를 봉(封)하고, 패상으로 돌아와 주둔하였다. 그로부터 한 달 여 뒤, 제후들의 군대가 이르렀다.

항우가 종장(從長, 합종국의 맹장)이 되어 자영과 진나라의 여러 공자를 비롯한 왕족들을 죽이고, 함양의 백성들을 살육하고, 궁실을 불태우고, 자녀들을 포로로 잡았으며, 진귀한 보물과 재물들은 거두어 제후들과 함께 나누었다.

진나라를 멸망시킨 다음, 항우가 서초패왕이 되어 정령을 주관하고 전횡하여, 천하를 나누어, 십팔 명의 제후에게 분봉을 시행했는데, 항우가 당초의 약속을 어기고, 패공을 한왕(漢王)으로 바꾸어 봉하였다. 이리하여 진나라는 드디어 멸망하였다(B.C 207년), 진나라를 멸망시킨 다음, 그 땅을 셋으로 나누어, 옹왕(雍王), 새왕(塞王), 적왕(翟王)이라 이름을 붙이고는, 합쳐 '삼진(三秦)'이라 불렀다. 그로부터 오년이 지나서 천하는 한왕인 유방의 한나라에 의해서 통일되었다(B.C 202년).

22

진시황
폭군(暴君)의
모습들

진시황,
포악함을 통치의 수단으로 삼다

　진시황은 자기만 옳다고 여겨 남에게 묻지 않았고, 잘못을 하고도 고칠 줄 몰랐다. 욕심 많고 비루한 마음을 품었던 진시황은 혼자만 옳다고 여겨 공신들을 믿지 않았고, 백성들과도 가까워지려고 하지 않았다.

　왕도(王道)를 버리고 사사로운 권위를 내세워 문서를 금하고 형법을 가혹하게 집행하였다. 속임수를 앞장세우고, 인의(仁義)는 뒷전으로 밀쳐 둔 채, 포악(暴惡)함을 통치의 수단으로 삼았다.

　이하에서는, 보는 관점에 따라서 다르겠지만, 진시황의 폭군(暴君)적인 모습에 대하여 예를 들어 보기로 한다.

진시황의 출생과
성장 과정에 따른 심리 변화

큰 장사꾼 여불위(呂不韋)가 한단(邯鄲, 당시 조나라의 수도, 지금의 하북성 한단시)의 여러 미인들 가운데 가무에 능한 여자를 골라 함께 살고 있었는데, 그녀가 임신한 것을 알고 있었다. 한단에 볼모로 와 있던 진나라 공자 자초(子楚)가 여불위의 초청을 받아 함께 술을 마시다가 그녀를 보고, 한눈에 반하여 기뻐서, 일어나 술잔을 들고 여불위에게 장수를 축원하면서, 그녀를 달라고 하였다.

여불위는 화가 났지만, 기이한 물건을 얻으려고, 이미 자초를 위해 가산을 모두 바치기로 하였음을 생각하고는(여불위가 온갖 노력을 하여 자초가 진나라의 태자가 되도록 한 일), 결국 그 여자를 바쳤다. 그녀는 자신이 임신한 사실을 숨기고 있다가, 열 달을 다 채워 한단에서 아들 영정(嬴政)을 낳았는데, 이 이가 바로 훗날의 진시황이다 (진 소양왕 48년, B.C 259년 정월).

그러자 자초가 그녀를 정식 부인(夫人, 당시 제후나 귀족의 처의 호칭임)으로 삼았다.

진나라 소양왕(昭襄王) 50년 B.C 257년, 진나라가 장군 왕의(王

齮)를 보내, 조나라 도읍 한단시를 포위하였다. 상황이 급박해진 조나라는 자초를 죽이려 하였다. 자초는 여불위와 상의하여, 황금 육백 근을 감시하던 관리에게 주고 탈출하여, 진나라 군대 진영으로 도망한 뒤, 마침내 귀국하는데 성공하였다(영정은 당시 2세였음).

그러자 조나라에서는 자초의 처와 자식을 죽이려고 하였다. 자초의 부인이 조나라 호족 집안의 여자였기 때문에 몸을 숨길 수가 있었다.

위와 같이 영정(진시황)은 아버지 없이 신변의 위협을 느끼며 불안하게 유아기를 살아야 했다.

소양왕 56년(B.C 251년) 가을, 소양왕이 세상을 떠나자, 태자 안국군(安國君)이 왕위에 올랐다(29대). 화양부인은 왕후가 되었고, 자초가 태자가 되었다. 이러자 조나라에서도 예를 갖추어 자초의 부인과 아들 영정을 진나라로 돌려보냈다.

안국군이 53세(B.C 250년)에 즉위했으나, 즉위 석 달 만에 죽었다. 시호(諡號)를 효문왕(孝文王)이라 하였다. 태자 자초가 대를 이어 왕위에 오르니, 그가 바로 장양왕(莊襄王)이다(30대, B.C 249년). 그래서 영정이 태자로 책봉되었다(당시 10세).

즉위한 지 3년 만인 B.C 247년 5월, 장양왕이 세상을 떠나자, 태자 영정이 대를 이으니, 31대 진왕 정(秦王 政)이다(당시 13세). 그래서 9세부터 13세까지 짧았지만 가장 행복했던 아동기를 보냈다고 하겠다.

진왕이 불과 13세에 즉위한 이후, 22세가 되어 성인식(成人式)을 올리고 친정할 때까지, 음탕한 생모 태후와 생부 여불위는 수시로 몰래 정을 통하였다. 이래서 음울한 청소년기를 숨죽이며 살았을 것으로 보인다.

친정 이후 39세(B.C 221년, 재위 26년)에, 천하 통일을 이루기까지가 절정의 리더십을 발휘했던 황금기였다고 하겠다.

그러나 통일 이후에는, 자만에 빠져 과격한 통치를 일삼았던 자아 팽창기였으며, 몇 차례 암살 위기를 넘기면서, 폭력성이 폭발했던 신경과민의 시기, 사십 대 이후 건강과 불로장생에 과도하게 집착하면서, 방사(方士)들에게 기만당하고, 태자도 책봉하지 않고, 갑자기 사망에 이른 쇠퇴기까지 과정이, 조금씩 변화되어 가는 진시황의 심리상태를 짐작 추리할 수 있다고 하겠다.

이 같은 심리적 변화가 결국 진시황의 리더십이 변질되어 가는 과정이자, 진나라가 멸망하는 과정이라고도 하겠다.

진왕, 생모인 태후를
옹(雍) 땅으로 유폐(幽閉)시키다(패륜(悖倫)

태자 영정이 왕위에 올라, 여불위를 높여 상국(相國, 재상의 호칭)으로 삼으면서, 그를 '중부(仲父)' 라 불렀다. 진왕이 어릴 때, 태후(진왕의 친어머니)는 수시로 여불위와 몰래 정을 통하였다.

진왕이 점차 장성해 가는데, 태후의 음행은 멈추지 않았다. 그러자 여불위는 발각되어 화가 자기에게 미칠까 두려워서, 은밀히 매우 큰 남근을 가진 노애(嫪毐)라는 자를 찾아내어 사인(舍人, 측근에서 수행하는 사람)으로 삼았다. 그러면서 때때로 광대들이 공연이라도 하게 되면, 노애로 하여금 그의 남근에 오동나무 바퀴를 걸고 걸어 다니게 하면서, 태후가 그 소문을 듣도록 만들어 태후를 유혹하였다. 과연 태후가 그 소문을 듣고 예상대로 은밀히 그를 얻고자 하였다.

이에 여불위가 노애를 바치면서, 사람을 시켜 궁형(宮刑)에 해당하는 죄를 지었다고 허위로 고발하게 하였다. 한편 여불위가 태후에게 은밀히 말하기를, "거짓 궁형을 받게 할 수만 있다면, 급사중(給事中, 곁에서 모시며 보좌하는 업무)에 적합한 자입니다."라고 하였다.

410

이에 태후가 궁형을 담당하는 관리에게 후하게 상금을 내리고 궁형의 처벌을 받은 것처럼 거짓으로 꾸미게 한 뒤, 노애의 수염과 눈썹을 뽑아 환관으로 만들었다. 드디어 노애가 태후의 시중을 들 수 있게 되었다.

태후가 사사로이 노애와 정을 통하면서 몹시 그를 사랑하였다. 그 후 아이를 갖게 되자, 태후는 사람들이 알게 될까 두려웠다. 점을 쳤더니 액운을 피해야 한다더라고 속이고, 옹(雍, 한때 진나라의 수도였으며, 지금의 섬서성 보계시 봉상현 남쪽) 땅으로 거처를 옮겼다.

노애가 늘 곁에서 태후를 모셨으며, 아주 후한 상이 내려졌고, 장신후(長信侯)에 봉해지고, 산양(山陽, 지금의 하남성 획가) 땅을 받아 그곳에 살게 되었고, 하서(河西, 지금의 산서성, 섬서성 사이의 황하 남단 서쪽)의 태원군을 노애의 봉국으로 삼게 하였다. 그리고 모든 일이 노애에 의해 결정되었다.

노애의 집안 하인은 수천 명이었으며, 벼슬을 얻으려고 노애의 사인이 된 빈객들이 천 명이 넘었다.

진왕 9년(B.C 238년), 노애가 실제로는 환관이 아니며, 수시로 태후와 정을 통하여 아들을 둘 낳아 숨겨 놓았다고 누가 고발하였다. 그는 또한 노애가 태후와 모의하기를, "왕이 죽으면, 아들에게 뒤를 잇게 합시다."라고 하였다고 하였다.

이에 진왕이 법을 집행하는 관리에게 그 사건을 철저히 조사하게 하여 모든 진상을 알게 되었는데, 상국 여불위도 관련이 있었다. 그러자 장신후 노애가 반란을 일으키려다 발각되었다.

왕의 옥새와 태후의 인장을 도용하여 옹현의 군사, 진왕의 호위

군사, 관의 기병, 융적(戎狄)의 군장 및 자신의 가신들을 동원하여, 기년궁(蘄年宮, 당시 진왕이 기거하던 곳)을 공격하는 변란을 일으키려 하였다.

진왕이 그 사실을 알고, 상국 창평군과 창문군으로 하여금 군사를 동원하여 노애를 공격하게 하여, 함양(咸陽)에서 싸워 수백 명의 머리를 베었다. 노애 등이 패하여 달아났으나 결국 생포되어, 그해 9월, 노애의 삼족을 멸하고, 태후가 낳은 두 아들을 죽였다. 그리고 생모인 태후(太后)를 옹(雍) 땅으로 내쫓아 유폐(幽閉)시켰다.

진왕 10년(B.C 237년) 10월, 상국 여불위를 파직하였다

제나라 사람 모초(茅焦)가 진왕에게 유세하기를, "바야흐로 진나라가 천하를 염두에 두고 있거늘, 대왕께서 친어머니를 유폐시켰으니, 소문을 들은 제후들이 패륜적인 행위라고 진나라를 배신할까 두렵습니다."라고 하였다.

진왕이 곧 태후를 옹 땅에서 함양으로 맞아들여, 다시 감천궁(甘泉宮, 함양의 남궁)에서 살게 하였다. 그리고 문신후 여불위는 하남(河南, 섬서성 낙양시 동북)에 있는 봉지로 내쫓았다.

여불위(呂不韋)가
짐주를 마시고 자살하니

진왕 10년(B.C 237년), 상국 여불위가 노애의 반란에 연루되어 면직되었고, 진왕 12년(B.C 235년), 문신후 여불위가 죽자 비밀리에 매장되었다. 여불위가 진왕 영정의 생모 조희와 사통한 일과 노애(嫪毐)를 감쪽같이 환관으로 위장하여 끌어들인 점 등이 탄로가 날까 두려워 鴆酒(짐주, 이 술을 마시면 목숨을 잃는다고 하며 사약으로 많이 썼다고 함)를 마시고 자살하자, 그의 문객들이 비밀리에 낙양 북망산에 장사 지냈다.

이 소문을 들은 진왕이 진노하여, 여불위의 가신으로 장례식에 참가한 사람 중 진(晉)나라 사람은 국경으로 추방했고, 진(秦)나라 사람으로 봉록이 600섬(8등급의 작위를 가진 관리가 받던 봉록) 이상인 자는 관직을 삭탈하여 방릉(房陵, 촉 지역)에 강제로 이주시켰다. 봉록이 500섬(10등급의 관리가 받던 봉록) 이하로 장례식에 참가하지 않은 사람은 방릉으로 옮기게만 하고, 관직은 삭탈하지 않았다.

이때부터 국사를 처리할 때, 노애, 여불위처럼 정도(正道)를 따르지 않고 국사를 제멋대로 전횡하여 무도한 짓을 일삼는 자는 그 일가족의 재산을 몰수하고 부책에 편입시켜 관노로 삼는 것을 관례로 삼았다.

생모의 집안과 원한이 있던 사람들을
모두 생매장하다

조(趙)나라 도읍 한단은, 진왕이 태어나서 9세까지 살았던 고향이라고 하겠다. 진왕 19년(B.C 228년), 장군 왕전과 강외가 조나라 땅을 모두 평정하고, 동양에서 조나라 왕을 잡았다. 이어 군사를 이끌고 연나라를 공격하였다. 그러자 진왕이 친히 한단으로 가서, 일찍이 자신이 조나라에서 태어나 자랄 당시에 생모의 집안과 원한이 있던 사람들을 모두 파묻어 죽였다.

연(燕)나라 태자 단이, 진왕에게 원한을 품고 형가를 시켜 암살을 시도하다

연나라 태자 단(丹)이 일찍이 조나라 수도 한단에 인질로 와 있었다. 진나라 왕 영정은 조나라 한단에서 태어났는데, 어렸을 때 태자 단과 사이좋게 지냈다. 영정이 진나라 왕위에 오르자, 태자 단이 진나라에 인질로 갔다. 그러나 진왕 영정이 태자 단을 좋지 않게 대우해 주자, 태자 단이 원한을 품고 도망하여 돌아왔다.

진왕 20년(B.C 227년), 연나라 태자 단이 형가(荊軻)를 시켜, 진왕을 비수로 찔러 죽이려고 하였으나 실패하고 말았다. 이에 대한 보복으로 왕전과 신승이 연나라를 공격해 역수 서쪽에서 대파했다.

진왕 영정,
왕의 호칭을 황제라 부르도록 하다

　진왕은 스스로의 공적이 오제(五帝)를 뛰어넘고, 국토는 삼왕(三
王)보다 넓다고 여겨 이들과 비교되는 것을 부끄럽게 여겼다. 이에
호칭을 바꾸지 않으면 이루어 놓은 큰 성공에 어울릴 수 없으니,
제왕의 호칭에 대하여 논의하도록 하여, '황제(皇帝)'라 부르도록 하
고, 장양왕을 태상황으로 추존하고, 제칙을 명하였다. 그리고 시
호법을 없애고 스스로는, '시황제'라 하고, 후세는 수로 헤아려 이
세, 삼세라 하여 만세에 이르기까지 길이 전하도록 하였다.

상군(湘君)은
어떤 신(神)인가?

진시황 28년(B.C 219년), 시황이 동쪽으로 군현을 순무하던 중에 추역산(鄒嶧산, 지금의 산동성 추현 동남쪽), 양보산(梁父山, 태산 남쪽 작은 산)을 거쳐 발해(渤海)를 끼고 황현(黃縣, 지금의 산동성 황현), 추현(腄縣, 지금의 산동성 문등현 서쪽)을 지나 성산(城山), 지부산(之罘山, 지금의 산동성 복산현 동북쪽 바다가운데 위치)을 거쳐 낭야산(琅邪山, 지금의 산동성 교남현)에 올라서 매우 기뻐하며 3개월을 머물렀다. 이때 백성 삼만 호를 낭야산 아래로 이주시키고 그들에게 12년간 부세(賦稅)와 요역(徭役)을 면제시켜 주었다.

낭야대(琅邪臺)를 지어서 비석을 세우고 비문을 새겨서 진(秦)나라의 공덕을 노래하면서 자기의 의기양양한 심정을 나타내었다. 일을 마치자 제나라 사람 서불(徐市, 방사로서 낭야 사람) 등이 상서하여 말하기를, "바다 가운데 세 개의 신산이 있는데, 봉래산, 방장산, 영주산이라 하며 거기에는 신선들이 살고 있습니다. 청하건대 재계하고 나서 동남동녀(童男童女)를 데리고 신선을 찾아나서게 하옵소서"라고 하자, 서불로 하여금 동남동녀 수천 명을 선발하여 바다로 들어가서 신선을 찾도록 하였다.

진시황이 돌아오면서 팽성(彭城, 지금의 강소성 서주시)을 지날 때, 재계하고 사당에서 기도한 후, 사수(泗水, 산동성 사수현에서 발원함)에 빠진 주정(周鼎, 진 소양왕 때에 주나라에서 주정을 빼앗아서 함양으로 옮길 적에 한 정을 사수에 빠뜨렸다고 한다. 국가정권을 상징하는 국보)을 찾기 위하여 천여 명을 보내 물속에 들어가 정을 찾도록 하였으나 찾지 못했다.

그러자 서남쪽으로 회하를 건너 형산, 남군으로 갔다가, 장강의 물줄기를 타고 상산사(湘山祠)에 이르렀으나, 마침 큰 바람을 만나서 하마터면 강을 건너지 못할 뻔하였다. 시황이 박사들에게, "상군은 어떤 신인가?"하고 묻자, 박사들이 "요(堯) 임금의 여식으로서 순(舜) 임금의 아내가 되었는데, 죽어서 이곳에 묻혔다고 들었습니다."라고 대답하였다. 그러자 시황이 크게 노하여 복역 중인 죄수 삼천 명을 보내 상산(湘山)의 나무를 모두 베게 하여 그 산을 붉은 벌거숭이로 만들었다(이처럼 요임금과 순임금도 무시함).

진 왕조를 멸망시키는 것은 '호(胡)'이리라

시황 32년(B.C 215년), 시황이 갈석산(碣石山, 지금의 하북성 창려현 북쪽)에 가서 연나라 사람 노생(盧生)을 시켜서 전설적인 두 선인(仙人) 선문과 고서를 찾도록 했다. 갈석산의 산문에 비문을 새겼다. 그리고 한종, 후공, 석생을 시켜 신선들의 장생 불사약을 구하도록 하였다.

연나라 사람 노생이 바다에 들어갔다가 돌아와서 귀신에 관한 일로 인하여 참위(讖緯)의 글월을 상주하였다. 거기에는 "진을 망하게 할 자는 '호(胡)'이다."라고 쓰여 있었다. 이에 시황은 장군 몽염(蒙恬)으로 하여금 군사 삼십만 명을 동원하여 북방의 호인(胡人)을 공격하게 하여 하남지역을 점령하였다(진시황은 '호'를 흉노로 보고 이를 흉노 공격에 대한 구실로 이용했다. 후대 사람들은 진나라가 이세 호해(胡亥) 때 사실상 망했다고 보고 '호'를 '호해'로 풀기도 한다).

승상 이사의 건의로 분
서(焚書) 단행

　시황 34년(B.C 213년), 승상 이사가, "황제께서 천하를 통일하시고 옳고 그름을 가리는 큰 법도를 하나로 제정하였음에도, 유생들은 사사로이 학문을 전수하며 새로운 법제와 교화를 반대하고, 새 법령이 나오면 자신이 익힌 학문을 들어 따집니다. 이런 이들이 조정에 들어오면 마음속으로 반감을 품고 조정 밖으로 나가서는 거리에서 왈가왈부 떠들어 대고 있으며, 또 명성을 얻기 위해 군주 앞에서 터무니없는 말을 늘어놓으며 남달리 기발한 주장을 내세우려고 하고, 비난을 늘어놓으며 뭇 사람들을 오도하고 있습니다.

　이러한 것을 금지시키지 아니하면 위로는 군주의 권위가 땅에 떨어지고 아래로는 붕당이 형성될 것입니다. 사관(史官)을 시켜 진나라에 대한 기록이 아닌 것은 모조리 불태워 버리기 바랍니다. 또 박사관이 아니면서 감히 『시』·『서』 및 제자백가의 저서를 소장하고 있으면, 모두 지방관에게 바쳐 이를 일괄적으로 모아 불태우도록 하시기 바랍니다. 감히 『시』·『서』를 들먹이면서 현실을 비

422

난하는 자는 그 일가족 모두를 몰살시키기 바랍니다. 만일 관리가 이를 알고도 검거하지 아니하면 똑같은 죄로 처벌하시기 바랍니다.

명령이 내려진 지 30일이 지나도록 서적을 태우지 않는 자는 경형(黥刑)을 가한 다음 장성 쌓는 곳으로 보내소서, 다만 불태우지 아니할 서적은 의약과 점복(占卜)에 관한 책 및 농업에 관한 책입니다."라고 건의를 하니,

시황이 이사의 건의를 승인하여 그렇게 시행하도록 하였다(焚書).

이처럼 시황은 선왕의 도를 폐기하고 제자백가가 남긴 책들을 불살라 백성들을 어리석게 만들고, 백성들의 힘을 약화시켰다.

만리장성(萬里長城) 등
대규모 토목, 건축사업 등

   도로를 수축하여 구원(九原, 지금의 내몽고 자치구 포두시 서쪽)을 지나서 운양(雲陽, 지금의 섬서성 순화현 서북)까지 산을 깎고 골짜기를 메워서 곧바로 통하게 했다(직도(直道).

   이때 진시황이, 함양에는 사람이 많지만, 선왕의 궁전이 너무 작다고 여기며, 위수의 남쪽 상림원(上林苑)에 궁전을 짓도록 하였다. 먼저 아방(阿房)에 전전(前殿)을 건축했는데, 동서의 넓이가 오백 보이며, 남북의 길이가 오십 장으로, 위쪽에는 만 명이 앉을 수 있으며, 아래쪽에는 오 장(丈, 한 장의 길이는 3미터 정도됨)의 깃발을 꽂을 수 있었다. 사방으로 구름다리를 만들어 궁전 아래부터 남산에 이르기까지 통하게 했으며, 남산 봉우리에 궐루를 세워서 표지로 삼았다. 또 구름다리를 수축하여 아방에서 위수를 건너서 함양에 이르게 함으로써, 북극성, 각도성(閣道星, 북두칠성 중의 한 별 이름)이 은하수를 건너서 영실성(營室星, 별 이름으로 28수(宿) 중의 하나)까지 이르는 모양을 상징했다.

   아방궁이 완성되지 않았으나, 완성되면 좋은 이름으로 명명하려고 하였다. 결국 아방에 궁전을 지었기 때문에 천하 사람들이 그것을 아방궁이라고 불렀다.

궁형(宮刑), 도형(徒刑 : 징역형)을 받은 칠십만여 명을 나누어 아방궁을 짓게 하거나 여산릉(驪山陵)을 조성하게 하였다. 북산에서 석재를 캐내고, 촉(蜀), 형(荊) 지역에서 목재를 운반하여 모두 이곳에까지 이르게 했다.

관중(關中, 함곡관 서쪽, 섬서성과 감숙성 사천성 일부)에 궁전 삼백 채를 지었으며, 함곡관 동쪽에는 사백여 채의 궁전을 지었다.

진시황 32년(B.C 215년), 몽염 장군으로 하여금, 삼십만 명의 대군을 동원하여 북방의 호(흉노)를 치게 한 뒤, 유중(楡中, 섬서성 동북부 내몽고 동승지구)에서 황하를 따라 음산(陰山, 내몽고 중부)까지 14개 현을 벽돌 등으로 잇게 함으로써, 그 위용을 드러냈다. 이 장성은 임조(臨洮, 지금의 감숙성 민현)에서 무려 일만여 리에 이르는 흉노에 대한 방어선이었다(만리장성).

진시황, 스스로
'진인(眞人)'이라고 하다

　진시황 35년(B.C 212년), 방사 노생이 시황에게 진언하기를, "신들이 영지, 선약, 신선을 찾아다녔으나 매번 만나지 못했는데, 아마도 무언가가 이를 방해하고 있기 때문인 듯합니다. 저의 소견으로는, 황제께옵서 신분을 숨기고 비밀리에 다니시어 악귀를 피하셔야 한다는 것입니다. 악귀를 멀리해야만 비로소 진인(眞人, 도가에서 도를 얻은 사람이나 신선이 된 자를 일컫는 말)이 나타날 것입니다. 지금 황제께서 온 천하를 다스리고 계시지만 아무런 근심 걱정 없이 청정하고 담담한 생활을 누리고 계시지는 못합니다. 황제께서 거처하는 궁궐을 다른 사람들이 알지 못하게 하신다면 아마 불사의 약을 구하실 수 있을 것입니다."라고 하자,

　시황이 말했다. "朕(짐)이 평소에 '진인(眞人)'을 흠모했으니 이제부터 스스로를 '진인'이라고 부를 것이며 짐이라고 부르지 않겠노라."고 말했다. 그리고 명을 내려 함양 부근 이백 리 안의 궁관(宮關, 제왕이 휴식하거나 유락을 즐기는 별궁) 207곳을 구름다리와 용도(甬道)로 서로 연결시키고 휘장, 종고(鍾鼓), 미인들로 그곳을 채웠으며,

모두 등록된 장소에서 옮기지 못하도록 하였다. 또한 황제가 순시하거나 거처하는 곳을 감히 누설하는 자는 사형에 처하도록 하였다.

진시황, 자기의 말을 누설(漏泄)하였다고 주변 사람 모두를 죽이다

위와 같은 해 어느 날, 시황이 양산궁(梁山宮, 지금의 섬서성 건현 동쪽)에 행차했는데, 승상 이사의 행차에 거마가 지나치게 많은 것을 산 위에서 내려다보고 불쾌하게 여겼다. 궁중의 어떤 사람이 이를 승상에게 말하여 주어 승상이 그 후에 거마의 숫자를 줄였다. 이에 자기의 말을 누설한 것을 안 시황이 진노했다. "이는 궁 안에 있는 자가 나의 말을 누설한 것이다."라고 하며, 하나씩 심문해 보았지만 아무도 자복하는 자가 없었다. 이에 시황은 그 당시 자신의 주변에 있었던 사람들을 모두 체포하여 죽여 버렸다. 이후로는 황제가 행차한 곳을 아는 자가 없었다. 시황이 정무를 보고받고 결정한 정책을 군신들이 접수하는 곳은 언제나 함양궁이었다.

유생(儒生) 사백육십여 명을
생매장하다(坑儒)

　방술사 후생(侯生)이 노생과 함께 모의하여, 시황의 사람됨은 천성이 고집이 세고 사나워 남의 말을 듣지 않고 자기 마음대로 하며, 제후 출신으로서 천하를 통일하여 마음먹은 대로 일을 행하고, 옛날부터 지금까지 자기보다 나은 자가 없다고 여기면서, 권세만을 탐한다고 하며 그를 위해서 선약을 구해 주어서는 안 될 것이라고 하며 도망쳐 버렸다. 시황이 후생과 노생이 도망쳤다는 소식을 듣고 크게 노하여 이렇게 말했다.

　"내가 전에 천하의 쓸모없는 책들을 거두어 모두 불태우게 하고, 문학에 종사하는 선비들과 방술사들을 불러 모아 태평성세를 일으키고자 하고 방사들로 하여금 각지를 찾아다니며 선약을 구하게 하였거늘, 지금 들으니 한중(韓衆)이 한 번 가더니 소식이 없다고 하고, 서불 등은 막대한 금액을 낭비하고서도 결국 선약을 구하지 못한 채 불법으로 이익을 챙기며 서로 고발하고 있다는 소식만을 매일 듣고 있다. 내가 노생 등을 존중하여 그들에게 많은 것을 하사했으나 나를 비방하면서, 나의 부덕을 가중시키고 있으며, 내가 사람을 시켜서 함양에 있는 이런 자들을 조사해 보니 어떤 자는 요망스런 말로서 백성들을 혼란시키고 있었다."

이에 어사를 파견하여 이런 자들을 조사하자 그들은 서로가 서로를 고발하니, 시황 자신이 직접 사백육십여 명의 범법자들을 가려서 사형죄로 판결하여 모두 함양에 생매장하고, 이 사실을 온 천하에 알려 다시는 이런 일이 없도록 경고하였다(갱유, **坑儒**). 분서 갱유로 대변되는 진시황의 사상·언론 탄압은 그 후 유학자들에 의해 지나치게 과장된 면도 있지만, 이것이 통일제국 진나라를 경색된 방향으로 이끌었다는 사실은 부정할 수 없다.

화성(火星)이 심수(心宿, 여기서는 수로 읽음)를 침범하다

　　진시황 36년(B.C 211년), 화성이 심수(이십팔 수의 별을 가리킴)의 세 별을 침범하였다. 또 유성이 동군의 상공에서 떨어졌는데 지상에 떨어지자마자 돌이 되었다. 어떤 백성이 그 돌에 '시황제가 세상을 떠나고, 진 왕조는 분열될 것이다.'라고 새겼다. 이 소식을 듣고 시황이 어사를 파견하여 한 사람씩 차례로 심문해 보았지만 아무도 죄를 인정하는 자가 없었다. 그러자 그 돌 근처에 살고 있는 백성들을 모조리 잡아들여 죽이고 그 운석을 불에 녹여 버렸다. 이 일로 말미암아 심기가 불편해진 시황은 박사를 시켜 〈仙眞人詩(선진인시)〉를 짓게 하고, 천하를 순수할 때마다 악사에게 명하여 그것을 연주하고 노래하도록 하였다.

옥벽(玉璧) 이야기

진시황 36년(B.C 211년), 그해 가을에 사자가 관동으로부터 밤중에 화음(華陰, 지금의 섬서성 화음현), 평서(平舒, 화음현 서북쪽 위수가에 위치) 길을 지나는데, 어떤 사람이 옥벽(玉璧)을 쥐고 사자를 막으며 말하기를 "이 옥벽을 나를 대신하여 호지군(滈池君, 수신(水神)의 이름으로 여기서는 수덕을 내세운 진시황을 가리킨다)에게 전해 주시오."라고 하였다.

그리고 이어 말했다. "금년에 조룡(祖龍, 진시황을 가리킨다)이 죽을 것이오."하여, 사자가 그 연유를 물으려 하자 그 사람은 옥벽만을 남긴 채 온데간데없이 사라져 버렸다.

사자가 그 옥벽을 받들고 시황에게 그 일을 상세하게 보고하자, 시황은 오랫동안 침묵을 지키다 입을 열었다. "산의 귀신(山鬼)은 다만 1년 앞의 일을 알 뿐이다."라고 말하고, 또 퇴조하여 말하기를 "조룡이라는 것은 인간의 선조일 뿐이다."라고 했다.

한편 어부(御府)에 명하여 그 옥벽을 조사해 보니, 시황 28년에 순무할 때 장강을 건너다 강물 속에 빠뜨린 바로 그 옥벽이었다.

이에 시황이 점을 치게 한 결과 이사해야만 길하다는 점괘가 나왔다. 그리하여 북하(北河, 지금의 내몽고 하투지구로 당시에는 황하의 주류였음)와 유중(楡中)지구로 3만 가구를 이주시키고 매 가구마다 작위 1등급씩을 하사하였다.

다음 해인 시황 37년(B.C 210년), 시황이 7월 병인일에 사구 평대(沙丘 平臺, 지금의 하북성 광종현 서북)에서 갑자기 병이 나서 죽었다.

진시황, 불사약을 구하고 신선을 찾는다고
여러 차례 천하를 순시하다

진시황은 천하를 통일한 후, 여러 차례, 즉 1차 시황 27년(B.C 220년), 2차 시황 28년(B.C 219년), 3차 시황 29년(B.C 218년), 4차 시황 32년(B.C 215년), 마지막 5차 시황 37년(B.C 210년)에 각 순행을 하였는데, 가는 곳마다 각석비를 세워 자신의 공적을 과시하였으며, 또 자신이 시행한 각종 통일정책을 점검하고, 아울러 봉선(封禪)과 여러 산천에 제사를 지냈다.

그리고 방사들의 부추김으로 끝없이 불사약을 구하고 신선을 찾았으나, 아무런 소득도 얻지 못했다. 결국 동쪽으로 순행을 나갔다가 평원진(平原津, 산동성 평원현 서남)에 이르러서 병이 나서, 7월 병인일에 사구 평대에서 죽고 말았다.

오십 세가 되어 서거하기까지, 태자 책봉(冊封)도 하지 않았으니

진시황에게는 이십여 명의 아들이 있었다. 맏아들은 부소(扶蘇)이고 막내 아들은 호해(胡亥)다. 장자 부소는 결단력이 있으며, 용맹스러운 데다, 성실하게 사람들을 대하고, 용사들을 떨쳐 일어나게 하는 데 능하였다. 평소 부소는 시황에게 여러 차례 직간을 하였다.

시황 35년(B.C 212년), 방사 후생과 노생이 시황을 비난하고 조롱하며 도망쳐 버렸다. 이 소식을 듣고 시황이 크게 노하여, 어사에게 명하여, 함양에 있으면서 요망한 말로써 백성들을 혼란시키는 자들을 조사하자, 그들이 서로가 서로를 고발하니, 진시황이 친히 법령으로 금지한 것을 범한 자 사백육십여 명을 사형죄로 판결하여, 모두 함양에 생매장하고, 천하에 그것을 알려서 후세 사람들을 경계시켰다(坑儒).

이러자 장자 부소가 간언하여 말하기를, "이제 막 천하가 평정되었으나 먼 지방의 백성들은 아직 안정되지 않았으며, 유생들은 모두 『시』·『서』를 암송하며 공자를 본받고 있는데, 지금 황제께서

법을 엄하게 하여 그들을 얽어매시니, 소자는 천하가 불안해질까 두렵습니다. 황제께서는 이런 사실을 살펴 주소서."라고 하자.

시황이 크게 노하여 부소를 북쪽 상군의 군사감독관으로 쫓아 보내면서 몽염을 장군으로 임명하였다. 시황은 평소 스스로 자기의 공적이 오제를 뛰어넘고, 땅은 삼왕보다 넓다고 여겨 이들과 함께 비교되는 것을 부끄럽게 여겼을 정도로 오만하였다.

시황은 천성이 고집이 세고 사나워 자기 멋대로라 남의 말을 듣지 않았으며, 자기 마음대로 일을 하며 자기만 옳다고 여겨 남에게 묻지 않았고, 잘못을 하고도 고칠 줄 몰랐다.

당시 세상에 생각이 깊고 시세의 변화를 예견하는 사람이 없었던 것이 아니다. 그럼에도 용감하게 충심을 다하여 왕의 잘못을 바로잡지 못한 것은 충성스러운 말이 입에서 나오기도 전에 몸이 죽고 말았기 때문이다. 그래서 천하의 인재들은 귀를 쫑긋 세운 채 듣기만 하고, 두 다리를 하나로 포개어 선 채 입을 꾹 다물고 아무 말도 할 수 없었다.

이 때문에 충신은 감히 바른말을 못 하였고, 지혜로운 인재는 감히 계책을 내지 못하였다. 박사가 칠십여 명이지만 숫자만을 충족시켰을 뿐, 중용하지 않았으며, 승상과 대신들은 모두 이미 결정된 일들을 명령받으니, 시황에 의해서 모든 일이 처리되고 있었다.

그러면서 시황은 천하를 순수하면서 불로장생의 불사약을 구하고, 신선을 찾아다녔으니, 진시황이 오십 세가 되어 죽도록 승상이나 대신들이 감히 태자 책봉에 대하여 건의할 엄두조차 없었던 것이다.

436

그러다가 시황이 외지에서 갑자기 서거한 데다, 태자도 정식으로 책봉이 되어 있지 않았으므로, 시황의 서거를 비밀에 부치게 되니, 환관 조고(趙高)와 같은 간신의 농간으로 승상 이사와 공자 호해가 음모에 가담하여, 시황의 조서를 승상 이사가 받은 것으로 꾸며, 공자 호해를 태자로 세우고, 장자 부소에게 내리는 조서를 날조하여, 장자 부소가 스스로 목숨을 끊도록 하였다. 이것이 진 나라가 보다 빠르게 멸망하게 된 원인이라고 하겠다.

  만약 훌륭한 장자 부소가 태자로 책봉이 되어 있었거나, 시황의 서거를 비밀에 부치지 않고, 여러 신하들에게 알렸더라면, 공자 호해, 승상 이사와 조고의 음모는 불가능했으므로, 진나라가 그렇게 허망하게 빨리 멸망하지는 않았을 것이다.

23

진시황의 관상과
성격, 인물평

...

태사공 사마천은, 「진시황본기」에서 진나라의 천하 통일과 진시황의 업적에 관해 객관적 입장을 유지하며 서술하고 있다. 사마천은 자신의 문장으로는 진시황 개인의 성격을 논평하지 않았다. 「진시황본기」에 언급된 진시황의 모습(觀相)과 성격은 대량(大梁) 사람 尉繚(위료)와 방사였던 侯生(후생)과 盧生(노생)의 일방적 평이 전부다. 진나라의 단명을 그만큼 안타까워했다는 뜻일 수도 있다. 대신 사마천은 진나라가 멸망하게 된 원인을 심도 있게 분석한 賈誼(가의)의 「過秦論」 전문을 인용하는 것으로 자신의 견해를 간접적으로 표출하는 방법을 선택했다.

진시황의 관상

秦王(진왕) 10년(B.C. 237년), 상국 呂不韋(여불위)가 嫪毐(노애)의 반란에 연루되어 면직되고, 진왕이 친정을 하게 되었는데, 大梁(대량, 당시 위나라의 수도, 지금의 하남성 개봉시) 사람 위료(尉繚)가 찾아와서 진왕에게 다음과 같이 유세하였다.

"진나라의 강대함에 비하면 제후들은 군현의 우두머리에 지나지 않습니다만, 제후들이 연합하여 군사들을 모아서 갑자기 공격해 오지 않을까 걱정이 됩니다. 이것이 바로 智伯(지백, B.C ? - B.C 453년, 晉나라의 유력가로 한. 조. 위 삼가로부터 역공을 당해 죽었다), 夫差(부차, B.C ? - B.C 478년, 오나라의 군주), 湣王(민왕, B.C ? - B.C 284년, 제나라의 군주)이 망한 까닭입니다. 원하옵건대, 대왕께서는 재물을 아끼지 마시고 각국의 힘 있는 대신들에게 주어, 이로써 그들의 계획을 흩어 놓으소서, 불과 30만 금만 들이시면 제후들을 모두 소탕할 수 있을 것입니다."라고 하였다.

진왕이 그의 계책을 따랐다. 그리고 위료와 회견할 때는 평등한 예절로 예우하여 음식과 의복을 동등하게 그와 같게 하였다. 그렇지만 위료는 진왕의 관상을 보고 마음속으로 달리 생각하였다.

"진왕이라는 사람은 콧등이 높고 눈이 길며, 매의 가슴에다 목소리는 승냥이처럼 날카롭다. 호랑이와 이리와 같은 마음을 가지고 있는지라 어질지 못하고, 궁할 때는 쉽사리 예의와 겸손을 갖추어 대하지만, 일단 뜻을 이루면 눈 하나 까딱하지 않고 사람을 잡아먹을 사람이다. 나는 한낱 평범한 백성에 지나지 않는데도 그는 나를 만날 때마다 지나치게 자신을 낮추어 굽신거리고 있다. 만일 진왕이 그의 소망대로 뜻을 이루어 천하를 장악하게 된다면 천하 사람들은 모두 그의 노예로 전락하고 말 것이다. 그는 오래 사귈 만한 위인이 아니다."하며, 이내 도망치려고 하였다.

진왕이 이를 알아차리고 한사코 붙잡으면서 그를 國尉(국위, 진나라의 최고 군사장관)로 임명하여, 끝까지 그의 계책을 따랐으며, 승상 이사가 그것을 실행에 옮겼다.

진시황의
性格(성격)

진시황 32년(B.C 215년이니 천하 통일 후임), 진시황이 碣石山(갈석산, 지금의 하북성 창려현 북쪽)에 가서 연나라 사람 방사 盧生(노생)을 파견하여 羨門(선문)과 高誓(고서, 전설 속의 두 선인의 이름)라는 신선을 찾아보도록 하였다. 시황이 북부 변방을 시찰하고 상군을 거쳐 도읍 함양으로 돌아왔다.

노생이 바다에 나갔다가 돌아와 귀신을 섬기는 일에 대하여 시황에게 보고하고, 아울러 讖緯(참위, 진한 시대에 미래의 일을 예언한 글)의 글을 상주하였다. 거기에 "진 왕조를 멸망시키는 것은 胡(호)이다."라고 쓰여 있었다. 그래서 시황은 장군 蒙恬(몽염)으로 하여금 군사 삼십만 명을 거느리고 북방 호인들을 공격케 하여 하남 땅을 점령하였다(진을 멸망케 한 사람은 2세 胡亥(호해)인데, 진시황은 胡人이라고 여겼다).

진시황 35년(B.C 212년), 노생이 진시황에게 진언하였다.

"신 등이 靈芝(영지), 선약, 신선을 찾아 나섰으나 늘 찾을 수 없었던 것은 아마도 무언가가 방해하고 있기 때문인 듯합니다. 한

가지 좋은 방법은 황제께옵서 신분을 숨기고 비밀리에 다니시어 악귀를 피하는 것입니다. 악귀를 멀리 해야만 비로소 眞人(진인, 도가에서 진리를 닦아 도를 얻은 사람이나 신선이 된 자를 일컬음)이 나타날 것입니다. 소위 진인이란 물속에 들어가도 젖지 않고 불속에 들어가도 타지 않으며, 구름과 안개를 타고 하늘을 날며, 천지와 더불어 장구한 삶을 누리는 존재입니다. 지금 황상께서는 온 천하를 다스리고 계시지만, 아무런 근심 걱정 없이 청정하고 담담한 생활을 누리고 계시지는 못합니다. 원하옵건대, 황제께서 거처하는 궁궐을 다른 사람들이 알지 못하게 하신다면 아마 불사약을 얻으실 수 있을 것입니다."라고 말하니,

진시황이, "짐이 평소 진인을 흠모했으니 이제부터 스스로를 진인이라고 부를 것이며, 짐이라고 부르지 않겠노라."고 말했다. 이에 명을 내려 함양 부근 200리 안의 宮關(궁관, 제왕이 휴식하거나 遊樂(유락)을 즐기는 離宮(이궁) 혹은 별궁) 207곳을 구름다리(天橋)와 甬道(용도)로 서로 연결시키고, 각종 깃발과 휘장, 鐘鼓(종고), 미인들로 그곳을 채웠으며, 모두 등록된 각자의 거처와 자리에서 다른 곳으로 옮기지 못하도록 하였다. 또한 황제가 순시하거나 거처하는 곳을 감히 누설하는 자는 사형에 처하도록 명하였다. 황제가 정사를 처리하고 군신들이 결정된 정책을 접수하는 곳은 언제나 함양궁이었다.

후생이라는 자가 노생과 일을 꾸미며 말하였다(이하 진시황의 성격을 잘 밝히고 있음).

"시황은 천성이 포악하고 고집스레 자기 주장만 내세우는 사람이다. 일개 제후 출신으로서 천하를 통일한 이후부터 득의양양하

여 마음 내키는 대로 하며, 옛날부터 지금까지 자기를 따를만한 자는 아무도 없다고 자부하고 있다. 그는 오로지 옥리만을 신임하여 그들을 가까이하고 총애한다. 박사가 70명이나 되지만 머릿수만 채우고 있을 뿐, 두려워 아첨만 할 뿐, 마치 금기라도 되는 듯이 황제의 과오를 감히 직언하지 못한다. 천하의 모든 일은 크고 작은 것을 막론하고 황제 자신이 직접 재가하고, 심지어 공문서의 무게를 저울로 달아 처리할 문서의 양을 정해 놓고 그것을 다 처리하지 못하면 매일 밤낮으로 쉬지도 않으니, 그가 이 정도로 권세에 연연하니 우리가 그를 위해서 선약을 구해주어서는 안 될 것이오." 그리하여 그들은 이내 도망쳐 버렸다.

　시황이 그들이 도망했다는 소식을 듣고 크게 노하여 이렇게 말하였다. "내가 예전에 천하의 쓸모없는 서적을 거두어들여 모두 불살라 버렸다(焚書). 그렇지만 문학에 뛰어난 학자들과 방술사들을 불러들여 관직에 임용한 것은 천하를 태평케 하고 방사로 하여금 전국 각처를 돌아다니며 선약을 찾아오도록 하기 위해서였다. 그런데 韓衆(한중)이 한 번 가더니 소식이 없다고 하고, 徐巿(서불) 등은 막대한 비용만 쓰며 끝내 선약을 찾아오지 못하면서 부정한 이득만 챙기며 서로 고발하고 있다는 소식만 매일 듣고 있다. 나는 노생 등을 후하게 대접하였는데, 그들은 나를 비방하며 내가 부덕하다고 지껄이고 있다. 사람을 보내 함양에 있는 이런 자들을 조사해보니, 요망한 말로써 백성들을 혼란시키고 있었다."고 하고는, 어사를 파견하여 그들을 심문하도록 하였다. 그러자 그들이 서로 고발하니 시황 자신이 직접 460여 명의 범법자들을 골라내서 모조리 함양에 생매장하여 죽이고(坑儒), 이 사실을 온 천하에 알려 다시는 이러한 일이 없도록 경고하였다. 그리고 더 많은 사람들을 변방으로 귀양을 보내 그곳을 지키도록 하였다.

진시황에 대한
인물평(人物評)

    태사공 사마천이 말하기를, "진의 선조 伯翳(백예, 고대 嬴姓族(영성족)의 조상으로 목축과 수렵에 뛰어남)는 일찍이 요·순 때 공을 세워 봉지와 성을 하사받았는데, 이후 하나라와 은(상)나라 때에 이르러 점차 쇠퇴해 이리저리 흩어졌다. 그러다가 주나라가 쇠퇴할 무렵, 진은 흥기하여 서쪽 변경에 도읍을 정하였다. 穆公(목공, 9대, 재위 B.C. 659년-B.C 621년) 이래 점점 제후들을 倂呑(병탄)하여, 마침내 천하를 통일하여 시황이 되었다. 시황이 스스로 자신의 공적이 五帝(오제)를 뛰어넘고 국토는 삼왕(三王)의 시대보다 넓다고 여겨 이들과 비교되는 것을 부끄럽게 여겼다."고 하며, 한나라 제5대 孝文帝(효문제, 재위 B.C. 180년-B.C 157년) 시기의 학자이자 정론가인 賈生(가생, 이름이 賈誼, B.C 200년 - B.C 168년, 효문제의 총애를 받음)의 논평이 훌륭하다고 하면서, 그의 『過秦論』을 전문 인용하는 방식으로 하는 것으로 논평을 대신하였는데, 가생이 진나라의 흥망에 대하여 얼마나 깊고 예리하게 평하였는지 아래에 그것을 요약하여 보기로 한다.

賈生의 논평 : 진시황은 자만하여 남의 의견을 묻지 않았으며 잘 못을 저질러도 끝까지 고치지 않았으며, 포악무도(暴惡無道)하게 굴어 재앙을 가중시켰다. 이세황제 호해(二世皇帝 胡亥)도 이를 그대로 이어받아 고치지 않았으며, 子嬰(자영)은 가까운 피붙이가 없이 외로웠고, 힘없고 위험한 처지에서도 보필하는 자가 없었다. 세 군주가 모두 정신을 차리지 못하고 끝내 깨닫지 못하였으니 진 왕조가 멸망하는 것도 당연한 것이 아닌가?

그 당시 세상에는 사려 깊고 임기응변에 능란한 인사가 없었던 것은 아니었다. 그러나 충성을 다하여 과오를 막아내지 못한 것은 진 왕조에 서슬 시퍼런 금지령이 많아 충언이 입을 떠나기도 전에 살육당하기 일쑤였기 때문이다. 그래서 각계 인사들은 귀를 기울여 듣기만 하고, 두려워 벌벌 떨며 입을 굳게 다물었다. 이 때문에 세 군주들이 정도를 잃어도 충신은 감히 간언하지 못하였고 智士(지사)는 감히 계책을 제안하지 못하였으니 전국에 큰 변란이 일어난 후에도 황제가 들을 수 없었으니, 이 어찌 슬픈 일이 아니리오!

천하의 만백성을 노예 부리듯 형벌로써 다스리니 그 위세가 온 천하에 진동하였다.

선왕의 법도를 폐기하고 제자백가의 서적을 불살라 백성들을 우매하게 만들고 말았다. 이름난 성들을 허물고 호걸들을 죽였으며, 천하의 무기를 모두 함양으로 거두어들인 다음 창끝과 살촉을 불에 녹여 鐘鐻(종거)와 銅人像(동인상) 열두 개를 주조함으로써 백성들의 힘을 약화시켰다.

진시황은 탐욕스럽고 鄙陋(비루)한 마음을 품어 자신의 독단적인

智謀(지모)만을 믿고 공신들을 신임하지 않았고, 사민을 멀리하였으며, 어진 정치를 펴는 왕도를 폐기하고 권위만을 내세워『詩』⊠『書』와 고적을 금지시키고 잔혹한 형법을 집행하였으며, 속임수와 권력만을 앞세우고 仁義와 道德을 뒷전에 방치한 채 포악함을 천하를 다스리는 선결 요건으로 삼았다.

'언로가 막히면 나라가 상한다.'는 것을 모르고, '과거를 거울삼지' 못하고, '천하를 쟁취하는 것과 지키는 방법이 다르다.'는 것도 모르고, '일의 처음과 끝의 변화를 보고 존망의 낌새를 살필 줄' 몰랐기에, 고립무원의 궁지에 빠져 천하를 영유하였기 때문에, '멸망하기를 서서 기다릴 수 있을 정도로 빨리 찾아왔다.'고 총평했다.

班固(반고)의 論評 : 孝明皇帝(효명황제, 동한의 明帝(명제) 劉莊(유장)을 가리킴, 재위 A.D. 58년-A.D. 75년) 17년(A.D. 74년에 해당) 10월 15일 을축일, 명제가 진 왕조의 세 황제에 대하여 사마천과 賈誼(가의)가 논평한 것에 대한 옳고 그름을 班固(반고, A.D. 32년-A.D. 92년)에게 묻자, 반고가 명제에게 그 답변을 상서하였다『秦紀論』. 이하 이를 간략히 요약하면,

시황 영정(嬴政)은 잔인하고 포악한 통치를 하였습니다. 그러나 열 세 살 난 제후의 몸으로 천하를 통일하여 하고 싶은 대로 다하고 마음껏 누렸으며 종친들을 길렀습니다. 삼십칠 년 재위하는 동안 군대의 위력이 미치지 않은 곳이 없었으며, 정령을 만들어 후세의 제왕에게 이를 물려주었습니다. 세간에서는 진시황이 죄악을 저질렀고 이세 호해에 이르러 그 절정에 다다랐다고 전해지고 있는데 그것은 타당한 말인 듯싶습니다.

진시황 사후 2,200여 년 넘게 중국사에 짙은 명암을 드리운 千
古一帝(천고일제) 진시황은 숱한 화제와 논쟁을 낳았다. 대체로 유
가 학자들은 최악의 폭군이란 악평이 주를 이루었지만, 간혹 진시
황의 추진력과 독재를 찬양하는 논평도 없지 않았다. 최근에는 진
시황에 대한 일방적인 악평과 편견에서 벗어나 시대의 흐름 속에
서 그의 공과를 균형 있게 평가하려는 움직임도 상당하게 보인다.

24

秦始皇(진시황)의
貪(탐)·瞋(진)·癡(치) -
我見(아견), 我慢(아만),
我愛(아애), 我癡(아치)

진시황
천하를 통일하다

진왕 26년(B.C 221년), 제(齊)나라 왕 전건(田建)과 그의 상국 후승 (后勝)이 군사를 일으켜 서쪽 경계를 지키며 진(秦)나라와의 관계를 끊었다. 진왕은 장군 왕분(王賁)에게 연(燕)나라 남쪽에서 제나라를 공격하게 하여 제나라 왕 전건을 사로잡았다. 이로써 진나라는 불과 10여 년 사이에 6국을 모두 병합하여 천하통일을 이루었다.

6국 병합의 순서는, B.C 230년에 韓나라를, B.C 225년에 魏 나라를, B.C 223년에 楚나라를, B.C 222년 燕나라와 趙나라를, B.C 221년 齊나라를 각 병합하였다.

진나라
허망하게 멸망하다

 진시황은 통일을 기점으로 권력을 남용하고, 자신의 무덤이나 궁궐 같은 사사로운 욕심을 위해 나라 전체의 힘을 동원하고, 각박한 법에 의해서만 재단되는 법가의 통치만을 맹신하여, 정책을 적정하게 운용하지 못하고 다른 사상과 언론을 탄압하고 억압하는 우를 범했으니, 이것이 통일 후 불과 15년 만인, B.C 207년에 진나라가 멸망하는 요인으로 작용했다고 하겠다.

 이하에서는, 진시황을 아견, 아만, 아애, 아치라는 관점에서 본, 진시황의 심리상태와 그 심리가 변화해 가는 과정을 들어보기로 한다. 이것이 진나라가 멸망하는 과정이기도 하다.

진시황의 아견, 아집,
이기심, 망견(我見, 我執, 利己心, 妄見)

 진시황 때는 천하의 크고 작은 일이 모두 진시황에 의해 결정되었으며, 모든 일이 각박한 법에 의해서만 재단되었다.

 대량(大梁) 사람 국위(國尉, 군사장관) 요(繚)가 말하기를, "진왕은 승냥이 같은 목소리를 가지고 은혜를 잘 베풀 줄 모르고, 호랑이나 이리와 같은 마음이라, 자기가 궁할 때는 쉽게 다른 사람 밑으로 들어가지만, 일단 뜻을 얻으면 사람을 잡아먹는 것은 일도 아니다. 진실로 진왕이 천하를 얻고 나면 천하가 모두 그의 노예가 될 것이다."고 하였다.

 지난 일을 잊지 않는 것이 나중 일의 스승이 될 수 있고, 과거의 경험과 역사가 현재와 미래의 행동 방향에 귀감이 될 수 있는데도, 진시황은 「詩經」·「書經」 및 제자백가의 저작들을 모두 태우게 하였다(焚書, 분서).

 方士 후생(侯生)과 노생(盧生)이, "진시황은 사람됨이 천생이 고집세고 사나워 남의 말을 듣지 않고, 자기 마음대로 하며, 자기보다 나은 자가 없다고 하면서, 오로지 옥리(獄吏)만을 신임하여 그들을

가까이 하고 총애하며, 박사가 비록 70여 명이 있지만, 머릿수만 채우고 있을 뿐 그들을 중용하지 않았으며, 승상과 대신들은 모두 이미 결정한 명령을 받아들일 뿐이며, 황제에 의해서 모든 일이 처리되고 있으며, 황제가 가혹한 형벌과 살육으로써 자신의 위엄을 세우기를 좋아하니 천하가 두려워하며, 자신의 봉록만을 유지하려고 할 뿐이며, 감히 충성을 다하려고 하지 않으며, 황제는 자신의 허물을 듣지 않고 날마다 교만해졌으며, 아랫사람은 해를 입을까 두려워하여 속이고 기만하며, 황제의 비위를 맞추고 있으며, 뛰어난 선비들이 있었지만, 두려워하고 기피하여 감히 황제의 허물을 직언하지 못하고 있으며, 일이 크고 작은 것을 막론하고 모두 황제에 의해서 결정되고 있다."고 하였다. 또 황제가 부덕하다고 비방하고, 요망한 말로써 백성들을 미혹시켰다고 儒生과 方士(신선의 술법을 닦은 사람)들을 조사하여 460여 명을 모두 함양(咸陽, 지금의 섬서성 함양시)에 생매장하여 죽이고(坑儒, 갱유), 천하에 그것을 알려서 후세의 경계로 삼게 했다. 이와 같이 분서와 갱유로 일컬어지는 진시황의 사상, 언론 탄압이 통일제국을 매우 경색된 방향으로 이끌었다는 사실은 부정할 수 없다고 하겠다.

진시황이 천하를 모조리 평정하는 데에, 장군 왕전(王翦)이 많은 공을 세워, 그 명성이 후세에 널리 알려졌는데, 그도 진시황의 성품이 거칠고 의심이 많아 남을 믿지 않은 사람이라고 하였다. 진시황은 자기만 옳다고 여겨 남에게 묻지 않았고, 잘못을 하고도 고칠 줄 몰랐다. 당시 세상에 생각이 깊고 시세의 변화를 예견하는 사람이 없었던 것이 아니나, 그럼에도 용감하게 충심을 다하여

왕의 잘못을 바로 잡지 못한 것은 충성스러운 말이 입에서 나오기도 전에 몸이 죽고 말았기 때문이다.

천하의 인재들은 귀를 쫑긋 세운 채 듣기만 하고, 두 다리를 하나로 포개어 선 채 입을 꾹 다물고 아무 말도 할 수 없었다. 충신은 감히 바른 말을 하지 못하였고, 지혜로운 인재는 감히 계책을 내지 못하였다.

진시황이 어느 날 梁山宮(양산궁)을 행차하였는데, 승상 이사(李斯, 진시황 당시 승상이었다가 조고의 음모에 가담함)의 행차에 거마가 지나치게 많은 것을 산 위에서 내려다보고 불쾌하게 여겼다. 궁중의 어떤 사람이 이를 승상에게 말하여 주어 승상이 그 후에 거마의 숫자를 줄였다. 이에 자기의 말이 누설된 것을 안 시황이 진노했다. "이는 궁 안에 있는 자가 나의 말을 누설한 것이다."라고 하며 한 명씩 심문해 보았지만 아무도 자복하는 자가 없었다. 이에 시황이 그 당시 자신의 주변에 있었던 사람들을 모두 체포하여 죽여 버렸다. 이후로는 황제가 행차하는 곳을 아는 자가 없었다(극단적인 비밀주의).

이렇게 비밀주의에 익숙하니, 진시황이 외지에서 세상을 뜬 사실을 승상 이사는 비밀에 붙인 채 죽음을 알리지 않았으며, 오직 아들 호해(胡亥, 진시황의 막내아들, 이세황제로 즉위하여 나라를 망국으로 이끌었음)와 조고(趙高, 환관으로 진시황이 죽자 유조(遺詔)를 조작해 정변을 일으켜 호해를 이세황제로 즉위하도록 하여 진나라를 보다 빨리 망하게 한 간신임), 그리고 총애를 받던 환관 대여섯 명 정도만 진시황의 죽음을 알고 있었다. 이러니 천하가 이미 어지러워져, 나쁜 일들이 일어나도 위로 보고되지 않았으며, 상하의 언로가 막혀서 나라가 상하게 되는 것을, 진 나라는 강성해지면서 법을 복잡하게 만들고 형벌을 엄격하게 적용하여 천하를 떨게 하였으니, 나라가 약해지자 백성들은 원망하고 천하는 돌아섰다.

진시황의
아만, 교만, 오만(我慢, 驕慢, 傲慢)

| 진시황의 출생 비밀

위나라의 거상 여불위(呂不韋, 진시황의 아버지 자초를 후원해 왕으로 즉
위시키고 이어 친자식인 진시황까지 즉위시켜 큰 권력을 행사함)가 조나라의 도
읍 한단(邯鄲, 지금의 하북성 한단시)에서, 아름다운 여러 기녀들 가운
데 가무에 능한 여자를 골라서 함께 살고 있었는데, 그녀가 아이
를 가진 것을 알고 있었다.

당시 진나라에서 볼모로 조나라에 와 있던, 공자 자초(子楚, 시황
의 부친임)가 여불위를 만나 사귀면서, 어느 날 자초가 여불위를 따
라가 함께 술을 마시다가 그녀를 보고 한눈에 반해서, 일어나 여
불위에게 장수를 축원하면서, 그녀를 달라고 하였다. 여불위는 화
가 났지만, 자초를 위해 가산을 모두 바치기로 하였음을 떠올리고
(여불위가 자초를 진나라 태자의 양자로 세우려고 계책을 세우고 있었음), 마침내
그 여자를 바쳤다. 그녀는 자신이 임신한 것을 숨기고 있다가 만
삭이 되어 아들을 낳았다.

그때가, 진나라 제28대 소양왕 48년(B.C259년) 정월이다. 이름은 '정(政)', 성은 '조(趙)'(순임금이 영씨 성을 하사하여 원래 성이 '영(嬴)'이며, 주 목왕의 총애를 받은 그의 선조 조보가 조성에 거주하는 은혜를 입어, 조씨 성을 가 지게 되었는데, 일반적으로 시황 영정이라고 함), 어려서 한단에서 성장하 였으며, 그의 아버지 자초가 양자로 태자가 되자 진나라로 데려갔 다. 29대 효문왕이 즉위 석 달 만에 죽었다. 자초가 뒤를 이으니, 이 이가 30대 장양왕이다. 장양왕이 재위 3년 만에 죽자, 13세 때 정이 왕위를 이어 31대 진왕(秦王 : 천하통일 이전이니 진왕이라고 부름)이 되었다(B.C247년).

그가 즉위할 무렵 진나라는 이미 천하의 절반 이상을 차지하고 있었다. 파(巴, 지금의 사천성 동부 일대), 촉(蜀, 지금의 사천성 중부 일대), 한중(漢中, 지금의 섬서성 한중시 남정현)을 병합하고, 완(宛, 지금의 하남성 남양의 경계에 위치)을 넘어 영(穎, 당시 초나라의 도성, 지금의 호북성 형주시 강릉현 서북 기남성 지역) 땅을 점유하여 남군(南郡)을 설치하고 있었 다. 북으로는 상군(上郡, 지금의 섬서성 한중시 동쪽), 하동(河東, 지금의 산 서성 하현 서북쪽), 태원(太原, 지금의 산서성 태원시 서남쪽), 상당(上黨, 지금 의 산서성 장치시) 등의 군을 점령하였으며, 동으로는 형양(滎陽, 지금의 하남성 형양현 동쪽)에까지 이르러 이주(二周, 동주의 제후국인 서주국과 동 주국을 말함)를 멸하고 삼천군(三川郡, 지금의 낙양시 동북쪽)을 설치하고 있었다.

그래서 진시황이 통일한 B.C 221년에, 영토(강역)가 약 300만 평 방킬로미터로, 한반도 남북한을 합친 면적의 15배가량 되는 방대 한 제국이 되었다. 동쪽으로는 동해(황해) 바다와 조선에까지 이르렀고, 서쪽으로는 임조(臨洮, 지금의 감숙성 민현)와 강중(羌中, 지금의 청해성 동부)에까지 이르렀으며, 남쪽으로는 북향호(北嚮戶, 지금의 광동성 광주, 광서성 남녕 등지)까지 이르렀다. 북쪽으로는 황하를 근거지로 하여 요새를 쌓아 음산(陰山, 지금의 내몽고 중부)을 넘어 요동에까지 이르렀다.

진나라가 이렇게 통일을 실현할 수 있었던 주요 원인은, 천하가 끊임없는 전쟁(戰國時代)으로 고통을 받아 안영과 휴식을 바라는 백성들의 바람에 순응하고 또 역사의 조류에 크게 순응했기 때문에 불후의 업적을 이룩할 수 있었다고 하겠다.

'皇帝'라는
호칭을 사용하다

　진시황이 천하를 통일한 후, 고대에는 천황, 지황, 태황(泰皇 : 전설 속의 삼황)이 있었는데, 그중에서 태황이 가장 존귀했다. 그래서 '태'자를 없애 '皇'자를 취하고, 상고시대의 '帝'라는 호칭을 채택하여, '황제(皇帝)'라고 칭하고, 스스로를 칭할 때에는 '朕(짐)'이라고 하도록 하였으며, 진왕 스스로는 '시황제'라 칭하고, 후세는 이세, 삼세라 하여 만세에 이르기까지 길이 전하도록 하였다.

　그러면서 시황은 교만하고 오만해져서 스스로의 공적이 五帝(황제, 전욱, 제곡, 요, 순)를 뛰어넘고, 땅은 三王(하의 우왕, 은의 탕왕, 주의 문왕·무왕)보다 넓다고 여겨, 그들과 동등하게 비교되는 것을 수치로 여겼다. 또 진시황은 통일을 이룬 이듬해인 B.C 220년부터 지방을 순시하기 시작해서, 그로부터 B.C 210년 마지막 순시까지 총 다섯 차례 순시를 다녔다. 순시하는 곳마다 자신의 공적비를 세웠는데 이를 각석비(刻石碑)라 부른다(모두 일곱 개가 있음). 그리고 유생들과 상의해서 비석에 진나라의 공덕을 노래하는 내용을 새겼고, 아울러 봉선(封禪, 하늘에 제사 지냄)과 여러 산천에 제사를 지냈다. 또 방사들의 부추김으로 엄청난 비용을 들여 끝없이 신선과 불사약을 찾았으나 아무런 소득도 얻지 못했다.

진시황이 통일을 기점으로, 통일이라는 위업을 달성했다는 자만심으로 거대한 토목공사 즉, 아방궁 등 각종 궁궐, 진시황릉, 직도 등 도로망과 수로 등 거대한 토목공사를 벌려 나라 전체의 힘을 동원하니, 통일제국은 점점 구렁텅이로 빠져 들었다.

일개 제후(諸侯) 출신으로 시황이 천하를 합병하여 무엇이든 하고 싶은 대로 할 수 있게 되니, 교만해져서 자신을 뽐내며 자기만이 제일이라고 생각하고, 옛날이든 지금이든 자신을 따를 자가 없다고 여겼다.

진시황 때는 천하의 크고 작은 모든 일이 각박한 법에 의해서만 재단되었으니, 통일 후에도 진시황은 여전히 법가 통치를 맹신하여, 정책을 적절하게 운용하지 아니하고 오로지 법가에만 매달려, 형벌을 엄격하게 적용하여 다른 사상과 언론을 억압하는 우를 범했으니, 이것이 진 나라의 멸망을 가속화하는 요인으로 작용했다.

진시황의
아애, 애착심, 탐심(我愛, 愛着心, 貪心)

　진시황은 생전에 모두 네 차례나 목숨이 위태로운 상황과 직면했다. 세 차례는 암살 시도였고, 한 차례는 미행을 나갔다가 도적을 만났다. 이런 암살 시도들은 진시황의 심리에 큰 영향을 주어 이후 진시황은 자신의 신변 경호에 극도로 예민한 반응을 보이게 되었다. 그래서 황제가 행차하거나 거처하는 곳을 아는 자가 없도록 하고, 황제가 정사를 처리하고 군신들이 결정된 정책을 접수하는 곳은 오직 다 함양궁(咸陽宮)에서만 이루어졌다(비밀주의).

　천하통일이란 위업을 달성했다는 자만심과 일중독에서 오는 건강상의 문제가 겹쳐 선인(仙人)과 불로장생의 불사약을 구하는 미신에 빠져 들었다. B.C 219년 진시황 28년에, 낭야(琅邪 : 산동성 교남현 서남)에 각석비를 새기고, 방사 서불(徐市)에게 동남동녀(童男童女) 삼천 명을 데리고 바다 가운데에 있다는 삼신산을 찾도록 했으며, 그 뒤로도 방사들의 말에 현혹되어 엄청난 비용을 들여 선인과 선약을 구했으나 아무런 소득도 얻지 못했다. 죽음이란 하늘과 땅의 이치요, 천하 만물이 싹이 자라고 죽는 것이 사물의 자연스러움이

거늘, 진시황은 위와 같은 철리(哲理)를 깨닫지 못하고 있었다.

진시황에게는 이십여 명의 아들이 있었다. 맏아들 부소(扶蘇)는 강직하고 결단력이 있으며, 용맹스러운 데다 성실하게 사람들을 대하고 용사들을 떨쳐 일어나게 하는 데 능하였다. 그가 여러 차례 진시황에게 직간(直諫)을 하였는데, "이제 겨우 천하가 평정되었으나, 먼 지방의 백성들은 아직 안정되지 않았습니다. 지식인들은 모두 공자를 부르며 본받고 있는데, 지금 황제께서는 그저 엄벌로만 그들을 묶어 두려 하시니, 신은 천하가 불안해지지 않을까 걱정될 뿐입니다."라고 하자, 진시황이 화를 내며 부소를 상군의 군사 감독관으로 보내 버렸다. 그러면서 몽염(蒙恬)을 장군으로 임명하였다.

진시황이 나이 어린 막내아들 호해(胡亥)를 매우 사랑했는데, 즉위 37년째인 B.C 210년 10월, 순행을 떠나는데, 호해가 따라가기를 청하자 진시황이 허락하였다. 다른 아들들은 아무도 따라가지 못했다. 동쪽으로 순시를 나간 진시황이 돌아오는 길에 평원진에서 병을 얻어 일어나지 못하고 사구(沙丘, 하북성 형태시 광종현 서북 지역) 평대에서 숨을 거두었다(당시 50세).

장남 부소에게 함양으로 돌아와서 장례를 치르고 자신의 뒤를 이으라는 유조(유서)를 남겼지만, 그 유조를 환관 조고가 보관하고 있음으로 해서 조작을 하였는데, 막내 작은아들 호해와 승상 이사가 간신 조고의 유혹으로 이 음모에 가담한 정변으로 인해 진나라 제국은 요동치기 시작했다. 조작된 유조에 따라 장남 부소는 자결하였고, 몽염과 몽의 형제도 붙잡혀 죽거나 자살했다.

진시황이 50세가 되어 죽도록 태자도 세우지 않고, 끝없이 신선과 불사약을 찾았으나 아무런 소득도 얻지 못하고, 갑자기 병이 나서 죽고 말았는데, 진시황이 평소에 총애하는 막내아들 호해를 태자로 세우려는 생각을 여러 해 동안 마음에 담고 있었다. 그래서 오직 호해만을 데리고 천하를 두루 돌아다녔으며, 다른 여러 공자들은 멀리 떨어져 있게 하였다.

강직하고 결단력이 있으며, 용맹스러운 데다 성실하게 사람들을 대하여 온 장남 부소를 미리 태자로 책봉해 두었더라면, 진나라가 통일 15년 만에 허무하게 멸망하지는 않았을 것이다. 그러나 막내아들 호해가 진나라 이세가 되어 간신 조고의 꼭두각시로 놀아나, 각박한 통치에 방탕과 광기까지 보태어져 멸망이 눈썹을 휘날리며 통일제국의 눈앞에 닥쳤고, 결국 농민 봉기의 타격으로 무너져 멸망하고 만 것이다.

진시황의 아치,
어리석음(我癡, 愚)

　진시황은 자기만 옳다고 여겨 남에게 묻지 않았고, 잘못을 하고도 고칠 줄 몰랐으며, 포악무도하여 재앙이 가중되었다. 당시 생각이 깊고 시세의 변화를 예견하는 사람이 없었던 것이 아님에도, 용감하게 충심을 다하여 왕의 잘못을 바로잡지 못한 것은, 충성스러운 말이 입에서 나오기도 전에 몸이 죽고 말았기 때문이다. 이 때문에 군주가 도를 잃었음에도 충신은 감히 바른말을 하지 못하였고, 지혜로운 인재는 감히 계책을 내지 못하였다. 천하가 이미 어지러운데도 나쁜 일들이 위로 보고되지 않았다. 선왕(先王)들은 언로가 막히면 나라가 상한다는 것을 알았기에 공경(公卿), 대부(大夫), 사(士)를 두어 법을 정비하고 형벌을 만들어 천하를 다스렸다. 그러나 진시황은 법을 복잡하게 만들고 형벌을 엄격하게 적용하여 천하를 떨게 하니, 백성들은 원망하고 천하는 돌아섰다.

　주(周)나라는 바른 길을 걸었기 때문에 천년 동안 명맥이 끊기지 않았으나, 진나라는 본말을 모두 잃었기 때문에 오래가지 못하였다. 그래서 안정과 위기의 방략은 그 차이가 현격하다는 것이다.

속담에, "지난 일을 잊지 않는 것이 나중 일의 스승이 될 수 있다."
고 하였다. 이 때문에 군자가 나라를 다스릴 때는 상고시대의 교
훈을 보고, 현재를 시험해 보았으며, 인정과 사리를 참작하여 성
쇠의 이치를 살피며, 권위와 객관적 형세가 적합한지를 헤아렸다.
또 순서에 맞게 거취를 결정하고, 때에 맞게 변화하였기 때문에
오래가고 사직(社稷)도 편안하였던 것이다.

그러나 시황제에 이르러, 선왕들이 남긴 사업을 이어받아 긴 채
찍을 휘두르며 말을 몰 듯 천하를 몰았다. 황제의 자리에 올라 천
하를 통제하면서 길고 짧은 회초리와 몽둥이로 천하를 매질하니,
그 위세가 사해를 떨게 하였다. 이에 진시황은 선왕(先王)의 도를
폐기하고 제자백가가 남긴 책들을 불살라 백성들을 어리석게 만들
고, 백성들의 힘을 약화시켰다.

진시황은 마음속으로, 관중(關中, 함곡관 서쪽, 섬서성과 감숙, 사천성 일
부로 진 나라 주요 영토)의 견고함이 천 리나 되는 철옹성과 같고, 자기
자손들 제왕의 업이 자손 만대로 전해질 것이라 착각하였다. 그러
나 한낱 평범한 사내 하나인 진섭(陣涉, 농민 봉기군의 수령으로 진 나라
멸망에 결정적인 역할을 함)이 난을 일으키자, 황제의 종묘가 무너져 천
하의 비웃음거리가 되었으니 이 어찌 된 일인가? 인의(仁義)를 베
풀지 않은 데다 공격할 때와 지킬 때의 형세가 다르기 때문이었다.

맺는 말

戰國時代(전국시대, B.C 475년부터 진나라가 통일한 B.C221년까지의 기간)
는 제후들이 힘으로 정권을 쟁취하기 위하여 강자가 약자를 침범
하고 다수가 소수를 괴롭히니, 전쟁이 끊이지 않고 병사와 백성들
은 지칠 대로 지쳐 있었다. 그러다가 진나라가 남면하여(통일하여 황
제가 남쪽을 보고 앉음) 천하의 왕이 되니 위로 천자가 생겨난 것이다.
이러자 천하의 인재들이 마음을 돌려 귀순하였으며, 선량한 백성
들은 진심으로 황제를 우러러 보았던 것이다. 바로 이때 위엄을
지키고 공업을 확정하는 일이야말로 안정과 위기의 관건이 되는
것을, 진시황은 욕심 많고 비루한 마음을 품고 혼자만 옳다고 여
겨, 공신들을 믿지 않았고 백성들과도 가까워지려 하지 않았으며,
왕도를 버리고 사사로운 권위를 내세워 문서를 금하고 형법을 가

혹하게 집행하였다. 속임수를 앞장세우고 인의를 뒷전으로 밀쳐 둔 채, 포악함을 통치의 수단으로 삼았다.

진시황은 전국시대를 거쳐 천하의 왕이 되었음에도 그 방법을 바꾸지 않았고, 정치도 개혁하지 않았으니, 이는 취하고 지키는 방법을 달리 하지 않았다는 말이다. 홀로 고립된 채 다스리려 하였으니 멸망이 서서 기다릴 수 있을 정도로 빨리 찾아 왔던 것이다. 진시황이 지난 전대의 일을 잘 헤아리고, 은(殷) 나라와 주(周) 나라의 사적을 참작하여 정치를 하려 했다면, 훗날 나라가 위태로워져 허무하게 빨리 멸망하는 일은 없었을 것이다. 그렇기에 삼왕 (중국 고대 삼대 성왕(聖王)으로, 세 임금인 하(夏)의 우왕(禹王), 은(殷)의 탕왕(湯王), 주(周)의 문왕(文王) 혹은 무왕(武王))이 천하를 세워서 그 명성이 아름답게 드러나고 공적과 위업이 길이 전해지는 것이다. 백성을 다스리는 이치는 백성을 편안하게 하는 데에 힘쓰는 것이다. 그러므로 "안정되어 있는 백성과는 더불어 의를 행할 수 있고, 위기에 처한 백성과는 나쁜 짓을 하기 쉽다."라고 한 것은 바로 이를 두고 한 말이다.

진시황은 고귀한 천자로서 천하의 부귀를 누리고도, 잔인하고 포악한 통치만을 고집하다가 통일 후 불과 15년 만에 나라가 멸망을 하였으니, 이 모든 원인이 진시황의 아집과 이기심, 교만과 오만, 그리고 자신에 대한 탐심과 애착심에서 비롯된 어리석음에서 비롯되었다고 하겠다.

『三皇 五帝의 德治』, 장기근 저, 명문당, 2003년.

『史記 本紀』, 司馬遷 저, 신동준 옮김, 위즈덤하우스, 2015년.

『史記 表』, 司馬遷 저, 신동준 옮김, 위즈덤하우스, 2015년.

『사기본기 1』, 사마천 지음, 김영수 옮김, ㈜알마, 2014년.

『사기본기 2』, 사마천 지음, 김영수 옮김, ㈜알마, 2014년.

『사기 1』, 사마천 저, 김영환 역주, 경인문화사, 2013년,

『司馬遷 史記 1, 史記本紀』, 鄭範鎮외, 까치, 2010년.

『司馬遷 史記 2, 史記表序 · 書』, 鄭範鎮외, 까치, 2010년.

『司馬遷 史記 3, 4, 史記世家 上, 下』, 鄭範鎮외, 까치, 2010년.

『司馬遷 史記 5, 6, 7, 史記列傳 上, 中, 下』, 鄭範鎮외, 까치, 2010년.

『사기본기, 표서 · 서』, 朴一峰 역저, 육문사, 2012년.

『史記(本紀, 世家)』, 崔大林 역해, 홍신문화사, 2011년.

『사기세가 1』, 사마천 지음, 김영수 옮김, ㈜알마, 2014년.

『사기세가』, 사마천 지음, 김원중 옮김, 민음사, 2015년.

『사기세가』 사마천 지음, 신동준 옮김, 위즈덤하우스, 2015년,

『사마천 史記』, 스진 풀어씀, 노만수 옮김, 일빛, 2014년.

원문『史記列傳』, 사마천 저, 보경문화사, 2007년.

『史記列傳』, 사마천 저, 崔仁旭 역주, 현암사, 1972년.

『사기열전 上』, 사마천 지음, 최익순 옮김, 백산서당, 2014년.

『사기열전 中』, 사마천 지음, 최익순 옮김, 백산서당, 2014년.

『사기열전 下』, 사마천 지음, 최익순 옮김, 백산서당, 2014년.

『사기열전 1』, 사마천 지음, 장세후 옮김, 연암서가, 2017년.

『사기열전 2』, 사마천 지음, 장세후 옮김, 연암서가, 2017년.

『사기열전 3』, 사마천 지음, 장세후 옮김, 연암서가, 2017년.

『사기열전 상』, 사마천 지음, 김원중 옮김, 을유문화사, 2002년.

『사기열전 하』, 사마천 지음, 김원중 옮김, 을유문화사, 2002년.

『사기열전 1』, 司馬遷 지음, 林東錫 역주, 동서문화사, 2009년.

『사기열전 2』, 司馬遷 지음, 林東錫 역주, 동서문화사, 2009년.

『사기열전 3』, 司馬遷 지음, 林東錫 역주, 동서문화사, 2009년.

『사기열전 4』, 司馬遷 지음, 林東錫 역주, 동서문화사, 2009년.

『史記 교양강의』, 한자오치 지음, 이인호 옮김, 돌베게, 2014년.

『秦始皇 講義』, 왕리췬 지음, 홍순도외1 옮김, 김영사, 2016년.

『사기 백과사전』, 왕서우보 지음, 한정선 옮김, 휘닉스, 2010년.

『사기 속의 인물이야기』, 엄광용 옮김, 교려실, 2006년.

『사마천 史記 56』, 소준섭 편역, 현대지성, 2016년.

『史記講讀』, 사마천 지음, 진기환 옮김, 명문당, 2001년.

『사마천, 인간의 길을 묻다』, 김영수 지음, 왕의 서재, 2014년.

『한권으로 읽는 사기』, 김도훈 지음, 아이템북스, 2014년.

『사마천의 歷史認識』, 임혜숙 편역, 한길사, 1988년.

『사기 인문학』, 왕서우보 지음, 한정선 옮김, 휘닉스, 2014년.

『사기 1』, 유소림외, 사사연, 2014년.

『사기 2』, 유소림외, 사사연, 2014년.

『사기 3』, 유소림외, 사사연, 2014년.

『司馬遷 史記』, 이성규 편역, 서울대학교출판문화원, 2007년.

『資治通鑑』, 張國剛 지음, 오수현 옮김, 수수밭, 2019년.

『資治通鑑 史料 上, 下』, 권중달 지음, 삼화, 2011년.

『중국황제』 앤 팔루던 지음, 이동진, 윤미경 옮김, 갑인공방, 2004년.

『연표와 사진으로 보는 중국사』, 심규호 지음, 일빛, 2018년.

『이야기 중국사』, 김희영 지음, 청아출판사, 2016년.

『이야기 중국사』, 이형기 엮어 옮김, 아이템북스, 2009년.

『중국도감』, 모방푸 지음, 전경아 옮김, 이다미디어, 2017년.

『중국문화』, 공봉진외, 산지니 간, 2016년.

『중국을 말한다(춘추)』, 천쭈화이 지음, 남광철 옮김, 신원문화, 2008년.

『漢書(1)』, 班固 저, 陣起煥 역주, 명문당, 2016년.

『전국책1, 2, 3, 4』, 劉向 편, 林東錫 역주, 동서문화사, 2013년.

『십팔사략1, 2』, 曾先之 편, 임동석 역주, 동서문화사, 2013년.

『여인들의 중국사』, 왕번강 지음, 구서인 옮김, 김영사, 2010년.

『后妃』, 샹관핑 지음, 한정민 옮김, 달과 소, 2011년.

『중국 娼妓史』, 왕서노 지음, 신현규 편역, 어문학사, 2012년.

『史記』, 韓兆琦 역주, 中華書房, 2010년.

『史記 世家 1』, 金源 편역, 三秦出版社, 2008년.

『史記 世家 2』 金源 편역, 三秦出版社, 2008년.

『史記故事』, 楊建峰 편, 汕頭大學出版社, 2016년.

『歷史的 個性 史記』, 扶欄客 저, 臺灣, 野人文化有限公司, 2017년.

『史記故事 選錄』, 臺灣, 世日文化有限公司, 2015년.

『影響中國歷史的100件 大事』, 文娟 主編, 中國華僑出版社, 2014년.

『司馬遷 史記 1』, 역자 市川宏외, 日本, ㈜德間書店, 1996년.

『司馬遷 史記 2』, 역자 市川宏외, 日本, ㈜德間書店, 1996년.

『司馬遷 史記 3』, 역자 市川宏외, 日本, ㈜德間書店, 1996년.

『司馬遷 史記 4』, 역자 市川宏외, 日本, ㈜德間書店, 1996년.

『司馬遷 史記 5』, 역자 市川宏외, 日本, ㈜德間書店, 1996년.

『司馬遷 史記 6』, 역자 市川宏외, 日本, ㈜德間書店, 1996년.

『司馬遷 史記 7』, 역자 市川宏외, 日本, ㈜德間書店, 1996년.

『司馬遷 史記 8』, 역자 市川宏외, 日本, ㈜德間書店, 1996년.

맛있는 역사 한입 먹어 보며!

권선복 | 행복에너지 대표이사

역사는 복잡다단합니다. 우리가 지금 당장 내일 일을 알 수 없듯이 과거에 살았던 인물들도 한 치 앞을 보지 못했을 것입니다. 세월이 흘러 전체를 조망할 수 있게 된 현재 시점에서 그들의 삶을 돌아보아도 수많은 변수와 운명의 장난이 얽히고설켜 있음을 알 수 있습니다.

그렇기에 그들의 치열한 투쟁을 바라보는 것에 의미가 있습니다. 역사의 인물들이 나처럼 고민하고, 사랑하고, 싸워 나가는 모습 속에는 우리의 모습 또한 들어있습니다. 비극을 맞이한 인물에 감정을 이입하여 슬퍼하고 혀를 차며 "그것 참 안되었구나!" 라고 말할 수도 있고, 탐욕스러운 인물을 보며 인간의 한계를 느끼고 그 인물 역시 세월을 이기지 못하고 세상을 떠났을 때 인생무상이라는 진리를 되씹어 볼 수도 있을 것입니다.

본 도서 역시 옛 중국의 땀과 피가 흐르는 치열한 전투와 권력다툼, 그들의 애환을 다루고 있습니다. 수많은 인물들과 지명을 읽기만 해도 그 시절의 함성소리가 들리는 듯합니다. 저마다 자신의 삶을 위해 투쟁하는 모습은 이미 그들이 죽어 없어진 과거의 혼이라도 손에 땀을 쥐게 합니다. 특히나 중국 최초로 전국을 통일한 황제 진시황에 대한 이야기는 읽어도 읽어도 흥미롭습니다. 진시황에 대한 이야기가 주이긴 하나 진시황만 다루고 있지는 않습니다. 진시황이라는 하나의 키워드의 전후사정까지 밝히고 있기 때문에 좀 더 넓은 시각에서 전체를 조망할 수 있게 됩니다.

작가는 꼼꼼하고 투철하게 본 도서를 집필하였습니다. 사소한 것 하나도 놓치지 않은 흔적이 역력합니다. 그의 역사가로서의 작가 정신에 박수를 보내고 싶습니다. 사실 역사라는 것은 언뜻 지루할 수도 있는 것인데, 그것은 이미 죽어버린 과거의 기록이라는 역사가 가진 한계적 속성 때문입니다. 그러나 본 도서에서는 그 기록이 매우 자세하고 무궁무진하게 펼쳐져, 넓은 바다에서 마음껏 마음에 드는 생선을 잡아먹을 수 있도록 흥미로운 정보들이 매우 많다는 점에서 지루함을 탈피하였습니다. 독자의 입장에서 한 번에 큰 한상차림을 받는 기분이니, 매우 유익하다 할 수 있겠습니다. 판단은 독자의 몫으로 남겨지는 역사! 그 판단을 내릴 수 있도록 모든 떡밥을 기록하는 것이 역사가의 운명이겠지요! 그런 점에서 작가는 본인이 소임을 다 하였다고 보여집니다.

　우리는 역사를 통해 과거를 읽고 또 현재와 미래를 점칠 수 있습니다. 이미 화석이 되어버린 과거의 기록일지언정 그 기록이 우리에게 남기는 흔적은 무시 못 할 것이라고 할 수 있겠습니다. 이 책을 읽는 많은 독자 여러분도, 그런 점에서 한번 자신만의 역사적 해석을 곁들이며 이 맛있는 책을 한입 가득 먹어보길 권합니다. 분명히 지적으로 의미있는 작업이 될 것입니다.
　쌀쌀한 겨울날, 더욱 많은 지식이 독자 여러분의 머릿속에서 꽃피기를 기원하며 본 서를 세상에 내놓는 데 일조합니다. 모두 몸과 마음 건강하시길 바랍니다.

우리에겐 세계경영이 있습니다

대우세계경영연구회 엮음 | 값 22,000원

『우리에겐 세계경영이 있습니다』는 2012년 출간되었던 『대우는 왜?』의 후속작이다. 누구보다도 먼저, 멀리 나아가 미지의 해외시장을 개척한 과거 대우그룹 선구자들의 놀라운 일화들과 함께, 대우세계경영연구회가 중심이 되어 운영하는 '미래글로벌청년 사업가 과정(GYBM)' 청년들의 성공담이 지금도 살아 숨 쉬는 '세계경영의 대우정신'을 보여준다.

메남 차오프라야

경시몬 지음 | 값 20,000원

『메남 차오프라야』는 태국의 민주화운동을 배경으로 전개되는 로맨스 소설이다. 한국과 태국, 서로 국적이 다른 두 사람의 기적적인 인연은 여러 어려움을 겪지만 민주화운동의 성공과 함께 결실을 맺게 된다. 경시몬 저자는 멀면서도 가까운 두 나라 한국과 태국의 역사적인 동질성과 이해에 더 많은 한국인들이 관심을 가져 주었으면 하는 마음으로 이 책을 집필하게 되었다고 밝혔다.

풀잎에도 상처가 있다는데

이창수 지음 | 값 15,000원

이 책 『풀잎에도 상처가 있다는데』는 평범한 일상 속에 존재하는 프레임을 깨는 지적 즐거움을 우리에게 제공해 주는 한편, 끊임없는 경쟁 속에서 지쳐버린 독자들에게 따뜻한 위로를 전달해 준다. 격렬한 경쟁 속에서 수시로 변화하는 이 세상 속 우리 역시 '나무'보다는 '풀잎'에 가까운 존재이기에 당연하게 인식되는 일상과 프레임을 벗어 던진 작가의 따뜻한 시선을 통해 위로받을 수 있을 것이다.

마흔, 인생 2막을 평생 현역으로 사는 법

김은형 지음 | 값 15,000원

현실로 다가온 백세 시대, 당신은 직장 다니면서 퇴직 후 평생 현역 생활을 위한 준비를 해야 한다. 이 책은 퇴직 후에도 평균 40여 년을 더 일해야 하는 현재의 마흔 직장인들이 평생 현역 생활을 위해 준비하는 법과 실천해야 할 원칙들을 제시한다. 이 책이 제시하는 내용을 숙지해 둔다면 당신의 평생 현역 생활을 준비하는 데 훌륭한 길잡이가 될 것이다.

세계 최고령 기업의 비밀

김정진 지음 | 값 15,000원

『세계 최고령 기업의 비밀』은 노년층을 위한 평생학습기관이자 사회적 기업인 '은빛 둥지'의 실화를 기반으로 하고 있는 소설이다. '잘나가는 사업가'에서 'IMF 노숙자'를 거쳐 '할아버지 컴퓨터 선생님'으로 극적인 재기를 이룬 라정우 원장과 다양한 사연을 갖고 '은빛둥지'의 일원이 된 사람들의 감동적인 꿈과 열정, 갈등과 화합을 통해 이 시대의 노년층에게 진정으로 필요한 복지가 무엇인지 생각해 볼 수 있는 계기를 제공할 것이다.

인간관계가 답이다

홍석환 지음 | 값 16,000원

삼성그룹, GS칼텍스 인사기획팀, KT&G인재개발원장 등을 거치며 오랫동안 기업의 인재경영을 연구해 온 홍석환 저자는 '누구도 혼자서는 성공할 수 없다'는 말과 함께 스스로를 진정한 리더로 만들어 나가는 직장 내 인간관계의 비법을 제시한다. 이 책을 통해 독자들을 상사와 동료, 부하의 진심을 얻을 수 있는 직장생활의 전략을 이해하고 이를 기반으로 하여 직장 내에서 '진정한 성공'을 향해 나아갈 수 있을 것이다.

아름다운 눈

이세혁 지음 | 값 12,000원

이 책 『아름다운 눈』은 번잡한 사회 속에서 피상적인 감정으로만 살아가는 우리들을 위해 '사랑', '이별', '삶'을 소재로 하여 언뜻 평범해 보이지만 가슴을 울리는 이야기를 들려준다. 작가 자신의 체험의 형태를 빌어 현대인의 사랑과 이별, 삶과 생각의 형태를 가장 보편적인 언어로 담아낸 책으로서 많은 이들이 위안과 공감을 얻고, 자신의 삶을 뒤돌아볼 수 있는 마음의 여유를 가질 수 있을 것이다.

골프 영어(골프랑 영어랑 아빠가 캐디해 줄게!)

박환문 지음 | 값 25,000원

본 도서는 『골프 대디』 저자가 기획한 현지에서 쓸 수 있는 '쉽고 쏙쏙 들어오는 현지 영어'를 집약한 책이다. 작가는 글로벌 골프 꿈나무와 그들을 돕는 가족을 위해 현지에서 쓰지 않는 쓸모없는 표현은 과감하게 정리하는 한편 알아 두기만 하면 기본적인 의사소통에 문제없는 알짜배기 영어 문장을 책에 담았다. 골프 해외원정의 '가이드'라고 불러도 손색이 없을 것이다.

'행복에너지'의 해피 대한민국 프로젝트!
⟨모교 책 보내기 운동⟩

대한민국의 뿌리, 대한민국의 미래 **청소년·청년**들에게 **책**을 보내주세요.

많은 학교의 도서관이 가난해지고 있습니다. 그만큼 많은 학생들의 마음 또한 가난해지고 있습니다. 학교 도서관에는 색이 바래고 찢어진 책들이 나뒹굽니다. 더럽고 먼지만 앉은 책을 과연 누가 읽고 싶어 할까요?
게임과 스마트폰에 중독된 초·중고생들. 입시의 문턱 앞에서 문제집에만 매달리는 고등학생들. 험난한 취업 준비에 책 읽을 시간조차 없는 대학생들. 아무런 꿈도 없이 정해진 길을 따라서만 가는 젊은이들이 과연 대한민국을 이끌 수 있을까요?

한 권의 책은 한 사람의 인생을 바꾸는 힘을 가지고 있습니다. 한 사람의 인생이 바뀌면 한 나라의 국운이 바뀝니다. **저희 행복에너지에서는 베스트셀러와 각종 기관에서 우수도서로 선정된 도서를 중심으로 ⟨모교 책 보내기 운동⟩을 펼치고 있습니다.** 대한민국의 미래, 젊은이들에게 좋은 책을 보내주십시오. 독자 여러분의 자랑스러운 모교에 보내진 한 권의 책은 더 크게 성장할 대한민국의 발판이 될 것입니다.

도서출판 행복에너지를 성원해주시는 독자 여러분의 많은 관심과 참여 부탁드리겠습니다.

도서
출판 **행복에너지** 임직원 일동

'행복에너지'의 해피 대한민국 프로젝트!

<모교 책 보내기 운동> <군부대 책 보내기 운동>

한 권의 책은 한 사람의 인생을 바꾸는 힘을 가지고 있습니다. 한 사람의 인생이 바뀌면 한 나라의 국운이 바뀝니다. 그럼에도 불구하고 많은 학교의 도서관이 가난하며 나라를 지키는 군인들은 사회와 단절되어 자기계발을 하기 어렵습니다. 저희 행복에너지에서는 베스트셀러와 각종 기관에서 우수도서로 선정된 도서를 중심으로 <모교 책 보내기 운동>과 <군부대 책 보내기 운동>을 펼치고 있습니다. 책을 제공해 주시면 수요기관에서 감사장과 함께 기부금 영수증을 받을 수 있어 좋은 일에 따르는 적절한 세액 공제의 혜택도 뒤따르게 됩니다. 대한민국의 미래, 젊은이들에게 좋은 책을 보내주십시오. 독자 여러분의 자랑스러운 모교와 군부대에 보내진 한 권의 책은 더 크게 성장할 대한민국의 발판이 될 것입니다.

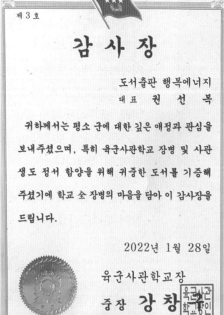